中国消费文化观念实态研究

董雅丽　杨　魁　著

Zhongguo Xiaofei Wenhua Guannian Shitai Yanjiu

中国社会科学出版社

图书在版编目（CIP）数据

中国消费文化观念实态研究／董雅丽，杨魁著．—北京：中国社会科学出版社，2014.12

ISBN 978－7－5161－2702－5

Ⅰ.①中…　Ⅱ.①董…②杨…　Ⅲ.①消费文化—研究—中国　Ⅳ.①D669.3

中国版本图书馆 CIP 数据核字(2014)第 289684 号

出 版 人　赵剑英
责任编辑　孔继萍
特约编辑　邹　莉
责任校对　张依婧
责任印制　何　艳

出　　版　中国社会科学出版社
社　　址　北京鼓楼西大街甲 158 号（邮编 100720）
网　　址　http://www.csspw.cn
　　　　　中文域名:中国社科网　　010－64070619
发 行 部　010－84083685
门 市 部　010－84029450
经　　销　新华书店及其他书店

印刷装订　北京市兴怀印刷厂
版　　次　2014 年 12 月第 1 版
印　　次　2014 年 12 月第 1 次印刷

开　　本　710×1000　1/16
印　　张　18.5
插　　页　2
字　　数　318 千字
定　　价　55.00 元

凡购买中国社会科学出版社图书,如有质量问题请与本社联系调换
电话:010－84083683

目　　录

前　言

这是我们继《消费文化——从现代到后现代》（2003）和《消费文化理论研究——基于全球化的视野和历史的维度》（2013）对消费文化所做的历史研究与理论探索之后，就中国消费文化的当代特征进行实证研究的成果之一，既是前期研究成果的延展，也是对前期有关理论研究成果的进一步应用。我们关于中国消费文化当代特征的实证研究成果，分为两个大的部分：《中国消费文化观念实态研究》与《中国消费文化观念的媒介呈现研究》，并作为姊妹篇分别通过两部专著的形式呈献给大家。

在《消费文化——从现代到后现代》一书中，我们将消费文化的发展分为现代前期、现代时期和后现代时期三个阶段，并重点探讨其产生发展的社会经济与历史根源及媒介的影响，构建出了一个消费文化演进的历史框架；在《消费文化理论研究——基于全球化的视野和历史的维度》中，从全球化的视角出发，依据经济学、哲学、社会学、传播学学科的相关理论，对消费文化的理论研究与思想演变做了系统的勾勒与扫描，这些消费文化方面的研究无疑是我们后续研究的起点。进入21世纪之后，中国消费文化呈现出的传统与现代交融、现代与后现代并存、生存需要与各种奢侈消费交集的局面，使我们对自己所处时代消费文化的把握日益困难，我们时代的消费文化主流究竟呈现出了什么特征，什么是现存的，什么是合理的，什么是我们应该具有的，而什么又是未来应该成为发展趋势的，什么是社会应该倡导的，什么是我们应该予以摒弃甚至于在社会层面不应该提倡的等问题，无疑成为我们思考现代消费文化发展时不断在追问的问题。在这个消费物品丰盈、消费层次各异、消费观念混杂的文化系统中能否通过实证观念的研究还原出我们时代的主流消费特征，并对我们时代的消费文化及其形成原因给予合理的分析与解读，自然就成为一个消费文化研究学者的使命与责任。

在目前消费文化研究的众多成果中，我们将本书的研究视野主要着眼于“消费文化观念”研究课题的扩展。而聚焦于这一问题的研究，主要源于消费文化的研究进展。关于消费文化的研究，近些年来，国内外有关研究成果已蔚为大观，既有博古通今式的消费文化历史研究，也有系统完整的消费文化理论研究与梳理，既有特定时期不同国家与民族的消费文化特征的研究，也有专题性的如时尚、设计、城市空间等领域中的消费文化特征及某些具体消费领域的研究，很多研究成果借鉴了哲学、社会学、经济学及文化学等学科的研究视角，例如从思想史、物质文化、广告学、传播学等角度撰写了林林总总、异彩纷呈的消费文化研究著作。国外的研究，在20世纪70年代迈克·费瑟斯通的《消费文化与后现代主义》、鲍德里亚的《消费社会》等研究的基础上，西莉亚·卢瑞的《消费文化》、罗伯特·萨萨泰利的《消费文化——历史、理论与政治》、杜·斯拉特的《消费文化与现代性》等著作均产生了较大影响。国内目前的研究大致有几种类型，除消费文化的理论与历史研究外，有一类是以消费文化为语境研究某种主题，还有一类则是以某种主题为语境研究消费文化。近年出版的郑红娥的《社会转型与消费革命——中国城市消费观念的变迁》、蒋建国的《广州消费文化与社会变迁》、宋立中的《闲雅与浮华：明清江南日常生活与消费文化》、邱江宁的《明清江南消费文化与文体演变》、赵吉林的《中国消费文化变迁研究》以及季松、段进编著的《空间消费——消费文化视野下城市发展新图景》等均对消费文化做了不同角度的探索与研究，并构成了消费文化研究的重要成果。

在前期研究中，我们将消费文化界定为人类社会所创造的各类消费相关因素的综合，认为消费文化可分为实体消费文化（包括消费品、消费制度等）及消费文化观念（消费哲学、消费思想、消费意识和消费观等）两种形态。消费文化观念就是观念形态的消费文化，或者说是消费文化的观念形态，也可以说，消费文化观念就是一种狭义的消费文化。比较而言，实体消费文化具有客观存在性，通过对人们消费物品的罗列、消费制度的比较和消费特征的探索，就可以发现其历史的足迹与演变的清晰脉络。西莉亚·卢瑞在《消费文化》中明确提出，“消费文化是20世纪后半叶出现在欧美社会的物质文化的一种特殊形式”①。因此，她认为，研究人们消费的物品即可了解一个时期的消费文化，因为物体可以被视为过着“社会生活”的生命体，它们可以获得或失去价值，改变含义或许还会成为不可交换物。丹尼尔·米勒的《物质文化与大众消费》在从哲学意义上对物作为消费的客体和文化的客观化而做详细理论根基探讨的基础上，进一步从物质文化的特性及消费文化的物质化特征出发研究大众消费文化。以上以物体或物体背后的文化意义来研究消费文化就形成了以物质文化为对象研究消费文化历史与特征的物质文化学派；而消费文化的观念形态，或作为观念形态的消费文化显然还没有引起足够的关注和研究，而由于消费文化观念具有跨时代性、交叉性和融合性，特别是具有意识性特征及主体化特点，因此对其分析和把握比之实态物质就要困难得多。在消费文化丰富的内涵中，消费文化观念无疑既是消费物品、消费制度选择的指导者，也是消费文化中受时代特征影响最显著的要素，因为社会的变动性与观念的相对稳定性之间的矛盾，使观念的变革并不像社会经济及制度的变化那么容易，在一种观念养成的制度基础已经不复存在之后，这种观念还会长久地存在或起作用，而当一种新的社会方式还未形成之时，观念又总会通过各种窗口进入，在人们还无法对之加以分析或评判之时已对人们的行为产生影响。因此，观念是文化中最具有持久影响力的因素，也是对消费文化各个方面影响最大和最深刻的因素，尤其是其作为一种哲学观念、思想意识、道德评价而形成对社会或个人行为的指南时，其作用力将更为强大。通过对消费文化观念研究的指标构建与实际问卷调查分析，通过模型设计与实证验证，从消费文化观念的理论探索与实态表现入手，探讨我们时代的消费文化特征，不仅可以集中体现消费研究中的人的特点，更有利于从思想上把握消费的时代特征，并为人们的各种现实消费行为提供解释。

中国人在这个时代所普遍表现出的焦躁与不安，既缘于体制原因导致的由于各类社会资源占有不均衡所产生的对社会成员的差别化对待，更与各种观念对人们形成的冲击有关。在中国这个特殊的“三合一”时代，即前现代、现代、后现代并存于同一时空的特殊历史时期与文化语境下，在各种传统与现代、现代与后现代的矛盾斗争中，人们既受传统中国消费

① ［英］西莉亚·卢瑞：《消费文化》，张萍译，南京大学出版社 2003 年版，第 1 页。

文化观念的熏陶，又接受了各种新思想与观念的冲击；既有我国短缺经济时代对各种资源占有不均所造成的恐慌与不安，又有在各种新经济刺激下而产生的物欲的膨胀；既有节俭的传统思维，又有由于长期的物质缺乏而导致的对物品的强烈渴望与欲求。勤俭抑或奢侈，依自己的经济能力生活，或是追求自己无法达到的又被社会所广泛追捧的高一级的生活方式，或是脱离自己的职业身份，而以横向的有产阶层（或商人阶层）的消费作为自己模仿的生活样式等，在传统的判断标准和行为准则作用日益丧失的今天，处在各种矛盾旋涡中的人们无所适从，各个阶层在社会快速发展的冲击面前，无不感到迷茫与困惑，不知道自己应该过一种什么样的生活，应该追求什么样的生活样式，什么才是自己应该具备的价值观念，什么是这个时代应该具有的消费观念，社会应该倡导什么样的观念等。国外经历了几百年才完成的社会转型，我们似乎一夜之间就要完成，别人可能要经过一生奋斗才会得到的东西，诸如房子、汽车、各种奢侈品等，我们在三十岁之前就要全部实现。加之广告、营销、传媒等不断倡导的各种消费主义、各种成功学、各种不要输在起跑线上的理论和说法，无不成为我们今天产生各色心理焦虑的原因；大众消费与精英文化混杂，自媒体时代不加识别也无法识别的各种信息冲击，使各个阶层的人们乱了阵脚，丧失了自己的生活准则和生活方式，商界、学界、政界及各个大众阶层皆用一个更高阶层的消费标准来比照自己，在对比中产生失落，产生了普遍的焦虑不安，从而使各种不公平感与对生活现状的不满浸润了社会生活的方方面面和社会的各个阶层。这所有现象的背后，消费文化观念的影响不能不被提及。被现代文化的冲击所侵染的各种观念究竟产生了多大的力量，究竟是什么样的观念在左右着人们的思想与行为，各种观念的差异及其产生原因何在，无疑都是我们需要思考的问题。

对消费文化发展时代的划分，西莉亚·卢瑞的《消费文化》一书依据消费文化即是物质文化的出发点，提出图腾崇拜是植物、动物或物体与个体、人群之间的符号联想，它是传统社会的一个特色，而现代社会用生产出的产品代替了物种或自然物体，即被生产的物体是现代社会中的崇拜对象，因此，在她看来，根据以自然物还是生产物作为社会的图腾对象可以将社会分化为传统社会与现代社会；而我们则认为依据观念在不同社会的表现形态来划分消费时代更具有意义。因为社会依其物质的进步程度可以依次划分为传统社会、现代社会与后现代社会，相应地也诞生了各种社会形态中的消费文化观念。但观念作为一种意识形式所表现出来的特殊性，又使观念的演化无法与社会的演变保持同步，无法与物质世界的进步保持一致。在物质世界发生巨大变化的同时，观念形态则可以相对稳定、持续与叠加共存，几种观念可以同时出现于一个社会形态之中。因此，将消费文化观念分为传统消费观念、现代消费观念与后现代消费观念三个阶段，既可体现其与相应社会形态相一致的前后演进的历史特征，又可以通过其观念的主体特征界定消费的时代特点，还可以了解和把握其在现时代的实际存在状况；而追求生存、追求享乐和发展及追求消费中的概念与符号也可以看作三个不同时代消费文化观念的主流特征，因为传统社会和现代社会的相似之处，均在于物质商品被用作图腾[①]，只是这种图腾本身及图腾背后的意义使各种社会形态之间有了区别。这种图腾的背后究竟代表着什么样的思想与意义，就是研究传统社会与现代社会消费文化观念的区别的核心。从马克思、弗洛伊德、韦伯、涂尔干到法兰克福学派的众多作者，都以不同方式关注对现代性矛盾的解决，而迈克·费瑟斯通等人则更多地在谴责现代性特色意义的基础上提出了后现代的消费方式。对于作为世界文化发展中的两种主要趋势与潮流的现代性与后现代性，我们既需要从消费文化观念入手分析中国消费文化所呈现出的主体时代特点，也需要分析在这种当代消费文化中现代与后现代的交织中的主流观念。因此，将研究过程与研究结论置于传统、现代与后现代这样的分析框架中就不仅能更清楚地反映我们时代消费的总体特点与趋势，而且能够对主流观念的表现特征与发展趋势做出预测。

本书的内容共分为六章，第一章和第二章主要是通过对消费文化观念的“主观化”特征描述，确定本书研究的框架和指标体系；第三章是通过问卷调查等方法，对我国消费文化观念的实态展开实际调查与分析；第四章研究我国当代消费文化观念的影响因素及其形成原因；第五章对我国消费文化观念的地区差异做出比较与分析；第六章则作为总结本书的研究结论，指出形成这种现象的原因，提出未来的发展方向与改进趋势，从而为我国消费文化的良性发展提供指导。

---

① ［英］西莉亚·卢瑞：《消费文化》，张萍译，南京大学出版社 2003 年版，第 17 页。

第一章

消费文化观念研究缘起与理论建构

一　研究缘起

借用道格拉斯·诺斯在《西方世界的兴起》中的话，西方人的富裕是一种新的和独有的现象，在过去几个世纪，西方人已经冲破了赤贫和饥饿困扰的社会束缚，实现了只有相对富裕才可能达到的生活质量。[①] 同理，中国用了几十年的时间就走完了西方国家几个世纪的经济发展历程，完成了从短缺经济向小康社会的转变，从而基本达到了西方国家几个世纪才实现的生活状态。但是，在高速的经济增长面前，经济与社会的发展差距，物质世界与精神世界的背离，传统与现代的混合与交融却始终是我们这个时代交织不清的问题。消费文化观念的传统与现代不仅体现着时代的特征，更影响着时代的走向与发展趋势。中国当代消费文化的主流究竟是什么，是传统、现代的或是后现代的，消费文化的时代特征该如何界定，从消费文化观念分析入手似乎更具有说服力。

相信十几年前那个流传甚广的有关“超前消费”的故事大家都印象深刻，一个来自中国的老太太和一个来自美国的老太太相遇了，中国老太太说：“我攒了 30 年钱，晚年终于买了一套大房子。”美国老太太说：“我住了 30 年的大房子，晚年终于还清了全部贷款。”当时仅仅是说两种消费观念的冲击，似乎西方的消费观念更值得推广和借鉴，但是，今天，西方老太太的观念和行为已经渗透中国社会的各个阶层，并融入了人们的生活之中。后金融危机时代，西方社会一直倡导的“超前消费”、“及时

---

① 参见［美］道格拉斯·诺斯、罗伯特·托马斯《西方世界的兴起》，厉以宁、蔡磊译，华夏出版社 1999 年版，第 5 页。

享乐”和中国人一直以来的重积蓄、轻消费的传统再次开始厮杀，在社会已经从生产时代步入消费时代的今天，到底应该如何看待消费，社会应该形成什么样的消费文化及其观念，以什么模式进行消费？特别是随着改革开放以来经济发展和人们生活水平的提高，学界普遍认为，中国社会也已步入“消费时代”，“消费主义”的气息日渐浓厚，那么，我们是要继续走西方国家的老路，还是在中国的社会、政治、经济、文化语境下找到适合自己的新的消费文化观念，无疑更是值得我们深思和探讨的问题。

中国消费新时代的来临已使消费成为社会经济的核心。随着21世纪的到来，整个世界迎来了全新的发展时期，全球进入了经济一体化、政治多极化和文化多样化的时代。中国作为发展中国家经济崛起的代表者，在三十多年的改革开放历程中，逐步建立起了社会主义市场经济体系，并通过自身的不断实践与发展，逐步被世界经济体系所认可和接纳；中国市场凭借着巨大的消费能力受到了诸多发达国家的重视，并吸引了大量国际资本的注入和关注。在今天看来，这为中国经济的迅速崛起起到了助推器的作用，使中国市场的消费潜力得到了前所未有的发掘，并直接导致了世界经济总量的增长，也更加昭示着中国经济势必会在未来的世界经济体系中起到不可替代的作用。2008年我国明确提出由生产大国向消费大国转型，从而使中国进入了消费新时代。中国步入消费新时代的标志，主要体现在以下几个方面：首先，消费结构升级带来消费需求的巨大改变。城乡居民生存型消费需求减少，而发展型消费需求日益增多。城镇居民消费由工业消费品为主向服务消费为主转变，教育、健康、旅游日益成为人们主要的消费对象；农村居民消费由生活必需品为主向工业消费品为主转变，家电下乡已经不仅仅是一项刺激经济的政策，而是农村居民消费结构变化后的基本需求转换。其次，消费结构的升级直接推动着生产方式的变革、生产技术的进步和商品市场的发展。改革开放以来，由消费直接带来的经济增长在国内生产总值中所占的比例最大，国内消费需求的拉动带来的不仅是GDP总量的连年攀升，而且是整个社会经济体系的快速发展与完善。有经济学家明确提出，未来五到十年中国经济增长的前景，在很大程度上取决于中国13亿人口消费需求巨大潜力能否充分释放，以及中国能否有效实现投资出口拉动向消费主导新增长方式的转变，以消费主导经济转型的时代已经来临。消费无论是作为一种个体行为，还是作为整体宏观经济链中的重要一环，对国家的经济决策制定乃至经济的发展都发挥着非常重要的作用。最后，经济勃兴带来的不仅是人民生活水平的提高和物质商品的丰富，在其影响下，整体文化形态方面更是发生了巨大变化。西方生产模式的中国化，不仅使中国的经济发展模式在很大程度上受到了西方的影响而走向现代化与信息化，而且，受西方消费模式与文化范式的影响，中国的消费在某种程度上脱离了社会与经济发展的现状而具有了西方化或过早消费主义化的色彩，特别是西方消费文化的影响使中国的消费新时代伴随着消费主义的浸入而过早地到来了。

消费新时代的到来，使消费文化研究再次成为热点。消费新时代带来的不仅是消费模式的巨大改变，更带来了文化的冲击与影响。当下中国的社会文化形态，在传统文化与社会主义文化的基础上，呈现出了越来越多样化和多层次化的特点。本土文化形态既有的持续效力，使中国文化具有显著的本土化色彩，而西方消费文化的强烈冲击，又使中国人的消费观念和行为打上了深深的时代化烙印。正是消费中的多种文化及其影响的杂糅并济，使得消费在中国文化研究中的地位日益突出。在西方资本主义社会的发展历程中，对于消费问题的考察作为经济学研究的重要领域历来都是学界的关注热点，但将消费作为文化研究的类型来研究却起步较晚，可以说，消费文化研究是随着西方社会科学的勃兴而发展的。而国内将消费作为文化来研究的历史则更短，对消费文化及其观念的形态与发展趋势的研究在很长一个时期都是需要我们关注的重要问题。

近年来，随着我国改革开放的深入和全球一体化进程的推进，再加上现代传媒技术的飞速发展和整体传播环境的深刻变化，我国主流消费文化也正处在一个转型巨变的关键时期。在这种继承与发展、传统与现代、全球化（西化）与本土化的急剧转型中，主流消费文化呈现的文化观念和消费价值取向已逐渐表现出各种复杂多样的形态和问题，诸如中华民族优秀传统中合理健康的消费文化观念不能得以有效传承和发扬；城乡二元结构下消费的两极化冲突日益加剧；消费文化转型中消费主义化倾向越发明显，消费观念中的“西化”现象日益严重；大众消费的消费主义化趋势与本应提倡的消费生态性、适度性和可持续性为准则的“绿色消费”观念之间的冲突不断加剧，等等。特别是金融危机后，随着国内消费市场的启动，中国社会已步入“消费新时代”的呼声日益高涨，随之而来的是有钱人的持续炫富和奢侈品需求的高速增长，是“消费主义”气息的日渐浓厚。西方消费文化的影响已经渗透了社会各个阶层，2013 年起党内掀起的反“四风”即反对形式主义、官僚主义、享乐主义和奢靡之风，其中的享乐主义和奢靡之风正是消费主义在中国的变异结果。目前的问题在于，在消费问题上，我们是要继续像西方国家那样通过消费的过度扩张实现经济社会的增长，还是在借鉴西方消费文化的发展经验与教训的基础上，实现可持续性发展。而在中国的社会、政治、经济和文化语境下找到适合自己的新消费发展模式，无疑是经济全球化时期中国消费文化及其观念发展首先要解决的问题。

广义消费文化（consumer culture），是指人类社会所创造的各类消费相关因素的综合，包括消费品、消费观念和消费形式三个基本层次。其中，消费观念是消费文化的核心，引领着一个时代消费文化的发展，并集中呈现消费文化的时代特征。本研究中的“消费文化观念”（consumer culture conception），既包括消费者的消费价值观（即消费观念），是消费者消费的指导思想、消费价值取向、消费目标追求和消费道德观念等的总和；又包括消费文化中的消费价值观（values），是消费群体对消费对象整体化的价值取向或评价。“消费文化观念”决定着消费（者）群体消费行为的性质与方向，是整体消费文化构成的核心要素和灵魂，也是消费文化研究的理论核心。在中国社会转型的关键时期，消费文化观念呈现出诸如消费主义化等不符合中国国情和建设社会主义和谐社会现实需要的诸多表现，从而使既适合中国文化传统，又适应时代发展要求的新消费文化观念的构建成为必要。因此，立足当代社会历史背景，在对消费文化观念内涵做深入探讨的基础上，通过对消费文化观念的表现形态及特征做系统的实证分析，进而构建出适合中国当前时代特点的消费文化观念具有重要的理论价值与实践意义。

二　相关理论与概念界定

确立消费文化观念研究的理论视角，形成完整的理论研究范式是我们研究的起点。依据现有研究基础，我们对于消费文化观念的测度主要基于消费文化论与消费需要论两个视角。消费文化论将消费文化的发展过程分为传统、现代与后现代三阶段，而消费需要论的核心是生存消费、享受消费与发展消费三个层面。二者之间既有联系又有区别。消费文化的三阶段之间虽体现出较强的历史传承性，但三者也具有共生性。消费需要论的三个层面既层层递进又互相共存，只有满足了最基本的生存消费的需要，个体才能有条件进行享受与发展型消费。此外，虽然中国自古以来就有享受型与发展型消费的提法，但传统消费主要是为满足人们生存需要的消费，而享受与发展需要则具有较强的现代与后现代色彩。消费需要论与消费文化论的区别还体现在他们的理论维度上，消费文化论是植根于西方批判学派的理论，将人类的消费纳入不同的发展阶段，试图从对资本主义社会的批判中让人们认识到消费的本质，并对当代消费文化，特别是消费主义给予批判。而消费需要论则是基于马克思主义对消费的分析视角。马克思提出的人类生存消费、享受消费与发展消费基本囊括了人类消费的各种形态，因而马克思主义的视角更具有建构性，更着眼于消费的发展过程与未来趋势。批判的视角是重"破"轻"立"，它能使人们知道什么是不好的，但却无法为我们建构出一个好的消费文化观念与模式。消费需要论则不仅从横的要素层面便于描述消费文化观念的现状，也更有利于建构一个新的观念体系。因此，我们将研究框架置于消费文化论与消费需要论两个分析框架之中，并形成相关的概念体系和理论框架，从而构成了我们研究的理论基础。

（一）传统、现代与后现代

在《消费文化》一书中，基于历史的考察，我们把消费所经历的历史时期分为现代前期、现代时期与后现代时期，着重于历史进程的时间性与制度文化特征，研究消费文化发展的历史逻辑。由于消费文化观念往往具有跨时代性，或是一个时代中的观念往往是多种时代特征的叠加或重合，因此对消费文化观念进行研究时注重时代的横截面特点更能反映这个时代的复杂性特征。传统、现代与后现代不再是时间的推进性，而是文化或观念上所体现的跨时代性。因此，可以称之为传统社会、现代社会与后现代社会，或与我们研究相关的传统观念、现代观念和后现代消费文化观念。

1. 传统、传统社会与传统观念

传统。从原始意义上来说，传统是指原始社会部落时代的首领传承，以及后来中国家天下的皇基传承。但就其现代意义来说，传统首先是指对前人所统一认同和普遍接受的精神、风俗、道德、思想、艺术、制度等各种社会因素的传承。可以说就是传承前人统一认同的社会经验、思想、风俗、艺术、制度等。通过传承前人统一的生活习俗和社会活动，可以让后来的人们尽量遵照前人的生活经验而进行社会活动。其次，与现代相对，传统又特指在现代社会进程开始之前的那个特定时期的文化、思想和观念。包括一个特定时代之前的世代相传的文化和精神传统，如我国晚清后期开始的现代化进程之前几千年漫长的封建社会所形成的与农业社会相关联的文化、思想和观念。传统所表达的并不都是固定的观念和思想，而是相对于下一个时代来说，它具有更加保守和固化的成分。传统在传承和实践运用当中是非常广泛的，可以渗透人类活动的每一个领域，可以冠戴于人类过去经验所表达的每一角落。最后，在社会学意义上，传统又特指一种社会形态，即传统社会。讲到传统观念不得不从传统社会入手，但观念和社会之间的区别在于，在传统社会早已不存在的时候，作为一种观念或文化的影响力还将长期存在，其所形成的社会影响力还会对后世产生长时间的作用。因此，有必要从传统社会入手分析传统观念及其特征。

相对于现代社会而言，传统社会是在现代工业社会产生之前以农业为基础的社会。这个社会是以家庭控制为基础和基本运作机制的伦理社会，即社会控制基本上依附家庭控制。“传统社会”的属性是，自然经济的、官僚权威的、缺乏社会福利的、“社区的”、乡村性的、机械团结的、农业的、信仰性思维流行的和一元化的。以历史转换的不同，传统社会可以区分为以血缘关系和地缘关系为联结纽带的中国传统社会和以契约为核心的西方传统社会两种模式。

与现代社会相对应的中国传统社会，一方面与在社会关系（主要是契约关系）基础上形成联结的西方传统社会相对立，另一方面则与在市场经济基础上形成的现代社会关系相区别。中国传统社会是在农业文化基础上依自然关系而形成的，经历漫长的历史时期，从人类社会形成之初一直可以延续到今天，费孝通在《乡土中国——生育制度》中对这种社会及其人际关系的类型做了充分分析。费孝通认为，以血缘和地缘等这种纯自然的天然联系为人们的联结纽带是中国传统社会的主要特征。[①] 这种社会特征的形成原因则是基于以土地为基础的农业文化，由于人们赖以生存

① 参见费孝通《乡土中国——生育制度》，北京大学出版社 1998 年版，第 70 页。

的土地几千年不变，在这个土地上形成的人与人的关系也相对稳定。在农业社会，每一个人的社会角色和社会地位都是先天确定好的，有着血缘关系的人们拥有共同的财产，以情感联结、共同的习惯以及在此基础上的共同回忆作为联结纽带。在血缘关系中，最重要的是父子关系，因为任何社会关系都必须有一个权威，父亲正是家庭中的权威，他对子女负有生产、生活上的指导与指挥的责任。地缘关系是由人们居住地相近产生的，它是乡村中家家户户间的关系。仅仅是居住地相邻、公地以及各家土地的相连就使得他们必须有一些联系，而且各家各户之间会有详尽的了解。而为了强化这种关系，自然会有一些被特别确定和神圣化的村庄习俗。中国的这种传统社会是一种熟人社会，这种以农业和土地为基础的社会中，土地不变，在同一片土地上共同生活的人们之间的关系就不变，人们之间不仅十分了解熟识，而且说着相同的语言，有着相同的生活方式。权威者（父亲、村长等）一方面对全体家族成员或所属地的成员具有全面的领导力与控制力，另一方面也具有更大的自由和荣耀感，而成员只能是依从与归顺，因此人与人之间存在着天然的不平等。另外，这种社会关系是自然形成的，在这种关系中，人的地位和权利义务基本上被先天决定，因此每个人均不具有自由与独立性，滕尼斯①认为：人们离这种关系越远，他们就越少作为相互独立的具有自由意志和能力的人相互联系和作用。就是说，这种类型不是中国社会的专利，而是在欧洲乃至全世界曾经或者正在存在的一种普遍性的社会状态。

西方在现代社会之前也经历了一个漫长的传统社会时期。在海洋文化和城市生活模式基础上诞生并成长起来的西方传统社会，一方面与以相对稳定的内陆农业文化为基础形成的中国传统社会不同，它是以开放的海洋文化为依托的，城市生活以及商品经济是其产生的前提。而城市生活的实质就在于在人类社会形成之时，人类就摆脱了纯天然的自然关系的束缚，从各个地方来到城市，进而形成了城市这种没有任何血缘与地缘联结关系的新型人际关系，随着商品的出现和市场经济的发展，商品交易过程中的契约形式就成为联结两个陌生人之间的唯一纽带，因而，契约性人际关系

① ［德］斐迪南·滕尼斯（Ferdinand Tennies，1855—1936），社会学形成时期的著名社会学家，德国现代社会学的缔造者之一。他的社会学著作，尤其是成名作《共同体与社会》对社会学界产生了深远的影响。

类型就成为这种传统社会的占据优势地位的人际关系形式。[①] 另一方面，西方传统社会也具有农业社会的许多特征，又与现代工业社会相区别。在这种关系中，每个人都作为一个独立而且孤立的个人存在；而且任何物品或产品也都被认为是各属于其所有者的，因而也是互相分离的。只有通过交换，人们之间才能发生必要的关系，正如滕尼斯所说："如果不是为了交换回某种物品或劳动，一个人是不会为另一个人制造一个产品或者把自己的产品给别人，也不会为另一个人提供劳动；而且只有当相比较于自己的产品或劳动，自己更想得到想交换回的产品或劳动时，这种交换才可能发生。"[②] 而通过交换所发生的这种特定的社会关系，只能依靠契约和规章来维系和规范。尽管人们通过契约、规章发生各种联系，但手段与目的在本质上是相互分离的，因而"社会"是一种机械的合成体。因为摆脱农业社会自然血缘纽带的联系而开始社会化生活的西方人从一开始，联结的唯一纽带就是建立在平等互利基础上的商品交换，作为独立而且孤立的个人，他们只是为了满足自己的意愿而自愿地相互进行平等交换；同时，交换这种社会关系只发生在交换过程中，交换一结束，这种社会关系也就随之消逝；要使这种社会关系在社会中占有重要地位，就要使尽量多的人进行尽量多的交换。历史事实已经证明，几乎所有人都可以具有交换所要求的公共一致性意愿、对产品价值的共同一致性的判断，因此，交换及其代表的社会关系就成为社会上一种普遍的现象。在这种社会性的社会关系中，每个人都在为自己的利益奔忙但又同时是在为他人乃至社会的利益奔忙。人与人之间存在各种关系但又可以保持相互独立和互不熟悉的状态就是西方传统社会的人际关系状态。

因此，建立在农业社会基础上的传统社会，与建立在商品交换基础上的传统社会最主要的区别就在于前者是乡村的，后者是城市的；前者是封建的，后者是商业化的；前者是亲朋好友式的熟人的，后者是生意合作伙伴式的生人的、不讲私人关系的，是一个个单面的人，甚至是匿名的人；前者中人与人之间是权威指导与服从的关系，个人能动性发挥的空间较小，各人的权利义务是由一系列先在的规则确定的，因而人的关系也更长

---

① 参见董雅丽、杨魁《关系文化与关系营销》，中国社会科学出版社 2006 年版，第 96 页。

② *The Theories of Society*, *Foundations of Modern Sociological Theory*, The Free Press of Glencoe, Inc., 1961, p. 196.

久、固定和封闭；后者则是人人由于自愿结合而成的平等关系，个人空间较大，个人可以在仔细地选择、计划、考虑基础上进行人与人的结合，个人具有更多能动性发挥的空间，这种关系也相对短暂、自由灵活和开放；在前者中，血缘和地缘关系（特别是血缘关系）占主导地位，超出这两种关系的人际交往是很少的，人际交往的范围也是有限的，因此人们头脑中关于人际关系的观念也只有这两种关系，如果某些人想在这两种关系之外建立新的人际关系，仍然只能以这两种关系（特别是血缘关系）为模式，这就是为什么马克斯·韦伯认为父权主义是传统社会两个最重要的组织原则和权威模式之一（另一个是奇理士玛型）的原因，这也是为什么君臣关系就相当于父子关系，同伙或小集团关系相当于兄弟关系的缘故。而在后者中，交换关系占主导地位，而且以这种关系为主导的人际交往的范围可以很大，因为在人们的头脑中这种关系的观念已广泛地占有主导地位，因此，人们可以通过这种关系在很大的范围内寻找合作伙伴，建立各种组织。而且人们会把“交换”的观念运用到经济活动以外的其他社会领域之中，从而形成了一种特殊的社会和契约化的政治组织形式。

以上是对两种分别成熟地存在着的社会关系类型的静态描述，就历史发展的实际过程来说，人类是先有血缘和地缘关系，而一旦人们开始了较大范围的交往时，就可能建立起交换关系，它可以在人与人之间建立相对稳定的联系。一个“社会”关系占主导地位的社会并不是在劳动分工和商品交换出现后就马上出现，交换所代表的社会关系必须经过一个较长的时间才能在社会上取代血缘、地缘、有组织地暴力征服等社会关系而成为社会成员们普遍具有的意愿和理性形态。而从传统社会向现代社会的转变，就是从由功能一元化的、结构简单的早期社会到功能多元化的、结构复杂的现代社会的转变。就历史过程来看，中国的传统社会是一个强调家族的社会、是身份社会、是限制个人选择的不自由的社会。随着社会生产的充分发展，人们社会交往的范围日益扩大，经济生活的分工导致了更高程度的利益多元化，而建立在进一步的分工协作、劳动交换和自由竞争关系基础上的现代社会于是也成为社会结构越来越复杂，社会功能越来越分化的多元化的社会。

传统观念。与传统社会相一致，传统观念是指依据以往的经验或知识而形成的一种观念。传统观念可以是一个时期内国家或集体占主导地位的观念，也可以是个人的观念。它与已经过去的一个时代相联结，而与当代应有的观念则相背离。如现代人的传统观念就是指受长辈（父母亲居多）或者学校教育的影响，更偏向于接受他们的生活、价值、爱情、消费等观念，所以被理解为思想保守，不善于创新，落后于时代等。中国传统观念则特指与在中国传统的农业社会或封建社会中诞生并发展起来的传统文化相关的观念。

传统观念与传统社会并不具有必然的联系。社会在发生改变之后，观念并不一定发生彻底的改变，这是由观念的相对独立性决定的。观念可以超前，也可以落后。当前中国是农业社会、工业社会与信息社会并存的国家，传统文化、现代文化与后现代文化都现实地存在于当代社会。与西方典型的消费社会相比，中国的经济水平与发展阶段说明中国依然处于生产型社会，但由于受到西方消费文化的影响，使中国居民的消费行为与消费观念又在追随消费社会出现的各种消费文化观念和现象。中国作为世界上增长最快的消费市场和奢侈品市场，消费方式和生活方式与身份地位挂钩，对品牌的狂热追求，休闲娱乐业的兴起，广告与大众传媒的蓬勃发展，都表明中国消费文化发展具有复杂性与超前性的特征。

传统消费的特点。一般来讲，传统消费具有以下特点：（1）生产主导消费。传统社会生产力的低下，使得商品供应不足，总体上呈现出供不应求的态势，这使得消费者只能被动地接受消费者生产的产品，而失去了对商品选择的权利。（2）社会整体经济实力落后的小规模、区域性消费。传统消费成型于封建时代，由于社会生产力的低下，使得生产的规模很小，商品的供应不足使得消费的规模也很小。同时，交通与通信手段的不发达也制约着这种消费的大规模、远距离扩散。（3）传统消费是受传统文化制约的消费。在中国这种消费表现为人情消费、面子消费以及不合理的礼仪与群体性影响的消费；在西方则是更多强调个人化的各种消费。（4）传统消费模式是一种先污染后治理的不健康消费模式。传统消费模式更多地建立在个人消费的基础之上，是更多依据个人需要的本能化的消费，因而更少地考虑消费带来的社会影响，也很少能够考虑消费对未来发展可能产生的作用。

由于受传统文化的影响，与中国社会相联系的传统消费文化观念，普遍重视家庭团体的重要性，在消费过程中看重家人的整体消费习惯和偏好，即使在消费分歧发生时也容易采取折中方式完成消费活动；同时，消费行为注重与社会群体消费保持一致，追随大流；普遍存在重视储蓄积累，轻视即期消费；重视物质消费，轻视精神消费；重视经久耐用，轻视追求时尚；重视维持性消费，轻视消费更新；重视子女消费，轻视成人消费；重视大路货消费，轻视品牌化消费的状况。在这种消费观念指导下的消费行为，必然呈现出保守型、积累型的特征。

传统消费文化观念必然对人们的消费行为产生重要影响，一是使人们习惯于保守性消费，即人们崇尚“收支相抵，略有结余”，不愿意把明天的钱提前到今天来用。二是使人们习惯于预后性消费，即偏重远期消费而忽视近期消费。三是过分关注群体化消费，而较少考虑消费的个性化特点。

2. “现代”、现代社会与现代消费观念

“现代”，不是一个简单的历史分期概念，而是一个社会类型概念。

通常意义上，现代是指紧随中世纪或封建时代而来的那个时代，或者说是指启蒙运动之后而兴起的一个时代。在这个意义上，一方面，现代是相对于古代而言的，它与传统秩序相对，指的是社会进化中的经济与管理的理性化与分化过程（韦伯等），并且在现代时期意味着在经济上和生产方式上所实现的现代化（机械化、自动化）的程度；另一方面，现代与近代和当代还被当作同一语加以使用，也就是说，为了与后现代相区别，“现代”一词实际上包含着通常所讲的近代和当代两个阶段。

从现代作为一种体现社会政治、经济发展的特定状态来看，可以把西方自启蒙运动之后到整个工业化阶段的发展状态称为现代时期或称为现代化阶段。现代化首先是文艺复兴运动之后以宣传资产阶级文化为主要内容的思想革命，是一个理性化的进程；是一个以张扬自然科学和技术为主要内容的大机器生产和与之相适应的工业化过程；是一个商品经济和对外贸易为主的市场化的过程；是一个生产社会化和服务规模化为主要内容的城市化过程，还是一个以民主化、法制化为标志的政治革命过程。就现代时期的开始年代来看，在西方，可以以启蒙运动之后资本主义工业化的开始为起点，最早可追溯到 17 世纪初。

现代社会。现代社会是与传统社会相对的，现代社会实质上就是通常所说的工业社会，是继农业社会或传统社会之后以工业生产为经济的主导成分的社会。现代社会即工业社会具有以下特征：首先，现代社会的社会流动性进一步增强，社会关系取代过去的血缘和地缘关系而成为人们社会关系的主要形式，个人发展的机会和自主程度增多；其次，以大机器广泛使用、分工日益精细化、无生命能源消耗为核心的专业化社会大生产占据了社会经济的主导地位，社会生产效率全面提高；再次，社会治理模式发生了改变，法治取代人治成为政治系统运行的基本方式，社会的民主化程度提高；最后，人的思想观念充分更新，竞争意识和时间观念加强，崇尚科学、信服真理、追求变革成为人们基本的行为或价值取向。同时，工业社会是在农业社会长久积累的物质和精神财富的基础之上演变而来的，是对农业社会的超越。

现代性或现代观念。与现代相关的现代观念则代表着一种体验和感受，是一种思想和观念意识。在西方社会，现代消费文化对传统社会观念冲击最典型的表现就是资本主义初期阶段对新教伦理的冲击。丹尼尔·贝尔指出：在当时产生了巨大精神动力和支持的新教伦理所带来的资本主义发展当中的“宗教冲动力”，已经被一种贪婪的追求最大利益的摄取性所代表的“经济冲动力”所替代。推崇消费，提倡消费主义，注重休闲娱乐，强调个性自由等新的观念逐步完结了提倡节俭、努力工作、严肃认真的人生态度等禁欲式的新教伦理的基石。“事实上，正是资产阶级经济体系——更精确地说是自由市场——酿成了传统资产阶级价值体系的崩溃。”[①] 现代性则指的是现代性的体验，是在与传统的断裂中形成的对现代生活质量的体验和感受；利奥塔就把现代性定义为“一种思想方式，一种表达方式，一种感受方式”。现代性意味着理性化、工业化，涉及各种经济的、政治的以及文化的不同形态；现代性作为理论思潮，无论在观念上还是在理论上及人们的行为表现上都与现代观念有巨大差别，这种差别与社会历史既有关系又没有直接的联系，仅仅是理论把握的一种结果。在这个意义上，现代性与现代时期不同，也与现代化不同，这就是说现代性不是一个实质性的历史阶段，更不是现代化这个非常具体又实在的东西。因此，现代化意味着机械化、都市化、市场化——作为一个社会生产或运作方式；现代性意味着启蒙、理性化、民族国家——作为一种观念或体验；现代社会意味着工业化、契约化或社会化——作为一个现

① ［美］丹尼尔·贝尔：《资本主义文化矛盾》，赵一凡译，久大文化股份有限公司1989年版，第102页。

代历史时期或阶段；现代主义则是作为一种思潮或理论的形态而存在。

现代时期，尽管学术上有众多争议，但大多以启蒙运动作为现代时期的发端。即将启蒙运动之后开始的以理性化、科学化及资本主义工业化为特征的时期称为现代时期，包括通常讲的近代和现代两个阶段。近代与现代具有更多的历史学研究的意义，但本研究并不侧重单纯历史阶段的描述，而是更侧重作为社会历史表征物或形式的把握。因此，为了重点研究学术思潮、社会思潮，我们采用历史研究与学理研究相结合的方法，不用近代与现代概念，而把近代与现代统称为现代时期。在研究中，为了与消费文化的发展轨迹相适应，也为了给中国消费文化的发展提供思路与发展路径，我们又对现代时期做了进一步的划分。

在现代时期这一漫长的历史阶段，无论其经济特征、社会发展还是学术思潮，特别是消费文化、消费观念、消费行为等方面都表现出极大的历史差异，表现为既相互联系又相互区别的阶段性特征。因此，现代时期又可分为现代前期和现代时期两个阶段，以研究不同经济与社会发展条件下的消费文化特征。很明显，现代前期是资本主义从资本积累到为资本主义工业化的突飞猛进准备力量的时期，又是为现代消费文化的形成特别是消费主义的产生准备条件的过程；现代时期则是资本主义真正开始工业化的时期，也就是现代消费主义文化的形成和发展时期。当然，这里的现代前期与一般所讲的前现代时期还有一些区别，前现代时期通常被界定为现代化开始之前的一个时期，包括启蒙运动之前的封建统治及其以前的历史时期，也就是农业文化时期，或传统社会时期。前现代时期是与现代前期紧密连接的历史时期，但又是社会发展的两个截然不同的阶段。当然，尽管在社会、经济以及政治统治方式方面两个时期有差别，但是在消费文化的发展方面又有着直接的关系，因为尽管现代前期已经真正开始了现代化的里程，但在生产力还没有充分准备的情况下，消费文化也表现出更多与前现代的一致性或对前现代的继承性。因此，我们将文艺复兴运动之后开始的现代化里程的早期称为现代前期。就现代前期与现代时期的关系来看，可以说，现代前期是现代时期的前奏，它为现代时期的形成，特别是现代文明形成做好了充分的准备；而现代时期又是现代前期发展的必然结果和综合表现。

关于现代性，费瑟斯通认为现代性可以从制度和文化的维度来理解。从制度层面讲，“政治上现代国家的建立将个人及其权利视为社会根基；

经济上商品经济的规模不断扩大，以工业经济为主导的现代大都市形成；哲学上理性主义成为现代主体哲学的奠基石。现代性的成熟时刻累积起来的形象是疆域固定的民族国家，自由民主政治，机器化的工业主义，市场化的资本主义，主体——中心的理性哲学以及所有这些的功能联系"①。"从文化层面上则如哈贝马斯所描述的那样（1988），现代性是一项未尽的事业……在其中不仅传统的教条式权威结构遭到了评判和抛弃，而且现代科学、技术和工具理性的消极层面也受到了具有反思性和责任感的积极公众的控制与检查。"② 这为现代社会带来了秩序与混乱两种形象。"秩序"是指启蒙思想与理性的阴暗面，就是去传统化的单一现代性。异化③、同质化、机械化……是其经常用来描述的词汇。"混乱"是指以进步的名义发生的转变，是对旧有社会生活结构的摧毁，以及"由此而产生的永无止境的断裂和社会解组"④。因此，现代性文化一方面生成一种对秩序文化的推动力，另一方面则"强调在现代主义的无序、破碎和含混中生存的能力"⑤。

现代性的确带来了科技进步、经济有序快速发展，它的痕迹在街道边、在建筑物上随处可见。然而，在现实生活中，现代化社会往往通过种种假象来引导人们，比如是人类在控制世界而不是被控制、是人类在使用机器而不是被机械化，它像永远认不出的"戈多"⑥ 一样，将幸福作为延期兑现的支票。它让人们以为在不断兑现的过程中会逐步接近幸福，付出的代价会由进步来补偿。

现代社会对技术与进步的追求，使得生态发展让位于经济发展，经济强国在全球化的过程中，又将第三世界作为世界工厂，生态破坏的形势愈加严峻；人们曾寄希望于媒介技术提升，以获得更多的生活与娱乐信息，然而现在即使有上百个电视频道，对电视节目的选择仍然囿于精心安排的有限自由之中；互联网的普及度越来越高，但是人们对个人隐私的担忧也

---

① 汪民安等：《文化研究关键词》，江苏人民出版社2007年版，第395页。

② ［英］迈克·费瑟斯通：《消解文化——全球化、后现代主义与认同》，杨渝东译，北京大学出版社2009年版，第203页。

③ 异化是指由某种因素引起偏离本质的状态。

④ ［英］迈克·费瑟斯通：《消解文化——全球化、后现代主义与认同》，杨渝东译，北京大学出版社2009年版，第205页。

⑤ 同上书，第208页。

⑥ 戈多是荒诞剧《等待戈多》的角色，代表美好与希望。

越来越大。于是，一些学者认为“人们不再把现代性看做是所有历史一直苦苦寻求以及所有社会都应遵守的人类社会的规范”①。现代性是现代人自己杜撰出来的一个新的神话，而后现代主义者要求人民结束一种随遇而安的虚无主义的哲学观念，使人满足于一种无须解释的生活。② 费瑟斯通认为对现代性的描述不能仅仅是一个时间概念、一个时代以及一种体验、一种文化，还要从空间的维度进行考察。他因此将“全球化”作为思考的一个维度，认为现代性不仅是整合与同一，它还可能带来全球范围内的多元现代性。因此，他提出，“我们可以想象这在以后将改造长期存在的概念体系：在传统与现代性之间，我们可以加入后现代性”③。

现代消费是脱胎于传统社会，又诞生于现代时期，具有现代社会特征的一种消费模式。总体上来看，现代消费呈现出以下特点：（1）现代消费是在生产力高度发达基础上的消费。现代工业的发展和技术的进步，使得现代社会的生产力高度发达，生产力的发达，带动的是层出不穷的可供消费者选择的消费品以及买方市场向卖方市场转变所带来的消费者主权时代的到来。（2）现代消费是在全球化背景下跨越时空界限的消费。由于信息技术的进步和交通运输业的巨大发展，经济的全球化进程大大加快，“地球村”的出现更使传统的连续性区域被打破，更大范围的消费格局已经形成。（3）现代消费是消费层次不断提升的消费。现代消费本质上是不仅满足物质需要，而且更重要的是满足精神文化需要，即满足人类更高层次的享受与发展需要的消费。（4）现代消费是法治逐渐健全的有序消费，也是更多关注消费的持续化与长久化的消费。现代消费尽管以物品的极大丰富甚至浪费化消费为特征，但法制的健全会使消费更加规范，更加考虑消费可能带来的社会影响与后果。

正因为如此，现代消费文化观念是一种追求消费时尚、追求消费享受和高层次生活品位的消费态度，在很大程度上是对消费主义文化的继承，另外也受到当前社会大众文化的影响，强调对物的绝对占有与控制，追求

---

① ［美］大卫·雷·格里芬：《后现代科学》，马季方译，中央编译出版社 1995 年版，第 16 页。

② 参见张国清《中心与边缘》，中国社会科学出版社 1998 年版，第 44 页。

③ ［英］迈克·费瑟斯通：《消解文化——全球化、后现代主义与认同》，杨渝东译，北京大学出版社 2009 年版，第 212 页。

炫耀性消费、奢侈性消费；消费表现出一种娱乐化的倾向，追求时尚的消费品和消费方式，充分享受物质带来的高品位生活，“我买故我在”、“花今天的钱圆明天的梦”是现代消费的典型消费意识；能够对商品的物的含义有自己的不同理解，个体意识萌动，消费者要求个性化的产品，追求消费中的快感和刺激，进而通过消费追求人的更高层次的满足；同时，认为现代的消费方式不受个人所处阶层的限制，只要消费者的经济条件允许都可以达到满足需求的目的。通过消费而实现人与人的平等也成为现代消费文化的一大特征。

3. 后现代、后现代性与后现代主义

与前者一致，后现代既是一个历史时期，即后现代社会；也是指后现代性，即个性化、非理性化；同时，后现代主义还作为一种思潮或理论而产生持久广泛的影响。

关于现代与后现代。据安德森（Anderson）的分析，后现代这个词最早见于西班牙文坛。1950 年前后，中国革命刚刚成功时，有一位美国诗人查尔斯·奥森提出了一个主张：20 世纪的上半叶是现代，下半叶就是后现代。他认为后现代的动力不是西方，而是第三世界，特别是中国的革命。这样说来，中国与西方后现代的起源可能还有某种关系。当然，另一个重要观点是杰姆逊教授在其北大的演讲中提出的，他认为所谓文化上的现代和后现代是和整个西方经济历史的发展相关的。现代主义是文学、艺术上的名词，而现代性是较为广义的文化历史上的名词，他把这个时期定在 1880 年前后到 1930 年前后，而他认为后现代阶段是从 1960 年前后开始的。现代性和后现代性有非常大的区别，因为现代性所表现的是资本主义盛期的状况，他引用列宁的名言，资本主义发展到了极端，就是帝国主义，也就是说资本主义的资本开始向世界发展，这种发展到了最极端之时，变成了垄断资本主义。而文学艺术表现的就是所谓“high modernism”，即高潮现代主义。对于第二次世界大战以后，整个西方世界在文化方面发生的巨大变动，杰姆逊在《后期资本主义》一书中认为，后期资本主义和盛期资本主义有很大的不同，因为后期资本主义逐渐地跨国化、国际化乃至现在所说的全球化，而全球性的资本主义近年来最大的发展就是全盘的金融化，所谓金融化就是把抽象的钱在世界各地运转。在他看来，这种抽象的金融化倾向给西方文化带来了非常大的转变，后现代的文化即所谓电动器械、电脑，以及资讯的高速流通，其中最重要的是媒体，特别是视觉媒体，已影响所有人的生活。20 世纪五六十年代电视的发明为全世界带来了巨大的影响，电视的普及使整个人类生活视觉化。彩色电视机所表现的形象完全是虚假的，是模拟式的。[①] 关于后现代主义的特征，英国的马克思主义史学家霍布斯·邦在《极端的时代：一九四九至一九九一的世界史》中对后现代主义普遍思潮总结到：形形色色的“后现代主义”有一个共同点，它们都对客观现实的存在持根本的怀疑态度，它们不相信人类能够通过理性手段达到对现实的一致理解，它们都有激烈的相对主义倾向。在它们看来，一个被科学技术彻底改造了的世界立足于某种世界的本质，而有关进步的意识形态则是这种本质的反映，后现代主义认为这两种对立的思想前提构成了这种世界本质的基础，而它们要对这种本质提出挑战。正因为如此，可以说，后现代与其说是一种历史过程，不如说是一种理论区分。《消费》一书的作者也认为，后现代不是一个实证阶段，即不应该认为某些特征从某一年或年代开始主导了某些社会，后现代是一个分析的、理论的概念，它只是彰显了某些趋势以及不同时间之间的差异。

现代社会与后现代社会。丹尼尔·贝尔在《后工业社会的来临》中认为，“价值观念的变化和新社会进程的出现，预示着重要的社会变革”，而社会结构的变化则标志着新时代的开始。贝尔的后工业社会与工业社会相比较已经有五个方面的不同：第一，在经济结构和布局方面，后工业社会已经从产品经济转变成服务型经济；第二，在社会职业分布方面，专业与技术人员作为一个新的“阶级”出现，而且成为占主导地位的阶级；第三，用以促进社会结构保持稳定，促进社会保持发展活力的基本途径（贝尔称之为“中轴原理”）不再是经济利益，而是理论知识，它处于至关重要的社会中心地位，能够成为社会革新和制定政策的依据；第四，后工业社会的发展方向是控制型技术的发展，通过控制技术的大量应用，社会管理者对社会进行有效的治理；第五，在产品制造和经济管理方面，后工业将大力发展“人工智能”技术。后工业社会不再追求自动化和流水线，而是开发智能技术，以对规则系统的把握来使这个巨大的社会“井然有序”，并降低劳动者的劳动强度。在此基础上贝尔认为工业社会与后

---

① 参见［美］李欧梵《当代中国文化的现代性和后现代性》，《文学评论》1999 年第 5 期。

工业社会的主要区别如表 1—1 所示。

表 1—1　　工业社会与后工业社会的主要区别

	工业社会	后工业社会
权利基础	财产、政治地位	科学、技术
获权方式	财产继承、政治机构成员	教育
中心技术	能源	信息
社会单位	家庭、集团、党派	个人、专业组织

同样采用“后工业社会”描述新时代的另一个理论家赫尔曼·卡恩在贝尔采用社会结构描述后工业社会的同时，则采用人均收入来区别不同的社会阶段。他在 1967 年与人合著的《2000 年》一书中，根据人均收入将人类社会发展分为五个阶段，如表 1—2 所示。

表 1—2　　人类社会发展的五个阶段

社会阶段	前工业社会	局部工业社会	工业社会	大规模消费社会或先进工业社会	后工业社会
人均收入（美元）	50—200	200—600	600—1500	1500—4000	4000—20000

总之，无论贝尔或其他人都认为后工业社会（后现代社会、后资本主义社会）是一个社会财富空前丰富、生产方式与生活方式都发生了巨大变化的时代。在这个时代里，人们的工作方式走向脑力化即精神化，而人们的生活方式却走向更多更高的物质消费与享乐。

如果说“现代”所涵盖的是一个工业的、都市的、资本主义的社会，在此社会经济阶级仍然主导了人们的生活、自我观念及他们的认同，那么，后现代所涵盖的就是一个后工业的、郊区的，甚至后资本主义的社会形态，而以往人们借以建立他们认同感的稳定基点已经被淘汰了。后现代情景中的认同变得比较有弹性，随着一种潜在的变迁而变得漂浮不定。后现代随着美国 20 世纪 50 年代消费社会的形成而兴起，是消费成为核心的社会、经济、文化过程，也是资本主义通过跨国公司越来越具有全球性的影响力的过程。同时，社会阶级在人们心目中越来越不重要，而其他类型的认同取向却日益重要。消费作为后现代的缩影，意味着人们的生活、认同感以及自我观念不再以生产性的工作为核心，而开始以消费为中心，资本主义已经从过去对生产的控制，进而通过控制生产而控制工人转变为对消费者的控制，资本家会通过控制商品的意义、价值和符号而控制其所需要的消费者。各种家庭形态、性爱模式、休闲活动与一般消费当中的角色对人们越来越重要，消费会最终取代工作与生产。从后现代社会的特征可以看出，消费作为社会文化的一部分过程，消费社会作为一种意识形态已经成为后现代主义的重要特征。

后现代主义。作为一种与现代性不同的社会思潮，后现代主义是一种同自启蒙运动以来的现代化运动全然不同的社会思潮。罗斯诺认为，后现代主义思潮的出现，标志着一种标新立异的学术范式的诞生。更确切地说，异常崭新的全然不同的文化运动正以席卷一切的气势改变我们对于周围世界的原有经验和解释。从其最为极端的阐述看来，后现代主义是革命的；它深入社会科学之构成要素的核心，并从根本上摧毁了那个核心。从其比较温和的声明看来，后现代主义提倡实质性的重新界定和革新。后现代主义想要在现代范式之外确立自身，不是根据自身的标准来评判现代性，而是从根本上解释它和解构它。“现代性”指的是西方社会自近代启蒙以来一直具有的一种关于人类社会历史进步的观念。“现代性”是后现代主义试图予以消解的主要对象。现代性是作为一个许诺，作为一种把人类从愚昧和非理性状态中解放出来的进步力量进入历史舞台的。现代性强调理性、民主和自由；推崇近代科学技术的进步；推崇平等和博爱。但是，现代性实际造就的一切却使人们对它的原有信念产生了怀疑。如过度的理性化压抑了人的非理性，造成了人的片面性；不加限制的工业化造成了社会的单一化及巨大的资源与生态问题；过度的市场化则会带来拜金主义的流行和巨大的贫富差距；没有节制的都市化又可能带来人群居住性生存危机，带来巨大的社会矛盾与问题。正因为如此，后现代主义者断定，现代性已经不再是一种解放力量，相反，它是对现代人形成奴役、压迫和压抑的根源。因此，后现代主义对所有的现代性理论都采取一种拒斥的态度，它们一视同仁地对待各种现代性的观念，把它们作为逻各斯中心主义的、基础主义的、本质主义的、包罗万象的和元叙事的东西统统予以摧毁，认为应该对现代社会和现代性进行无情的解构和深度透析。它们把现代思想体系同各种前现代的东西做比较，认为正如古人创造了神话、巫术、炼金术和原始崇拜一样，现代性是现代人自己杜撰出来的一个新的神话。它们抛弃了关于现代性的各种“权威”、“中心”、“基础”、“本质”，“消解”了所有法典的合法性。通过上述活动，它们要从根本上动摇和颠覆现代人生存的基础，要求人民结束一种随遇而安的虚无主义的哲学观念，使人满足于一种无须解释的生活。[①] 正如西方学者所言：“人们不再把现代性看作是所有历史一直苦苦寻求以及所有社会都应遵守的人类社会的规范，而越来越视之为一种畸变。”因此，“人们越来越强烈地感觉到，我们可以，而且应该抛弃现代性，事实上，我们也必须这样做，否则，我们及地球上的大多数生命都将难以逃脱毁灭的命运”[②]。

就西方思潮的发展来看，20 世纪 50 年代以后，现代主义内部诸流派的自我发难和颠覆，加速了现代主义的解体，后现代主义从现代主义中发展出来，即表现出对现代主义不同寻常的逆转和撕裂。后现代主义以激进的方式扭转了现代精神的价值，而抵达一种“无深度的平面”的临界点；在这里，一切选择不复是被选择过的，“怎么都是”（费耶阿本德）使个体选择具有了随意性；在这里，现代精神所追求的确定性和明晰性被不确定性和模糊性所代替，断裂的文化使断裂的文化话语获得了无价值的宣泄；在这里，中心性和秩序性被置换成边缘性和无序性，于是中心隐遁，主体死亡，作者瓦解。一言以蔽之，在后现代文化学观中，那被解释的不再是原初的意义，而是对解释的重新解释；那被消解的不是被摧毁和抛弃的二元对立，而是被重新铭写的。[③] 关于现代主义与后现代主义的关系，丹尼尔·贝尔也认为：20 世纪 60 年代，后现代主义发展成一股强大的潮流，它把现代主义逻辑推到了极端，无论是福柯的理论著作，还是诺曼·梅勒的小说以及当今包围我们的流行色情文化，人们都可以看到现代主义意图的逻辑发展顶点。[④] 贝尔站在新保守主义的立场上，通过对后现代精神文化、美学、文艺批评等的多方面考察，认为成为反文化的后现代主义是现代极端扩张而导致的文化霸权局面，它意味着话语沟通和制约的无效，鼓励文化渎神和信仰悼亡。因此，在贝尔看来，后现代文化比现代主

① 参见张国清《中心与边缘》，中国社会科学出版社 1998 年版，第 44 页。

② ［美］大卫·格里芬：《后现代科学》，马季方译，中央编译出版社 1995 年版，第 16 页。

③ 参见王岳川《后现代主义文化研究》，北京大学出版社 1992 年版。

④ 参见［美］丹尼尔·贝尔《资本主义的文化矛盾》，赵一凡译，久大文化股份有限公司 1989 年版。

义更“现代”，是现代主义的推进。

尽管后现代主义在发展过程中出现了建设性的后现代主义，但它们与解构性的后现代主义在拒斥现代性方面却有许多的相似与共通，如它们都解构在现代思维中的实体性自我，都拒绝现代科学中的还原论的机械主义，都反对超越问题而为思维寻找某种出发点，即所谓“基础主义”，都反对欧洲中心主义、种族主义、等级制度、家长制、全球化的现行形式和各种形式的帝国主义。① 所不同的是，建设性的后现代主义不仅在于解构，在于批判，而且也提出了对未来社会和人类生活逻辑的有价值的建设性意见，从而使现代性的发展具有了可能和乐观的前景，并使后现代真正成为对现代的发展和延续。

本书将在以上三种意义上使用现代与后现代的含义，也就是说，既把它们放入相应的历史阶段，但其特征又使其可以跨越历史阶段，需要从生产力等经济特征及思想与文化特征方面，从历时和共时两个角度揭示现代与后现代的实质及其联系与差别。因为在西方文化发展里程中以历时形态依次出现的前现代、现代与后现代文化现象，在当代中国则在相当程度上是以共时态的形式被同时挤压在一个平面上的。

后现代消费文化。人类进入了消费社会已成为许多人的共识。正如亚瑟·米勒所说，“许多年以前，一个人如果难受，不知如何是好，他也许会去教堂，也许会闹革命，诸如此类。今天，你如果难受，不知所措，怎么解脱呢？去消费！”当一个人的消费不仅仅只是使用价值的需要，而是对附着在商品上的符号意义的迎合，消费就成为人们自我表达与身份认同的途径，这是进入“后现代”社会的标志之一，也是进入消费社会的标志之一。

对于消费社会的产生，鲍德里亚认为，20 世纪 60 年代的西方社会进入了消费社会，消费社会出现之前，生产是社会的基本形态，而消费的目的则是更有效地扩大再生产。而消费社会中，以生产为主导的社会转型为以消费为主导，消费社会是一个被物所包围的社会，消费取代生产成为社会的中心，它改变着人们的衣食住行、生活方式，甚至社会关系。

消费社会的根本特征是符号系统的形成，通过消费与他人形成差异是

① 参见欧阳康《现代化的围城及其超越》，《求事学刊》2003 年第 1 期。

消费社会的本质。鲍德里亚认为资本主义的商品逻辑和工具理性导致高雅文化屈从于市场逻辑，但与阿多诺等人不同的是，他运用了符号学，认为消费社会中的“消费系统并非建立在对需求和享受的迫切要求之上，而是建立在某种符号和区分的编码之上”①，消费必然导致对记号进行积极的操纵，“商品——记号”成为晚期资本主义的核心。“能指（signifier）的自主性意味着通过诸如媒体与广告对记号的操纵，使记号自由地游离物体本身，并运用于多样性的相关联系之中。”② 这就意味着由媒体不断制造出来的记号、影像等使得真实与影像间的区别消弭，“一个符号参照另一个符号、一件物品参照另一件物品、一个消费者参照另一个消费者”③，无穷尽的记号与影像让大众丧失了对于固定意义的联系。他在《消费社会》中指出，消费社会意味着消费游离于生产，整个资本主义的消费开始由物的有用性消费过渡到物的符号性消费，这时符号价值替代了物的使用价值。消费社会中，消费不仅能满足人们的生理需求，还通过符号满足人们无限扩张的精神需求，而媒介在符号神话的制造中起着至关重要的作用。

消费社会与后现代主义。自从鲍德里亚提出消费社会理论之后，当代西方学者纷纷将其与后现代主义联系起来，如詹明信认为时尚与风格急速变化、媒介对社会全面渗透等是消费社会的基本特征，真实的实在转化为各种影像、时间碎化为一系列永恒的当下片段是后现代文化的特征。也就是说，对于符号的消费已经从经济学意义上的商品消费转向社会学、文化与美学意义上的意义消费，消费社会的价值在后现代文化与美学的层面上得到根本体现。可以说，“通过消费社会考察后现代主义或者通过后现代主义考察消费社会，已经成为一个最具价值的理论视角”④。费瑟斯通认为，消费社会中，“资本主义生产的扩张，尤其是世纪之交的科学管理与‘福特主义’被广泛接受以后，构建新的市场，通过广告及其他媒介宣传把大众‘培养’成为消费者，就成了极为必要的事情”⑤。人们对商品的

① ［法］鲍德里亚：《消费社会》，刘成富等译，南京大学出版社2000年版，第13页。

② ［英］迈克·费瑟斯通：《消费文化与后现代主义》，刘精明译，译林出版社2000年版，第21页。

③ ［法］鲍德里亚：《消费社会》，刘成富等译，南京大学出版社2000年版，第135页。

④ 汪民安：《文化研究关键词》，江苏人民出版社2007年版，第411页。

⑤ ［英］迈克·费瑟斯通：《消费文化与后现代主义》，刘精明译，译林出版社2000年版，第19页。

消费不仅是其使用价值，还消费商品的形象，并从这种消费中获得后现代主义的情感体验。消费社会中的消费是对影像、记号和符号商品的消费，它体现着梦想、欲望和离奇的幻想。在消费社会中，物品及其使用价值并没有发生变化，但是人们的观念、感知方式等的改变，导致人的存在方式发生变化。

后现代消费文化的起源。迈克·费瑟斯通在《老年与不平等：消费文化与中年的重新定义》（1981）中，第一次将消费者（consumer）与文化（culture）放在一起，创造出“消费文化”（consumer culture）一词，以此来强调商品世界及其结构化原则对理解当代社会来说具有核心地位。他认为消费文化就是指消费社会中的文化。它有一个前提假设，就是消费伴有符号生产、日常体验与实践活动的重新组织。关于消费文化的形成，迈克·费瑟斯通提出，许多研究者都将消费文化追溯到18世纪的英国资产阶级以及19世纪的英国、法国和美国的工人阶级中，认为当时的广告、百货商店、度假胜地、大众娱乐及闲暇等的发展，可能就是消费文化的起源。另一些研究则着重指出，美国在两次世界大战期间，就已经初次显露了消费文化的发展迹象：广告、电影业、时尚和化妆品生产、交相传阅的大众小报、杂志和拥有无数观众的体育运动，使得众多的新品位、新秉性、新体验和新理想广泛传播开来。因此，消费文化作为后现代社会的表征之一，与后现代具有直接的理论渊源，在历史的发展过程中形成了后现代特定的消费文化。在西方现代主义社会，受经济发展需要和新教伦理影响，一度崇尚“勤俭节约”的消费观念。消费文化则与此相反，它推崇炫耀型消费和享乐型消费。通过广告、大众传媒和商品展示陈列技巧，消费文化动摇了原来商品的使用或产品意义的观念，并赋予其新的影像与记号，全面激发人们广泛的感觉联想和欲望，消费文化今后的趋势就是将文化推至社会生活的中心。

消费文化形成的前提条件是资本主义社会的商品生产不断增加。在物质丰裕的时代，消费产品与消费场所会相应增加，这就意味着消费活动与休闲娱乐也成倍增长。一些人认为这促使个人的自由与平等在更高的程度上得以实现，因为人们可以通过消费来表现和维持不同的社会地位，为了这种自我身份的认同与表达，人们会以不同的方式消费商品，利用商品的象征属性来强调生活方式对社会地位的区分，它激起人们对现代化城市的体验与生活方式的兴趣。而新生活方式的建构则是消费文化的核心。消费文化越来越强调生活方式，“生活方式的构建意味着，一个人的体态、外貌和消费品休闲活动等可以积极地融入一个具有鲜明特色的庞然整体”[①]。而另一些人则认为这助长了意识形态的操纵力。因为人们在通过积极地构建生活方式融入消费文化的同时，媒体宣传的生活成就观则可能引发人们进一步地去探索全新的生活体验，享受个性化的自我生活。布迪厄对中产阶层趣味气质的研究强调了不同群体有不同趣味，并通过消费等生活实践表达趣味的方式，这形成了一套具体的性格特质和阶层划分方案，正如布迪厄所说，趣味可以归类，而且可以对归类进行归类。他进一步指出，后现代消费社会中，阶级内部不同阶层的张力动摇了固有的文化趣味等级。追求新奇使不同阶层的品位分化。对新的品味与体验的追求，对新的生活方式的建构应是消费文化的核心。而中产阶级中受过良好教育的布尔乔亚[②]阶层，他们在服务、信息、媒体等行业，生产出信息产品。“这个群体凭借着自己文化表达力搔首弄姿”[③]，他们注重享乐、勇于尝试新风格的观念与传统资产阶级勤奋、体面、有序的观念冲突。中餐在英国的流行就受到英国中产阶级分化的影响，随着中国经济、文化在世界范围内影响力的不断增强，不少英国人一改对中餐的负面印象。那些追求民族风味饮食，争做世界美食家的布尔乔亚阶层“带着很强的学习动机接近中餐，修炼自己的趣味，并炫耀如何娴熟地驾驭筷子，对菜单如何了如指掌……媒体也怂恿客户放弃西餐的程式……鼓励读者的冒险精神，掌握从五光十色的菜单中点菜的技巧和艺术，并在眼花缭乱的各种配料之间求得平衡”[④]。因此，他认为，正是消费文化中这些与构建生活方式相关联的倾向，显示其具有象征意义的文化趣味等级系统的松动，从而呈现出变通和创新的维度。随着那些从事着符号信息商品生产、传播、消费、服务等工作的“新型文化媒介人”数量的不断增加，人们通过自己的消费活动，来转换原来的身份，获得既得体又合法的标志，同时通过媒介告知受众如何自我完善与发展、如何投资理财、如何建立良好的人际关系等，引导、

① ［英］迈克·费瑟斯通、［日］玉利智子：《消费文化与中国饮食在英国》，《江西社会科学》2007年第8期。

② 布尔乔亚（bourgeois），是法国中产阶级的代名词，代表着中产阶级的生活方式，即理智、谨慎、崇尚资本主义。

③ ［英］迈克·费瑟斯通、［日］玉利智子：《消费文化与中国饮食在英国》，《江西社会科学》2007年第8期。

④ 同上。

教育着受众的生活方式。也就是说，场域内部的不同群体间的权利角逐推动着消费文化的发展，同时，消费文化对人们的影响越来越大，也进一步促进了阶层的分化。他认为，“消费文化的内在结构得以揭示，商品的极大丰富，不再是初始的大众消费的原因，某种标明社会阶层的身份差异性和认同感塑造着消费，更高层次的精神快感和审美激发着消费，最终的消费将只是弥漫着符号的味道，人的无止境的欲望驱使着消费需求变为符号无止境的组合”[①]。大众消费伴随着符号生产、日常体验和实践活动的重新组织，引起了风格杂烩、文化失序和分层消解的倾向，形式与称号、影像、无秩序、生活的审美呈现等激发人们从消费体验上去理解消费文化所带来的快乐与梦幻，过去那种对消费快感持消极态度的评价应当予以超越。对于巴赫金提出的狂欢节、节日盛会等是对官方“文明”文化的颠覆，它们使禁忌与幻想有了实现的可能的观点，在费瑟斯通看来，从长时间的研究视角出发，中产阶级在消费实践中采取的正是这种狂欢式的实践方式。前工业化时期的狂欢式的传统要素转化或置换为媒体影像、广告、工业设计等。特别是博览会、交易会、百货公司、主题乐园、旅游度假村、超级购物市场、美容、肯德基和麦当劳等，都以狂欢化的经营模式从策略上刺激着消费者的梦想，这些消费的影像与场所引起了纵欲的快感。而中产阶级在狂欢式的消费实践中采取的是一种比较明智、安全的方式。尽管后现代消费文化“突出地强调了超负荷感官、审美投入、消解主体中心的梦幻知觉，尽管在这里，人们总是热情投身于这一系列泛化的感官体验与情感体验”[②]，但是人们并不是失控的，行为的约束与控制仍然存在。正如人们在商品世界中，“只是观看并不抢劫，只是偶尔挪动一下步子却又不阻碍川流不息的人群……容忍身体的相互接触而并不感到恐惧……”[③] 这种既放松又控制的行为可称为“对情感的消解性控制”，这要求个体之间在相互尊重的前提下，对他人的观点具有鉴别、欣赏的能力。还有，媒介在消费社会中也体现出后现代的特征，层出不穷的符号让媒介具有了图像化和无深度的特点，受众的快感成为重要的影响因素。被

① 石义彬：《单向度超真实内爆——批判视野中的当代西方传播思想研究》，武汉大学出版社 2003 年版，第 250 页。

② ［英］迈克·费瑟斯通：《消费文化与后现代主义》，刘精明译，译林出版社 2000 年版，第 35 页。

③ 同上书，第 36 页。

媒体所控制的后现代社会成为鲍德里亚笔下的仿真社会。

后现代消费文化观念。由于后现代主义是与现代主义的彻底决裂，从文化上来说，它是对现代主义本身的精英文化的反应，远比现代主义更愿意接受流行的、商业的、民主的、大众消费的市场。消费文化的后现代气息，既来自消费社会的到来，又与20世纪60年代的后现代主义思潮密切相关，正是通过后现代话语，一系列以符号与象征为代表性的消费开始占据主导地位。此时的消费已经成为人们建构生活方式的手段：人们已经摆脱了现代以工作或居住地来表征自我认同的方式，转而以消费中的符号、象征意义等的使用来构建自我与社会群体认同。这意味着消费在人们生活中的地位日益提高，甚至处于核心地位。因此，后现代消费阶段，消费文化观念呈现出追求符号与象征意义，注重品牌，忽视实用或使用价值的特点。

（二）消费、消费文化与消费观念

1. 消费

“消费”（consume），从14世纪起，这一词就已出现在英文里[①]，最接近的词源为法文consumer与其变异词法文consommer，可追溯的最早词源为拉丁文consumere，意指完全消耗、吞食、浪费、花费。在几乎所有早期的英文用法里，consume这个词均具有负面的意涵，指“摧毁、耗尽、浪费、用尽”。16世纪，consume同样具有的毁灭或浪费的一般意涵。《牛津英语词典》将之解释为，通过燃烧、蒸发、分解或疾病等花掉或毁掉；消耗、死亡；用完，特别是吃完；喝完；占去；花费、浪费（时间）；变得憔悴、烧尽。直到18世纪中叶，consume一词开始以中性的意涵出现在有关中产阶级的政治、经济描述里。当有组织、有系统的新兴市场成为主流时，制造与享用货品、服务的行为才被重新定义：制造与享用的行为开始以较抽象的一组词汇——生产者producer与消费者consumer、生产production与消费consumption来定义。但是，其负面意涵一直持续到19世纪末。20世纪初，随着经济发展到一定水平，消费活动在社会经济中的地位显得越来越重要，消费的含义也有了特殊的意义，消费具有更多

---

① 参见［英］雷蒙·威廉斯《关键词文化与社会的词汇》，刘建基译，三联书店2005年版，第85—86页。

强调购买、占有并使用物品和劳务的意思。20世纪中期，消费开始被看作与人的存在相联系，并以人的生命本质的弘扬为根本内容，通过消费展示出人的存在意义与价值。综观“消费”的含义变化可以发现，消费的概念主要呈现了三个层次：一是纯粹物的消费，即以物的使用价值维持人的生存需要；二是交换价值的消费，意在物的价值方面，以证明人的购买能力，炫耀人的金钱、权力、地位等；三是符号价值的消费，即突出物的符号价值即物的文化内涵，以表现人的个性和品位等。从以上不难看出，随着社会的发展，人们在意识中逐渐给消费赋予文化内涵，通过消费对象和消费过程满足人们生理需要的同时制造人与人的差别与区分，显示人的身份与价值就成为现代消费具有的一般意义。

但无论如何，“消费”作为消费文化研究中最基础的层面，其相关研究成果也占有绝对优势。就现有研究来看，人们主要从经济、社会和文化三个角度对消费进行阐释，并逐渐实现了“消费”从经济学意义向文化学意义的转变。

消费的经济学意义。在经济学意义上，首先，“消费”指人们在满足自己生存和发展的过程中对物的消耗，体现了人与物的关系。《汉语大词典简编》的解释之一是“为了生产和生活需要消耗物质财富”①；《经济大辞典》的解释是“社会再生产过程中生产要素和生活资料的消耗”②。我国专门研究消费问题的《消费经济辞典》则更从个人生活方面着手提出消费是人们通过对各种劳动产品的使用和消耗，满足自己需要的行为和过程。③ 作为专门的经济学术语，“消费”一词包括生产消费和生活消费两个方面。生产消费指生产过程中发生的工具、原材料、燃料等生产资料的消耗和劳动者的体力与脑力的消耗，这种生产客体和主体的使用和消耗属于生产行为和生产过程本身，从而它包含在生产之中；生活消费指人们为满足个人生活需要而使用各种物质资料与精神产品的行为。马克思主义政治经济学则将消费与商品相联系，把消费纳入生产、分配、交换、消费四个经济环节中；同时，“消费”作为一种经济行为，既包括虚拟享用、虚拟消费，也包括实实在在的消费行为。消费超越了时空的限制，在提前

① 《汉语大词典简编》，汉语大词典出版社1998年版，第1598页。

② 于光远：《经济大辞典》，上海辞书出版社1992年版，第1983页。

③ 参见林白鹏《消费经济辞典》，经济科学出版社1991年版，第1页。

的和延后的时空中进行就是虚拟享用。[①] 这反映了消费是人的需要及其满足方式的一个重要环节，同时也是一种心理机制和实践行为，会在意识的层面帮助人产生生理、心理和精神上的快乐感、满足感和幸福感。古典经济学家将消费作为其经济学说的重要内容，威廉·配第、亚当·斯密、李嘉图、魁奈等人对生产与消费的关系、节制消费、奢侈性消费等的多方面探讨，构成了其经济学说的基本内容，也使消费成为现代西方经济学的重要研究领域。

消费的社会学含义。随着对消费研究的深入，学者们几乎已经达成了共识，即消费活动不仅是一种经济行为，更是一种社会行为和文化形态。随着消费从本质上越来越从物质转向文化，“消费”的意义也很自然地从人与物的关系转移到人与自身、人与他人、人与社会的关系，从而实现了消费的社会和文化转向。消费作为一种社会行为，集中体现为个人消费的社会化特征。个体消费者是社会群体中的一员，既然作为某个社会群体中的成员，必然会受社会文化环境的制约和影响。无论中国和西方，在长期历史进化过程中形成的一套完整的消费礼仪和制度规范，就是消费社会化的表现。从历史上来看，在一个社会阶层界定严格且地位组织非常清楚的社会，个人的消费行为大都是由其在整个社会阶层中的位置所决定的。随着现代社会的到来，阶级差别日益模糊，阶级也日益失去其主宰的地位，而由生活方式及其他影响力取而代之，其中，消费就扮演着这样的角色。消费的社会角色有助于规范和界定社会流动性。当部分人的奢侈消费建筑在庞大的被奴役阶级之上，而非产品的极大丰富时，很容易造成整个社会的供需失衡、贫富差距加大、社会矛盾激化等一系列后果，这时，消费就会成为在社会变迁过程中一种决定性的社会和历史的力量。个人消费也会受到群体的影响，凡勃伦（T. Veblen）提出的炫耀型消费理论就是典型，他对中世纪以来有闲阶级的生活与其他社会阶级的区分，对浪费、虚荣、代理有闲、代理消费、奢侈等概念的探讨，使消费的社会意义表现得非常广泛，也为现代西方消费社会理论奠定了基础。

消费的文化特征。“消费”一词最初的文化意义是建立在道德基础之上的，认为消费就是奢侈浪费，是道德败坏的象征或者至少是导火索。当然，人们对这个词的鄙视态度主要源于在以生产为主导的社会里物质的相

① 参见晏辉《资本的运行逻辑与消费主义》，《中国人民大学学报》2005 年第 6 期。

对匮乏。而消费的文化意义，首先，最基础的层次是符号消费，即消费的符号意义，即让·鲍德里亚认为的，消费系统是"建立在某种符号（物品/符号）和区分的编码之上"[①]，而整个社会都依靠这种符号语言来沟通交谈。因此，要成为消费的对象，物品必须成为符号，也就是外在于它的意义指涉体系。其次，通过消费制造社会差别。消费在不同社会的历史差异中，呈现为一个由文化赋予、挽制并追随其意义变换而变化的动态结构。[②] 文化规则及其意义的渗入为消费行为划分了等级层次，实现自身身份的构建以及与他人的区分。消费行为本身也成为一个有意义的文化活动。最后，是人的价值实现层次。即马克思主义所说，在本质上，消费是"人的现实或实现"。消费与人的存在相联系，并以人的生命本质的弘扬为根本内容。"需要→劳动→消费→新的需要"构成了一个不断反复、永无止境的发展过程，不断推动着人的发展。[③] 正是在这个意义上，通过消费展示出人的存在意义与价值。就是说，消费的文化内涵就是通过消费对消费对象和消费活动赋予意义，通过消费构建人的身份，实现人与他人的区分和自身的存在价值，进而就把个人融入社会之中，使人成为社会中与他人相关，又与他人相区别的一员。

消费的宏观与微观差异。消费既是一个个人问题，也是一个社会问题。从个人的角度来看，消费就意味着花费，即把自己及家庭所挣的钱花掉，至于想如何花钱，这就是个人的消费观念问题，钱花在哪些方面，这是消费行为问题。我们可以对个人的消费观念和消费行为作出评价，认为其合理或不合理。就个人消费观念来说，我国的传统文化推崇勤劳致富，勤俭持家，消费往往与浪费等词联系在一起。我们在评价个人消费时往往会带有许多社会或伦理的评价，如大方、奢侈、节俭、吝啬以至于消费主义等；消费等同于浪费，特别是传统文化对于过度消费，会给予更多的否定性的评论或批评；但从社会消费层面上来说，鼓励消费，实现经济增长，则是更多地赋予消费积极正面的评价，因为，如果大家都不消费，那就意味着生产出来的商品卖不出去，面包厂关门、酒店关门、餐厅关门……这样，大家都失业了，就更不愿意也没能力消费了，然后就会有更

① ［法］让·鲍德里亚：《消费社会》，刘成富、全志钢译，南京大学出版社2006年版，第50页。

② 参见陈庆德《文化视野中的消费分析》，《社会科学》2006年第2期。

③ 参见赵玲《消费的人本意蕴及其价值回归》，《哲学研究》2006年第9期。

多的企业倒闭，从而陷入恶性循环。这就是宏观和微观角度评价的差别。同时，就消费行为来看，在微观经济学里认为正确的事情，在宏观经济学里又不一定正确。因为经济学上有一句话叫作“农业上的丰收年，往往是农民收入上的歉收年”，因为农产品是缺乏弹性的商品，在需求不变的情况下，供给越多，意味着价格越低，即叶圣陶老先生在《多收了三五斗》中所说的，农民们遇上了大丰收，本以为可以多卖点钱，结果米行开始压低价格，农民的收入反而下降了。如果只有一个农民因为施肥除草，辛勤劳作，收成提高了，那么很自然，他的收入会上升；可是如果所有农民的产量都提高了，整个市场上的供给就增多了，那么价格就降下来了。因此，个人行为的理性不一定会导致集体行为的合理，反过来亦是如此。

2. 消费文化

关于消费文化的研究，在前期的研究成果中已经做了综述与总结，这里仅仅在对消费文化研究视角归纳的基础上，进一步重申我们的消费文化概念。

截至目前，人们对消费文化从哲学、社会学、社会人类学、新闻传播学、经济学，管理学等角度做了多方探索和研究。目前的研究大致有两种类型，一类是以消费文化为语境研究某种主题，另一类则是以某种主题为语境研究消费文化。具体来说，不同研究视角下的消费文化的定义会有所不同。

其一，消费文化即消费中的文化。“消费经济”学派认为，“消费文化是消费领域中，人们创造的物质财富和精神财富的总和，是人们消费方面的创造性表现，是人们各种合理消费实践活动的升华和结晶。消费活动包括优美的自然环境、人文环境，人们精心创造的实物生活资料和精神文化产品，以及富有创造性的有利于人的身心健康的消费行为”[①]。这种广义的消费文化概念更偏重文化的内涵，肯定了消费的创造性价值；同时，另一种有代表性的就是将消费文化看作物质文化的特殊形式。西莉亚·卢瑞在《消费文化》中首先将消费文化看成20世纪后半叶出现在欧美社会的物质文化的一种特殊形式。她认为，风格化过程是对消费文化最恰当的解释。首先，承认人们以完全不平等的条件参与消费文化是极其重要的，

---

① 尹世杰：《加强对消费文化的研究》，《光明日报》1995年4月30日。

这是文化本身所特有的，而非直接源于经济的不平等。其次，消费文化会使个体与自身、个体与其对自我作用的认识、个体与所属群体的风格的关系形成非平衡。再次，个人主义与大众消费社会兴起之后，人们普遍相信，"有就意味着是"，这种信仰与"占有物品就有特权"息息相关。最后，消费文化本身也是一种占有，理想的个人不仅是积累的财产和商品的主人，而且也是自己的主人，即消费文化是当代信仰自我认同的根源，和自我认同的基础。[①] 因此，消费文化是一个动态发展的过程，伴随着人类的诞生而产生，并会随着时代的改变而不断发展。等级制和差异性贯穿消费文化的始终。

其二，消费文化是消费社会产生的特有文化。消费社会，又称为"技术社会"、"后工业社会"、"后现代社会"。它是消费活动对每个阶层和每个人都变得具有普遍性之后的产物。英国学者迈克·费瑟斯通在《消费文化与后现代主义》中对消费文化做了界定："消费文化顾名思义，即指消费社会的文化，它基于这样一个假设，即认为大众消费运动伴随着符号生产、日常体验和实践活动的重新组织。""遵循享乐主义、追逐眼前的快感、培养自我表现的生活方式、发展自恋和自私的人格类型，这一切都是消费文化所强调的内容。"[②] 在许多西方学者均以后现代社会、后工业社会等概念描述当时的社会形态时，1970 年，法国著名哲学家让·鲍德里亚出版的《消费社会》一书，从人与物的关系入手，从特殊的需求理论，即消费者需求的实际上是商品所被赋予的含义，而不是其具体使用价值出发将这种特殊的社会形态称为"消费社会"。所谓消费社会，主要是指由于生产力极大的提高，物质的丰富成为现实，人们更注重社会"消费"，甚至在生活方式、生活态度方面更趋向消费，同时，从整个社会风尚看，物和商品以及相关的服务被赋予了更多的符号意义。因此，消费社会的建立至少需要以下三个条件[③]：第一，商品生产达到相当的规模，在足以支撑整个社会再生产的情况下，人们日常的消费能力、消费欲望和消费市场被充分地培养出来，并紧密地结合在一起；第二，消费的目的向更深层次发展，不仅是为了满足社会进行再生产和人们日常生活的需

---

① 参见［英］西莉亚·卢瑞《消费文化》，张萍译，南京大学出版社 2003 年版。

② 转引自仓庚《中国版消费主义》，《新阅读》2004 年第 4 期。

③ 参见戴阿宝《消费社会》，载汪江民主编《文化研究关键词》，江苏人民出版社 2007 年版，第 396 页。

要，而是为了进一步满足人们非生产性的消费欲望；第三，消费的属性从物质属性向符号属性转变。消费社会作为一种特殊的社会形态，颠覆了传统社会以生产为中心的社会结构，把消费和消费行为置于主导位置。在消费社会中，消费文化正影响着人们经历一场文化变迁，这种文化变迁正在改变着人们的生活方式，也改变着人们的思维意识。至于消费社会的特征主要体现在以下几个方面：（1）消费的符号化（即下文的消费主义化）。（2）消费价值观的变化。即在后现代消费社会里，人们关注的既不是对过去的回忆，也不是对未来的憧憬，而是现在，购买能彰显自己品位、生活水平的商品取代那些真正有使用价值的消费品成为人们追逐的对象。正如美国学者丹尼尔·贝尔指出的：更为广泛的变化是消费社会的出现，它强调花销和占有物质，并不断破坏着强调节约、俭朴、自我约束和谴责冲动的传统价值体系。（3）审美平面化。由于追求短暂，即时性的审美趣味使消费文化全然摒弃了对深度意义、永恒价值、理性蕴含的追求。（4）消费感性化。即人们消费常常仅仅是为了获得一种愉悦和满足。人们在选择商品的过程中不仅注重商品的象征意义和内涵价值，更注重个人的享受，注重感性、感官和欲望的表现与满足。

其三，消费文化即消费主义化。作为消费社会特征的典型表现，消费主义化，就是消费的符号化。“所谓消费文化，或者如一些人所称的消费主义文化，是一种以推销商品为动力，无形中使现代社会普通大众都被相继裹挟进去的消费至上的生活方式”[①]。这种观点把消费文化等同于消费主义，或称为消费主义文化，更加偏重消费的内涵及其所具有的破坏性特征，获得了很多文化批判学者的认同。迈克·费瑟斯通以西莉亚·卢瑞的观点——“消费文化，顾名思义，即指消费社会中的文化”[②]，“消费文化是20世纪后半叶出现在欧美社会的物质文化的一种特殊形式”[③] ——为依据，认为消费主义和消费文化均为消费社会的主导性意识形态。消费主义，强调在消费社会以“遵循享乐主义，追逐眼前的快感，培养自我表现的生活方式，发展自恋和自私的人格类型”[④] 为主要内容。归纳起来，

---

① 黄平：《面对消费文化，要多一份清醒》，《人民日报》1995年4月3日。

② ［英］西莉亚·卢瑞：《消费文化》，张萍译，南京大学出版社2003年版，第1页。

③ ［英］迈克·费瑟斯通：《消费文化与后现代主义》，刘精明译，译林出版社2000年版，第165页。

④ 同上。

国内学者主要从四个层次对消费主义进行解读。这四个层次相互交叉，并未截然分裂：一是认为消费主义是一种意识形态，与后殖民主义联系在一起。它由资本驱动侵入中国本土并演变成一种强大的意识形态，又与传媒合谋向大众灌输超前消费和奢侈浪费观念，成功地颠覆了传统的消费认同①。二是认为消费主义是一种文化形态。广告、电视等大众传播媒介推动的消费运动，正以前所未有的深度和广度渗透人们的生活，消费远远不是满足生存的活动，它超越了经济范畴成为一种流行的文化形态②。三是认为消费主义是一种破坏性的价值观。其实质是指人们毫无顾忌、毫无节制地消耗物质财富和自然资源，并把消费本身看作人生最高追求目的，是消费文化中一个颓废的方面③。四是认为消费主义是一种生活方式，即"消费的目的不是为了实际需要的满足，而是不断追求被制造出来、被刺激起来的欲望的满足，换句话说，人们所消费的，不是商品和服务的使用价值，而是它们的符号象征意义"④。对于这种消费文化，学者大都采用法兰克福学派的研究立场，以批判性的眼光审视消费文化给现代人以及现代社会带来的消极影响。研究者沿袭西方马克思主义，特别是法兰克福学派的视野，首先对西方资本主义社会形成的消费社会进行研究；同时，从符号、物化、异化、欲望等角度对消费文化进行界定与批判。如鲍德里亚提出："所谓消费文化是指不是为了实际生存需要的满足，而是追求被文化形式所不断制造出来的欲望的满足的生存方式和价值观，它具体表现为把占有更多的物质财富和消费更多的高档商品作为人生成功的标志，并以此作为生存意义的源泉和人生价值的尺度。消费文化所表征的是人们被刺激起来的消费欲望，而欲望满足的意识必须在一定的文化价值系统中才能获得合法性。"⑤ 在此基础上，研究者们认为在第二次世界大战以后，资本主义社会全面发展，并进入了一个新的时期，需求和消费得到前所未有的重视和强调，刺激消费、增加消费、指导消费成为资本主义的中心任

① 参见贾广惠《论传媒消费主义对公共性的瓦解》，《文化研究》2008 年第 10 期。

② 参见赵卫华《消费的社会结构意义——早期社会学家的消费思想》，《中国社会科学院研究生院学报》2004 年第 1 期。

③ 参见李永周《消费文化、消费政策与扩大内需》，《消费经济》2000 年第 2 期。

④ 杨魁：《消费主义文化的符号特征与大众传播》，《兰州大学学报》（社会科学版）2003 年第 1 期。

⑤ ［法］鲍德里亚：《消费社会》，刘成富、全志钢译，南京大学出版社 2000 年版，第 25 页。

务。广告、包装、展销、时尚、旅游以及令人眼花缭乱的各种商品品牌，构成了一种“物品系统”，亦即物品像符号一样，实际的使用价值并不比它们在系统中相互之间的差异意义更重要。消费的前提是必须成为符号，符号体现了物品消费中的人际关系以及差异性。而消费对象不能从任何具体的需求之类的概念出发予以理解，而只能从不断变动的符号象征关系中做出解释。这种变幻不定的符号象征体系具有一种永无止境的激发人们欲望的能量。人们每天都在报纸和电视媒体炮制和宣传的“符号”里进行驯化，人们的精神完全被各种广告的物品符号所麻醉。在大量广告符号的包围中，普通大众迷失于“失去质量的符号”，丧失自己的理性观察力和判断力，只一味地追求符号所带来的价值，人的主体性就会沦丧。而更为可怕的是文化被整合进产品中，通过消费将人们形式化、归属化，成为社会身份定位的“地位”的符码，商品的符号价值也因此日益凸显出来。当商品被作为符号化物品消费时，其价值是根据所指代的社会地位和权力以及文化因素来计价。所以，商品包含的劳动价值可能很少，但却可以拥有极大的交换价值，体现出人们借助于消费表达和传递自己对社会地位、身份等的要求。

其四，消费文化包含人们消费活动中的价值取向、价值规范与消费制度。周叔莲、魏杰等人认为，消费观念是消费文化的核心部分。具体地讲，就是消费者在消费过程中的价值判断、指导思想与行为准则，以及反映在物质产品上的文化层次和文化趋向①。这是在长期的经济生活中所形成的关于消费的一种稳定性的共同信念，即约束居民消费行为或消费偏好的一种文化规范。同时，消费文化应该包括消费制度等范畴。消费文化，是指在特定的历史环境中，受经济发展水平和民族传统文化的影响，在现代意识的支配下，人们在消费活动过程中逐渐形成的一种消费观念形态，以及与之相适应的制度和组织机构②。

我们在前期的消费文化研究中提出：“广义的消费文化是指人类所创造的各类消费相关因素的综合。文化中那些影响人类消费行为的部分，或文化在消费领域中的具体存在形式，都可称之为消费文化；具体而言，消费文化包括三个层面：表层，即物质层，包括各种物质产品和劳务，是消

① 参见魏杰等《如何加强对消费文化的研究和引导》，《消费经济》1994年第6期。

② 参见刘冰《消费文化略论》，《消费经济》1998年第1期。

费文化中的物质文化；核心层，即观念层面，是消费的指导思想、消费价值取向、基本价值观念、消费目标追求和道德观念等，是消费文化中的精神文化；连接层，即制度层面，包括消费环境、消费的组织构架、消费的具体方式和消费行为的规范力量等，是消费文化中的制度文化。简单来说，消费文化应包括三个基本层次：消费品、消费观念和消费方式。狭义的消费文化就是消费社会所创造出来的，并保障、规范和制约人们消费的各种文化，是由社会集团所创造，为大众媒体所传播，为社会大众所接受的，为消费而消费的文化”即消费主义文化[①]。我们认为，消费文化与消费主义（文化）截然不同。消费主义（文化）是现代资本主义从“生产型社会”过渡到“消费型社会”形成的一种新的消费文化形式和阶段，它是一种独特生活方式，即消费的目的不是为了实际需要的满足，而是不断追求被制造出来、被刺激起来的欲望的满足，换言之，人们所消费的，不是商品和服务的使用价值，而是它们的符号象征意义，是一种为了消费而消费的文化。

3. 消费观念

从词面上分析，观念即是人的主观意识。反映到消费领域，消费观念就是直接支配和调节消费活动的意识，是指导人们从事具体消费活动的思想基础。具体而言，就是在特定的社会文化传统和收入水平的背景下，人们在日常生活中愿意付出多大的代价来满足吃穿住行等基本需求以及发展、享受的高层次消费。消费观念主要体现在人们对待其可支配收入的态度和对商品价值追求的取向上。总体意义上说，消费观念就是人们对消费持有的态度和意识，包括对消费内容、消费目标、消费方式和消费结构等消费问题的基本认识和态度等。

消费观念可能是脱离社会阶层的，就个人来说，既与其社会阶层相一致，但出于对其他参照群体的欣羡、向往或回避，也会使其表现出脱离现有群体的特征，这正是导致过度消费或不合理消费的根源。对于消费观念的内涵，雷蒙·威廉斯对 consume 这个词演变历史的梳理中指出，自 18 世纪中叶开始，消费在西方的发展就经历了一个漫长的“去道德化”过程。因此，对消费观念的界定，首先，要有一个对消费进行去道德化的过

---

① 参见杨魁、董雅丽《消费文化——从现代到后现代》，中国社会科学出版社 2003 年版，第 23 页。

程，重新认识消费—节俭/禁欲、消费—生产/工作的关系，使消费本身获得合法的地位，形成对消费的正确认识，这是消费观念最基础的层面。其次，通过对人们的直接消费活动施加影响建构日常消费观念，形成消费观念的第二个层面——消费心理层面，是由消费者自我感觉体系形成的消费意念、欲望、情绪和动机及对消费领域的感知和习惯等，具有自发性和易变性。主要包括饮食消费心理、服饰消费心理、住房消费心理、交通消费心理、交往消费心理、文化消费心理和闲暇消费心理等。再次，高级形态的消费观念，是基于一定的人生观、幸福观和价值观而形成的对消费生活的基本观点和看法，具有自觉性和相对稳固性，是消费观念的主导因素。最后，消费观念的最上层，即在长期的历史变迁与传承中积淀和形成的，在人们的消费活动中发挥文化导向、激励和整合作用的消费文化观念。

消费观念是消费者价值观体系中的一个组成部分，在消费文化的三个层次中处于核心地位。消费观念是一种选择性，是一种心理上和观念中可选择性的意识。它可以是一个时期社会所普遍表现出的观念和意识，具有群体性和客观性；也可以是个体的消费观念，即个人对消费所持有的态度和价值意识，具有很大的个体性和主观性。尤其是那些被社会大多数人接受，并对人们的消费行为起支配作用的、对社会发展具有较强引导力量的消费观念，甚至可以上升为一种消费精神，渗透每一个人的行为中，进而形成人们潜在的、稳定的消费态度。

国内学者对消费观念的研究主要有以下视角。从经济与伦理的角度看，主要延续了近代资本主义工业文明评价“生活水平”高低的两个终极尺度[①]：一是人均占有和消费物质财富的多少；二是用外部自然力代替人的生理功能程度的高低。因此，一方面，面对物质生产还不是很丰盛的现实，对奢侈浪费的现象进行谴责；另一方面，面对生产力逐渐上升的现实，又对古代黜俭崇奢的消费观念进行批判，试图为消费正名，从而使消费观念具有某种道德评价特征。从生态的角度看，早在20个世纪90年代，就有学者提出包括人类生存与发展的一切环境要素在内的“大消费观”[②]，

① 参见刘福森《资本主义工业文明消费观批判——可持续发展的一个重要问题》，《哲学动态》1998年第2期。

② 梁琦：《论环境消费》，《消费经济》1994年第5期。

即维持人—人工生态系统、人工生态系统—自然生态系统以及自然生态系统—地球物理、化学环境系统三个层次的物质、能量和信息的交换，以及系统内部、系统之间动态平衡的消费观。与此同时，则是绿色消费观的兴起。绿色消费观是一个综合概念，包括“经济消费——对资源和能源消耗最小的消费、清洁消费——产生废弃物和污染物最小的消费、安全消费——不危害消费者或他人的健康的消费、可持续消费——不危及人类后代的需求的消费”[①] 这四个层次。基于表现特征的视角，则把消费观念分为理性消费观念、感性消费观念。理性消费观念是消费者在选择和认识消费时，根据自己的收入水平和已知的信息，追求以最低代价获取最大效用的商品或服务的态度和想法。而感性消费观念则指消费者在进行商品选择和认知时，以“是否喜欢”等感性要素为主导，主要考虑商品以及商品的外观、造型、色彩等是否入时或时髦，或者能否满足情感方面某些要求的消费观点和态度。基于历史发展的视角，则把消费观念分为传统消费观念、现代消费观念等。传统消费观念较多并较长时间地受到社会、历史和文化因素的影响，同时也与一定阶层或阶级的品位、生活风格和社会生活密切相关；现代消费观念则是在现代社会形成，具有某种现代消费主义特征的消费观念。

既然我们是在广义上研究消费文化（consumer culture），可以将消费文化看作人类社会所创造的各类消费相关因素的综合，包括消费品、消费观念和消费形式三个基本层次。就消费观念来说，消费主体不是孤立的、抽象的个人，而是处于社会关系中的人。人的社会性决定了个人消费观念的获得和转变也会具有社会性，受到社会的影响。或者说，消费者个人的消费观念是个体在社会化的过程中形成的，深受外部社会因素的影响，反映特定的社会关系特征。不同的社会条件和社会关系左右着不同的消费观念，不同的群体（如代际团体和信仰团体等）、阶层和民族也经常具有不同的消费观念。所以，从这个意义上说，消费观念作为一种文化的表征，或者说是一种文化要素，它同一定的信仰、价值和认识哲学相联系，支配着人们的消费选择和消费活动。它受到传统道德观念的影响，也作用于社会的发展和变迁。消费观念的形成既是民族文化长期积淀的结果，又是社

---

① 司林胜：《对我国消费者绿色消费观念和行为的实证研究》，《消费经济》2002 年第 5 期。

会现实的直接反映，消费观念又体现为个体的观念，而个体消费观念既与社会主流消费有差异，又直接受到主流社会消费观念的影响。正如费瑟斯通指出的，“消费文化尽管被呈现为迎合个人化的需要（我的选择，我的价值，我的生活方式），它仍然被嵌入，并且不断被重新嵌入社会游戏、阶层体系，以及通过炫耀消费和展示所表现出来的声望竞争之中。人们依旧希望解读别人身体和物品的符号，也依旧希望被别人‘解读’”。这里的消费文化与“社会游戏、阶层体系”均涉及消费文化的社会性与个人性问题。

在影响个人消费观念的众多因素中，主流消费观念和个人因素是影响消费观念形成的基本因素。其一，主流消费观念对个人消费观念产生影响。尽管西方的消费主义文化从20世纪50年代已经成为大众文化的主流，但到目前为止，并未对中国产生广泛的直接影响。中华文化及经济思想中“居安思危”、“量入为出”的观念根深蒂固，而新中国成立后计划经济体制时期长期物质生活资料的匮乏，倡导艰苦奋斗，勤俭建国，进一步强化了人们的这种保守的消费观念。这种深受传统文化影响、业已形成的保守的主流消费观念，不会因为改革开放短短30多年，人民生活水平的大幅度提高而迅速被改变。其二，个人因素对主流消费观念的影响。尽管消费者的收入、年龄、性别、籍贯、学历等个人因素会影响其消费观念，但消费观念的类别化特征，特别是主导人群的消费观念又会形成主体消费观念，从而使社会每个时期消费观念产生差别；同时，消费观念又是一个群体性的观念，反映一个社会的主流文化观念，是某一个时期的社会消费文化在观念层面的直接体现。它是社会文化的一部分，作为社会消费文化的观念层面又对个体消费观念产生影响。

（三）生存型消费、享受型消费与发展型消费

“消费”虽然是一个经济学范畴的词汇，但作为人类社会的一种文化现象，对它的研究自然要超出经济学之外。马克思从经济学的视角入手，从历史唯物主义出发，通过对古典经济学派的批判与哲学、社会学内容的融入，指出人类的消费需要不仅呈现多样性，而且可以划分为不同的类型，并呈现出一定的层次性特征。基于人类社会的历史演进，曾先后使用最直接的食物消费需要以及人们的审美需要、交往的需要和自然的需要、历史的需要等不同的概念，试图表征人类消费需要所具有的具体的社会历

史性特征。

马克思曾经从人类社会的历史演进出发，精辟地论述了人的发展的三大基本社会形态，他指出："人的依赖关系，是最初的社会形态，在这种形态下，人的生产能力只是在狭隘的范围内和孤立的地点上发展着。以物的依赖性为基础的人的独立性是第二大形态，在这种形态下，才形成普遍的社会物质交换、全面的关系、多方面的需求以及全面的能力体系。建立在个人全面发展和他们的共同的社会生产能力成为他们的社会财富基础上的自由个性，是第三大阶段。第二个阶段为第三个阶段创造条件。"[①] 也就是说，在第一大社会形态即自然经济的条件下，"人，不管是处在怎样狭隘的民族的、宗教的、政治的规定上，毕竟始终表现为生产的目的"[②]。在这里，马克思认为自然经济是人类"最初的社会形态"，它是以人本身为生产目的的经济。在第二大社会形态即商品经济居支配地位的条件下，生产目的发生了根本的变化，即"生产表现为人的目的，而财富则表现为生产的目的"[③]。这实际上就是资本主义取得支配地位的时代，而正是在这种资本主义商品经济居支配地位的社会形态下，由于"形成普遍的社会物质交换、全面的关系、多方面的需求以及全面的能力体系"，生产目的才发生了根本的变化，它不再以人本身为生产的目的，而是"生产表现为人的目的，而财富则表现为生产的目的"，从而出现了生产和生产目的之间的背离，也就导致生产及其消费的异化现象。而到了第三大社会形态即马克思理想中的高级社会形态，人的自由个性的全面发展就成为目的，生产的目的出现了向人的回归，但却不是简单地向以人本身为生产目的的回归，是一种螺旋式的上升和发展。这种发展的基础是个人的全面发展，并且他们的社会生产能力成为他们共同的社会财富。[④]

马克思提出人类的消费首先是为了自己的生存，实现人的全面发展以及人类的其他需求都要以此为基础。"人们为了能够'创造历史'，必须能够生活。但是为了生活，首先需要衣、食、住以及其它东西。因此第一个历史活动就是生产满足这些需要的资料，即生产物质生活本身。同时这

---

① 《马克思恩格斯全集》第46卷上，人民出版社1979年版，第104页。

② 同上书，第486页。

③ 同上。

④ 同上。

也是人们仅仅为了能够历史活动的基本条件。”① 他认为，物质生活资料的生产是其他需要得到满足的基础。“当人们还不能使自己的吃喝住穿在质和量方面得到充分供应的时候，人们就根本不能解放。”② 马克思认为，物质资料的消费是人的全面发展的前提和基础。他把文化、生态等人的发展需要，称为“高级的享受”和“高级活动”。认为物质、文化、生态三方面需要的满足，就是全面满足了人生存、享受和发展的需要。这就使“人以一种全面的方式”，“作为一个完整的人”“占有自己全面的本质”。

恩格斯1875年在评论彼·拉·拉甫罗夫的《社会主义和生存斗争》时曾谈道：“人类的生产在一定的阶段上会达到这样的高度：能够不仅生产生活必需品，而且生产奢侈品，即使最初只是为少数人生产。这样，生存斗争……就变成为享受而斗争，不再是单纯为生存资料斗争，而是也为发展资料，为社会的生产发展资料而斗争。”③ 后来，他在为马克思的《雇佣劳动与资本》1891年单行本写的导言中又指出：在将要取代资本主义的新的社会制度下，“通过有计划地利用和进一步发展现有巨大的生产力，在人人都必须劳动的条件下，生活资料、享受资料、发展和表现一切体力和智力所需的资料，都将同等地、愈益充分地交归社会全体成员支配”④。恩格斯在这里实际上延续了上述马克思关于社会发展的三大基本形态的思想和重要观点，进一步将人的消费需要划分为三种基本类型，即生存型消费需要、享受型消费需要和发展型消费需要。他认为这三种消费是人类社会消费中必然的三个层次，并指出：“人的需要的不断满足并且质量的不断提高，推动着人类社会物质文明、精神文明和社会文明的不断发展与进步，人类也不断地向全面发展的目标迈进”⑤，消费资料中的发展资料，最有利于发展“消费的能力”，最有利于“个人才能的发展”。并且，他还进一步分析和论述了这三者之间变化发展的一般规律与辩证关系，即人们首先追求生存性需要的满足，当生存性需要基本得到满足后，就会逐步转向追求享受性需要和发展性需要的满足。与此相适应，社会首先生产生活必需品以满足人们的生存性需要，然后逐步发展到生产奢侈品

① 《马克思恩格斯全集》第3卷，人民出版社1965年版，第31—32页。
② 《马克思恩格斯全集》第42卷，人民出版社1979年版，第36页。
③ 《马克思恩格斯〈资本论〉书信集》，人民出版社1979年版，第342页。
④ 《马克思恩格斯全集》第1卷，人民出版社1979年版，第349页。
⑤ 《马克思恩格斯全集》第42卷，人民出版社1979年版，第126页。

以满足人们的享受性需要。而且随着社会劳动生产力和生产技术水平的不断提高，用以满足人们享受型消费需要的享受资料和用以满足人们发展型消费需要的发展资料的生产规模会愈益扩大，它们在社会生产中所占的比重也越来越大。他甚至对此还作出了这样的预计和展望：在资本主义社会之后的未来新社会，由于生产与消费的关系必将发生根本的变化，生存资料、享受资料、发展资料三者将得到协调的充分发展，“都将同等地、愈益充分地交归社会全体成员支配”，并造福于社会全体成员。无疑，这是对马克思提出的消费需要思想的重大发展，也是对马克思主义消费与消费资料层次结构的第一次精辟的论述，对于我们在社会主义条件下深刻理解消费类型的转换和消费与生产的辩证关系，以及进而构建新消费文化观念均具有十分重要指导意义。

马克思提出了社会发展形态的三阶段，恩格斯把消费资料区分为生存资料、享受资料与发展资料，并认为人类除了生存需求之外，还有其他更多的需求，他将这些需求视为人与动物的本质区别，由此产生了生存型消费、享受型消费与发展型消费的理论。与马克思类似，美国心理学家马斯洛认为人的需要有很多种，他将其分为生理需要、安全需要、归属和爱的需要、尊重的需要、自我实现的需要五个层次，前两者属于人的低级需要，后三者属于高级需要，这两大类需要正对应了人的自然性和社会性的双重属性。

从恩格斯的三种生产资料的划分与马斯洛的需求五层次说可以看出，二者都认识到了人类发展的需求层次：生存型资料是人类为满足生理、安全需要等低级需要时消费的生活资料，享受型资料则是人类为满足归属和爱、尊重的需要时消费的生活资料，发展型资料是人类为满足自我实现的需要时消费的生活资料。而马克思认为消费由人的自然性向人的社会性的上升，正是人类解放的过程。具体来说：

生存型消费主要是指家庭生活消费中用来满足人们生存所必不可少的消费，它既包括必要的物质生活有关的劳务消费，更包括满足人的衣食住行等各种基本消费需要的生活资料的消费。当然，对于整个人类来说，生存不仅包括个体生命的维系，也包括“人”这一族群的生殖和延续。当然，在每一个时代，由于生产力的发展水平不同，生存需要的标准往往也就有所不同。它是人类为了维持生存而对商品和服务的简单消耗。生存消费是一切消费的基础，由生产力的发展水平的较低阶段所决定。

享受型消费是指人在超越了仅仅为满足生存需要之后为了追求更高的生活享受而进行的消费。它是在人的生命活动过程中，通过消费享受资料使身体感官、思想意识发生变化，最终使生命自身产生愉悦、美好的一种体验与感觉。享受的“享”在古代汉语里本作“亯”，从“高”省，“曰”象进献熟物形，其本义是祭献、上供的意思。《诗经·小雅》中有很多祭献物品、供奉鬼神的例子：“享于祖考”（《诗经·小雅·信南山》）、“是用孝享”（《诗经·小雅·天保》）、“以享以祀”（《诗经·小雅·楚茨》）……此外，对帝王将相进献美食也用“享”，如“诸侯侯以享天子”（《考工记·玉人》）、“王用享于西山”（《易·随》）等。一般而言，“享受型消费”在物质消费方面就表现为吃精美的食物、穿戴华丽的服饰、住宽敞的豪宅、用高档的器皿等；在精神消费方面会表现为通过听音乐会、艺术欣赏等活动所获得的精神愉悦；而在劳务消费方面则表现为获得更为先进、便捷的服务等。相比于维持生存所需要的一定数量的生活资料而言，享受型消费对生活资料的要求无论是在数量上或者质量上几乎都是无限的。因此，人们通常会把“享受型消费”与“奢侈”联系起来，甚至这在物质匮乏的时代也就是生活糜烂、道德败坏的代名词。同样，在人类社会发展的不同历史阶段和时期，往往和“奢侈”相联系的享受型消费的含义及其表现形式也都会有所不同。

享受型消费往往与经济发展水平的更高阶段密切相关，在一个国家的不同发展阶段，享受型消费的对象与方式会有所不同。与生存型消费相比，享受型消费在家庭生活中的收缩性较大，其产品的需求弹性也大。

发展型消费是指个人或家庭生活中人们用于未来发展，或为了更好地发展需要而产生的消费，是人们为提高自身素质而对商品或劳务的需求，也包括消费者为实现社会和自然等更好的发展产生的需求。如为了提高体力和智力技能所接受的各种教育与培训都属于发展型消费。发展型消费是基于生存消费满足之后的消费，消费者既重视对自身素质提高的消费，在追求自我发展消费的同时也重点考虑对社会和环境的贡献。消费过程中能够体现出“自觉与觉他”的消费理念，并达到自身追求物质和精神需求的双重满足。它是人类消费的最高阶段和最高形态，也是社会发展的重要“动力”和目标取向。事实上，人们为了生存会产生不断提高自己技能的消费需求，在客观上也促进社会生产的扩大和社会资源的更加丰富；而只有人们的生存型需要得到了满足，也才会有更多的时间、精力、财富和资源来实现进一步的发展型消费。发展型消费也是一个动态发展的社会历史过程，它在促进人类个体发展和社会进步的过程中，其自身的内涵和表现形式也在不断发生着深刻的社会历史变迁，并不断被赋予新的时代意义。

生存、享受与发展消费并没有一成不变的框框，而是随着社会经济的发展，享受型消费可能变为生存型消费，生存型消费也可能变为享受型消费与发展型消费。三者虽然在一定时期内，各自保持稳定的内容，但从历史唯物论的角度来看，三者之间不是一种按照时间关系顺承下来的，而是共存并依条件而能相互转化的。如对于野菜的消费，自然灾害时期野菜就是基本的生存型消费，但在我国经济高速发展的当下，野菜反而成了豪华酒店的奢侈品，成为现代人追求自然、健康生活方式的标志。当然，研究生存型消费、享受型消费和发展型消费理论，不仅要为人类消费形态的历史转变提供理论依据，更重要的是一个时期不同的消费需求本身也反映着社会历史发展进步的程度，体现着消费与社会经济历史发展之间的联结，可以使我们更好地把握消费的时代化特征。

（四）消费文化观念

1. 消费文化观念的界定

我们认为，所谓消费文化观念，就是一定社会历史阶段和时期的消费文化实态在广大消费者意识层面上的综合反映，是消费者主体对消费对象、消费方式、消费目的和不同消费者所扮演的消费角色具有的基本价值取向和评价性认知。它集中反映了一定社会历史条件下消费者所具有的整体消费价值观取向，是一个社会主流消费观念的总体表征和综合体现，是消费者消费行为和消费活动的指导思想、消费价值取向、消费目标追求和消费道德观念等的总和。它体现一个时期消费文化的观念特征，是“在每一个文化群体长期的经济活动中沉淀下来的影响、甚至直接支配消费行为的观念、意识”。消费文化观念具有文化性和历史性，体现着消费文化的主体特征，同时随着时代的变迁，每一个社会及其群体的消费文化观念都会摒弃不合时宜的部分，增添新的内容，同时也会相互影响。消费文化观念既包括消费者的消费价值观——消费观念，是消费者消费的指导思想、消费价值取向、消费目标追求和消费道德观念等的总和；又包括消费文化中的文化价值观，是消费群体对消费对象整体化的价值取向或评价。它既具有个人性，又有社会性特征。“观念”无非是外部事物在人头脑中的反映。从个体上看消费文化观念就是指消费者的消费观念，消费者的消费指导思想、价值取向和消费目标与消费道德，是消费者消费活动的整体指向与评价，反映了消费者的消费偏好和对消费活动的看法，也是消费者的消费态度，对消费者行为起着决定性作用。对于消费群体而言，消费文化观念就是一个时期消费文化中的主导消费价值观，或一个时期的消费哲学。从消费文化入手研究消费个体和群体的消费观念就是本书强调的消费文化观念的基本含义和主要内容。在实践中，可以从消费个体对日常消费活动的信念和消费倾向入手来考察个体的消费观念，又可以通过调查消费群体对消费活动的态度和评价，推断出现阶段的主流消费文化观念。消费文化观念的研究，既有个体性又体现为社会的整体性。当谈及个人时，消费文化观念也可以用消费观念来代替，即消费文化观念就是个人的消费观念；谈及社会整体时，群体或社会消费文化观念就是消费文化观念，消费文化观念体现着消费文化在社会观念层面上的整体特征。这种观点也正是本书研究的理论基础。

2. 消费文化观念的基本特征

消费文化观念的本质内涵及其特征主要体现在以下方面。

首先，与消费观念的概念不同，消费文化观念作为消费文化系统层次结构的三大组成部分之一，主要表征和反映一定社会历史时期和阶段特定消费文化的整体价值取向。它既是一定时期社会消费文化本质特征的体现，是规定和制约消费文化质态方式的核心要素和灵魂，对消费者的消费对象、消费方式和消费目的的选择起着重要的导向与整合作用，进而对一定时期社会整体的消费品生产、交换和分配，以及具体的消费方式和消费制度产生重要的价值导向作用；它同时又是对这一时期特定消费文化系统层次结构中的消费品的生产方式、消费制度和人们的消费活动在意识和精神文化层面上的综合反映，属于社会意识形态的基本范畴，因而不仅受制于特定消费文化的物质文化和制度文化层面及其现实状况，而且也会随着一定社会消费品的生产方式、消费制度及人们消费活动的变化而不断发生历史的变迁与发展。因此，消费文化观念往往具有社会文化的整体性、相对稳定性与相对独立性，以及较为显著的历史传承性和滞后性，对个体消费行为的规范、制约和影响往往是整体的、持续的和历史性的，以至于人们可以将几千年的人类文明史依据消费文化观念的质态方式仅仅划分为传统时期、现代时期和后现代时期三个历史阶段。而通常意义上的消费观念是指消费者具体消费活动的整体价值取向，它往往反映的是消费者的个人消费偏好和对消费活动的看法，是消费者的一种具体的消费态度，对消费者个人的消费行为起直接支配的作用，因此，具有显著的个体差异性、社会分层的差异性以及易变性，以至于人们要真正全面把握人类有史以来的各种各样的具体消费观念形态几乎是不可能的。所以说，从消费文化和消费文化观念的理论视野和研究路径入手来研究特定历史阶段和时期整个社会的消费价值取向，就不仅具有重要的理论和现实意义，而且还具有十分重要的方法论价值。

其次，消费文化观念是一定社会历史阶段和时期的消费文化实态在广大消费者意识和精神层面上的综合反映，是消费者主体对现实的消费对象、消费方式、消费目的和不同消费者所扮演的消费角色具有的基本价值取向和评价性认知。究其本质而言，消费文化观念属于观念和意识的范畴，它往往是特定历史时期和阶段社会意识形态的重要组成部分。从这个意义上说，消费文化观念就具有主观性的基本特征。历史唯物论的基本观点认为，社会存在决定社会意识，因此消费文化观念是对一定社会历史阶段和时期的消费文化实态的主观反映，一定社会历史阶段和时期的消费文化实态及其性质和状况必然决定其消费文化观念的性质和状况。但与此同时，社会意识还具有自己的相对独立性，并对社会存在具有一定的反作用，因此人类在特定历史和阶段形成的主流消费文化观念往往会对人们具体的消费行为与消费方式产生持续而强大的支配和导向作用。于是，我们探索如何正确引导和构建消费文化观念的途径和方法，就不仅是必要的，而且也一定是可能的。所以，正确认识消费文化观念与消费文化实态之间的辩证关系，对于我们构建适合中国国情的新消费文化观念体系具有重要的实践意义。

再次，消费文化观念是广大消费者主体对现实的消费对象、消费方式、消费目的和不同消费者所扮演的消费角色具有的基本价值取向和评价性认知，这种评价性认知包含十分丰富和复杂的内容和内在结构，不仅是社会上大多数人对主流的消费行为及其相关的消费对象、消费方式、消费目的和消费角色的对象性的评价和认识，而且同时还是一种对自己消费行为的评价性自我认识与反思，这两者交互影响，并最终通过库利所说的“镜中自我”的机制和方式构建人们的具体消费意识和观念，进而直接支配和影响其具体的消费对象选择、消费方式选择、消费目的选择和消费角色的选择，以及消费行为与消费方式的选择。

复次，消费文化观念作为人类文化的重要组成部分，必然具有人类文化现象的一些基本特征，诸如习得性、符号性、象征性、累积性、传承性、变化性等，这就要求我们必须从这些基本特性出发把握和探索消费文化观念形成、发展及其传播与建构的基本规律与机制，从而为进一步寻求我国新消费文化观念传播与建构的有效途径提供依据。

最后，消费文化观念作为特定消费文化系统的组成部分和子系统，不仅具有其内容构成上的系统层次结构和共时态的基本特征，而且还表现出系统生成和演化过程中的历史阶段性及其历时性的重要特征。从共时态的角度来看，消费文化观念具有自身内在的系统层次结构，它既可以是对人们具体消费行为与过程的评价性认知，其中包括对消费对象（消费品）、消费方式、消费目的及消费角色的认知与评价；也可以是对人类特定时期各种消费需要及其价值取向的一种综合反映，比如按照马克思和恩格斯的观点，就可以区分出生存型消费文化观念、享受型消费文化观念和发展型消费文化观念三种基本形态。而从历时态的角度来看，受到人类消费资料生产方式历史发展和消费文化形态变迁的决定和影响，消费文化观念还表现出系统生成和演化过程中的历时建构性和历史阶段性，据此我们就可以区分出传统消费文化观念、现代消费文化观念和后现代消费文化观念三种历史形态。

3. 消费文化观念的三种形态

根据对消费文化理论和消费文化发展阶段的研究，结合当前中国社会消费文化的特点和消费文化观念的含义，可以把消费文化观念概括为三种形态：传统消费文化观念、现代消费文化观念和未来发展性消费文化观念（后现代消费文化观念）。传统消费文化观念主要与中国消费者的中庸思想及家庭团体消费习惯有关联，表现为强调与社会群体消费保持一致，追随大流，反对超前消费，在消费过程中看重家人的整体消费习惯和偏好，即使在消费分歧发生时也容易采取折中方式完成消费活动。现代消费文化观念是一种追求消费时尚，追求消费享受和高层次生活品位的消费态度，在很大程度上是对消费主义文化的继承，另外也受到当前社会大众文化的影响，更表现出一种娱乐化的倾向，追求时尚的消费品和消费方式，充分享受物质带来的高品位生活，能够对商品的物的含义有自己的不同理解，认为现代的消费方式不受个人所处阶层的限制，只要消费者的经济条件允许都可以达到满足需求的目的。发展性消费文化观念是消费者对个人、社会和自然等方面和谐消费追求的最终目标的思考，在追求自我发展消费的同时也重点考虑对社会和环境的贡献。持有发展观的消费者重视对自身素质提高的消费，在消费过程中能够体现出“自觉与觉他”的消费理念，从而达到自身追求物质和精神需求的满足。

4. 新消费文化观念

在以往消费文化或消费观念的研究中，尚缺乏一个深化的文化意识或观念视角，及观念的文化研究视角。尽管由于历史的发展，一个时期会呈现出与时代相适应的消费文化观念形态，消费文化观念具有历史建构特征，但与此同时，消费文化观念作为社会文化的体现又是一个人为建构的过程。我们可以通过各种研究手段刻画每个时期表现出来的消费文化观念，但观念的自觉性特点，又可以通过有意识的构建和影响才能形成。当前中国社会的转型特征，体现为多种消费文化观念并存的情形，何谓消费文化观念的主流？何谓与时代相适应的消费文化观念？我们时代究竟需求什么样的消费文化观念？这些都是摆在时代面前需要明确和解决的问题。因此，结合我国的传统和现实特征，在转型时期建构新的消费文化观念既是社会文化发展的要求，也是个体消费观念依傍和遵从的模板，还是从意识形态层面加强社会管理与控制的手段，同时也是时代对消费文化理论研究的需要。之所以提出“新消费文化观念”，主要是在强调消费文化观念的文化、历史传承的基础上所体现出的社会性和时代性。具体来说，新消费文化观念应该具有以下特点。

首先，新消费文化观念是相对于传统的已有消费文化观念来说的，它应该体现中国社会转型的特点和风貌，即应该与原有或现有的消费文化观念有所不同。

其次，作为一种消费文化观念，又是社会文化的体现，文化的传承性和关联性又使它与前期的或现有的消费文化及其观念有某种继承和相关，符合消费文化观念历史演变的特点与规律，并能够在继承中发展，能够在一定程度上体现消费文化观念的共同性或被人们普遍接受和认可的有价值的内容和价值，因此，历史借鉴又是新消费文化观念的基础和来源。

最后，消费文化观念更要体现时代性，是在历史继承中的发展与更新，能够体现时代的特点和要求，能够为这个时代的主流人群所接受，并具有一定的时代普适性。

因此，新消费文化观念应该是指与时代发展相适应，能够为社会大众所接受和认可，具有一定的历史继承性，同时又有鲜明时代特点和社会文化特征的在消费问题上体现出来的一种新型观念和文化意识。既是社会消费文化的体现，又具有意识形态的特点与功能，是对整个社会及其个体均具有指导意义的观念和思想。

当然，新消费文化观念的形成与建构是一个漫长的过程，是多种因素及社会组织努力的结果。但是对于一个有着丰厚文化遗产的泱泱国度，在物质消费日益丰盛的社会转型期重视并理解文化及其观念所扮演的角色则是一个需要长期努力的过程。只有合理的消费文化观念才能引导我们国家逐步建立起一个健康、活跃、合理的消费社会。

三 研究方法

定量与定性研究方法相结合，实证与规范方法的统一是本研究采用的基本研究方法。其中文献法、历史比较法是主要的定性研究方法，而问卷调查法、模型建构与假设验证的实证研究方法则是主要的定量研究方法。特别是实证研究方法的引入，使消费文化观念的研究建立在定量研究基础之上，从而保证了其研究结论的严谨性和科学性。具体来说，主要有以下方法。

（一）文献研究法

文献研究法又称主题分析法，主要指搜集、鉴别、整理文献，并通过对文献的研究，形成对事实科学认识的方法。因为文献研究法不直接与文献记载中的人和事接触，具有非常明显的间接性，因此又叫非接触性研究、非介入性研究或无回应性研究。文献研究法的对象范围很广，包含“我们希望加以研究的现象的任何信息形式”①，如图书、期刊、学位论文、科学报告、档案等常见的纸面印刷品网络时代的各类文献数据库，以及有实物形态在内的各种材料——信件、日记甚至电话号码簿等。通常情况下，社会研究中的文献研究主要是利用二手资料进行分析。

一般来说，文献研究法可归纳为：（1）通过浏览文献的篇名、目次、

① 风笑天：《社会学研究方法》，中国人民大学出版社 2001 年版，第 214 页。

摘要、引言、结论以至正文，对文献内容做调查与总结；（2）对调查所得的情况作分析判断，形成主题概念。具体来说，文献研究法可分为三个阶段：第一个阶段是分析和准备阶段，即确定所要查找的主题和文献范围，以及检索工具和途径；第二个阶段是收集和占有资料阶段；第三个阶段是处理、加工、使用文献资料阶段，对搜集到的材料进行分类、比较和筛选，最终提炼出自己的观点。

本项目对文献研究法的运用也分为三个步骤。

首先，构建研究框架，确立研究主题——消费文化观念和与之相关的概念形成（传统、现代与后现代；消费、消费文化、消费主义、消费社会、消费观念及消费文化观念；生存型消费、享受型消费与发展型消费等），以及消费文化观念的具体表现——各个历史时期的消费活动。

其次，通过网络和图书馆查询与研究主题相关的文献。

最后，通过对这些资料的整理和分析，厘清消费文化观念以及与之相关概念的定义，梳理消费文化观念实态研究的理论框架和基本的概念界定，并形成系统的测度体系或指标，从而为实证研究打好基础。

（二）实证研究方法

实证研究方法是现代经济学、管理学、社会学及媒介研究的主要方法。本书采用实证研究方法主要是解决中国消费文化观念实态及影响因素等问题。实证研究法是认识客观现象的本质及其运行规律的方法，它试图超越或排斥价值判断，旨在向人们提供实在、有用、确定、精确的知识研究方法，其重点是研究现象本身“是什么”的问题，试图通过科学的程序认识客观事实，并研究现象自身的运动规律及内在逻辑，进而根据经验和事实检验得出具有客观性的结论。

实证研究法的具体实施步骤为：

（1）确定所要研究的对象，在文献回顾的基础上，分析研究对象的构成因素、相互关系以及影响因素，搜集并分类相关的事实资料。

（2）设定假设条件。在研究的过程中，研究对象的行为是由其特征所决定的，试图把所有复杂因素都包括进去，显然是不现实也不可能的。为此，必须对某一理论所使用的条件进行设定。当然，假设的条件有一些是不现实的，但没有假设条件则无法进行科学研究。运用实证研究法研究问题，必须正确设定假设条件。

(3) 提出理论假说。假说是对于现象进行客观研究所得出的暂时性结论，也就是未经过证明的结论。假说是对研究对象即现象的经验性概括和总结，但还不能说明它是否能成为具有普遍意义的理论。

(4) 数据收集。在对所研究的问题形成系统的指标体系的基础上，用问卷调查法、访谈法等方法获取一手资料或通过文献、统计资料等获取二手数据资料。

(5) 验证。在不同条件和不同时间对假说进行检验，用事实检验其正确与否。检验包括应用假说对现象的运动发展进行预测。

我们在本书中用实证研究方法主要解决中国消费文化观念的实态呈现问题。当然，对于新消费文化观念的构建及发展趋势的研究还要辅以规范研究方法。因为规范研究涉及伦理标准和价值判断，它试图在分析之前，首先确定相应的准则，然后再依据这些准则判断研究对象目前所处的状态是否符合这些准则及其偏离程度如何，进而根据偏离的程度提出如何调整及应当怎么做的问题。因此，用规范研究方法主要解决中国消费文化观念的未来趋势“应该是什么、应当怎么样、应当怎么做”的问题。因此，对新消费文化观念的构建即用此种研究方法。

（三）问卷调查法

问卷调查法也称问卷法，它是调查者运用统一设计的问卷向被选取的调查对象了解情况或征询意见的调查方法。问卷调查是以书面提出问题的方式搜集资料的一种研究方法。研究者根据已经形成的指标体系，将所要研究的问题编制成具体的问题项，然后以问题或表格，开放式或封闭式及半封闭式等方式形成调查问卷，进而以邮寄、电话访谈、当面作答或者追踪访问等方式填答问卷，从而了解被试者对某一现象或问题的看法和意见。问卷法的运用，关键在于编制问卷、选择被试和结果分析三个环节。

问卷调查法的一般程序是，确定研究对象并构建指标体系，设计调查问卷，选择调查对象并抽样，分发问卷并实施调研，回收和审查问卷。然后，再对问卷调查结果进行统计分析和理论研究。本书对中国城乡居民消费文化观念实态的研究即采用问卷调查方法。

第二章

中国消费文化观念的指标体系构建

消费文化观念研究量表的开发和类目构建是消费文化观念研究的基础，也是消费文化研究方法的创新和研究范式的转换。本书采用文献研究与实证研究相结合的方法，在对相关文献分析和综合的基础上，初步提出消费文化观念的理论构想维度，进而采用深度访谈、德尔菲法（专家意见法）、抽样调查等方法对指标体系的构成等进行开发与研究。主要步骤是，通过对不同人群进行深度访谈，初步整理人们对于消费文化观念的理解和认识。依据确定的维度，进行量表题项的编制，并通过德尔菲法，将初步整理的量表题项交由专家讨论，根据专家的意见和建议进一步将量表完善。其后，采用抽样调查的方法对量表的合理性和有效性进行进一步的检验，又通过小样本测试对题项做出初步的修改和筛选。在对个别项目调整之后，利用探索性因子分析 EFA 和验证性因子分析 CFA 两种因子分析方法对此量表进行规范的实证分析，最终构建一个包含 11 个维度、32 个题项的消费文化观念量表开发体系。

一 消费文化观念量表开发的相关文献回顾

（一）国内外关于消费文化观念构成及其研究动态

什么是观念?《现代汉语词典》对“观念”的解释是“思想意识；客观事物在人脑里留下的概括的形象”,《牛津英语大辞典》中 concept 对应的词条解释是“idea underlying something；general notion”。

20 世纪 20 年代，西方社会出现了消费主义现象，人们疯狂地追求享乐，崇尚消费至上，西方的社会学家、哲学家主要立足于对西方消费主义进行批判的角度进行消费文化观念的研究。比如迈克·费瑟斯通的《消费文化与后现代主义》和鲍德里亚的《物体系》、《消费社会》、《符号政治经济学批判》等就是从符号学视角研究消费社会中消费文化观念的重要作品，也是对西方消费至上的享乐主义的一种批判。在西方首先引入马克思主义理论的卢卡奇提出了“物化”的概念，他认为在商品交易中人与人的关系已经不重要了，重要的是物与物的关系或者是金钱交易的一种关系。之后，法兰克福学派的学者也提出一个看法就是，现代消费文化观念都是为国家政治服务的，消费文化观念的形成是为了维护当政者的利益，是为了维护资本主义社会的继续存在，是为了保护现存体制对人民的控制。

20 世纪 50 年代以后，世界战争结束，战争中的胜利者西方资本主义社会开始迅猛发展，后工业时代随即到来，西方社会中各阶层也有了很大的变化，比如中产阶级开始走向成熟并发展壮大起来，占据社会的重要地位。于是，中产阶级成为消费文化的主导群体，他们在商品消费中看重商品的符号性。因此，消费文化观念从以前的注重商品的使用价值走向了注重商品的符号性。大卫·哈维等学者指出，这些年在消费领域发生的变化中，重要的变化主要有两点：一是无形的商品越来越受到人们欢迎；二是人们现在的消费不仅仅是注重商品本身的消费，而是更加注重商品背后服务的消费。在《消费社会》中，鲍德里亚也明确地提出 20 世纪 60 年代以来的社会已经进入了由消费主导而不是生产主导的社会了。

作为制度学派创始人之一的美国社会学家凡勃伦在《有闲阶级论——关于制度的经济研究》中首次从不同的社会阶层入手来研究消费者的消费特征。他提出了有闲阶级的存在以及人们的炫耀性消费现象。凡勃伦认为，由于各阶级占有社会资源的不平等，为了显示自己的社会地位，在劳动阶级选择满足基本生活需要的低层次消费时，有闲阶级会选择奢侈浪费型的消费。这种炫耀型消费就是一种典型的“符号消费”和“象征消费”。人们通过对物质和文化消费品的选择体现了自己的生活品位和风格，构成了人们的社会地位得以区分的符号和象征。他还提出了“代理消费”的概念，从女性的角度对消费观念进行批判，并认为女性在消费中处于被动的地位，尤其是妻子，一直保留着代理消费的头衔。

司各特（1973）认为消费文化观念是消费者购买商品时通常所依据的标准，具体来讲就是在琳琅满目的商品和服务中消费者所喜爱的商品的独特性能；并且认为人们的观念形成一个网络结构，其中最核心、最抽象的层次是人们的价值观；价值观影响较低层次的元素，消费文化观念就是较低层次元素，受人们的价值观指导。

霍尔与杰弗逊（1975）在《仪式抵抗：战后英国的青少年亚文化》中指出，当代消费文化观念的意识形态是通过日常一次次完整的消费行为的完成形成的，而且每次商品消费现象的背后都折射着当代社会的政治经济问题。

美国社会理论学家丹尼尔·贝尔（1976）研究了西方消费社会兴起的原因、特征及产生的社会文化后果。他的基本思想主要体现在《资本主义文化矛盾》等著作中。他认为大众消费的产生主要就是资本主义社会本身的弊端所造成的，认为消费至上的享乐主义是资本主义社会市场体系所促成的生活方式，也是当时消费文化观念的体现。

迈克·费瑟斯通（2000）从消费心理学的角度指出，商品的不断出新，商品功能、外观的不断改进，商品档次的不断提升，勾起了人们对商品无限的欲望，而且各阶层的人们都渐渐地不满足于消费以前生产的商品。较上层的人们为了体现自己与众不同的社会身份，想尽办法来投资新的产品并消费新的产品，由此产生了很大的消费快感。中下层的人们也不断模仿上层的消费，认为消费了上层的产品，自己的社会身份也就产生了变化，也因此产生了消费快感。

玛丽·道格拉斯（2003）的《物品的用途》从“消费人类学”的角度对“消费文化观念”作了描述，她指出，人们不仅是从商品消费中获得文化意义，更可能是对消费商品时产生的意义进行控制。

斯密斯（2007）认为消费文化观念是消费者购买和使用产品过程中，相对于付出所得的回报所导致的对产品的态度和情感。

曹梅静（1993）从心理学角度把消费文化观念定义为，消费文化观念是影响消费者的消费行为，并且可以引导消费者的消费行为，可以帮助人们作出价值判断，并决定消费者的消费态度、消费选择和消费方式的重要的心理因素。

尹世杰（1994）将消费文化观念分为物质文化观念、精神文化观念、生态文化观念三大类。

周小仪认为消费文化观念与各个不同的时代紧密相连，认为消费主义是伴随西方现代性的产生而兴起的一种社会文化现象，早期局限于宫廷与贵族阶层。到了19世纪后半期，消费主义，即消费文化观念才在中产阶级继而在市民阶层中迅速发展。

陈思（2005）认为消费文化观念是社会文化的重要组成部分，他从社会学的角度，把消费群体作为研究对象，认为消费文化观念反映在人们的消费行为中，消费文化观念是消费群体对商品的价值取向或评价。通俗地说，消费文化观念是指消费者喜欢什么商品、鄙夷什么商品；不同国家、地区、民族的消费者在不同的时期，对同一种商品与服务会有完全不一样的评价，这也与社会的发展程度有很大关系。

从以上可以看出，消费文化观念包含着消费者对消费生活的认识，在进行或准备进行消费活动时对消费品、消费方式、消费过程、消费趋势的总体认知评价与价值判断；消费文化观念会受价值观和幸福观的指导，所谓价值观、幸福观是指对生活的评价和对生活意义的认识；消费文化观念的形成和变革与一定社会生产力的发展水平及社会文化的发展水平相适应，同一定社会主流的社会意识形态和传播环境有着密不可分的关系。因此，消费文化观念与消费观念具有相同性，都是指观念在意识形态上的反映；但两者所指的范围又不同，消费观念是消费文化观念的一部分。消费文化观念还应包括更广泛的内容，诸如消费哲学、消费精神、消费价值取向、消费行为等。

（二）消费文化观念量表开发的相关研究

国内外学者关于消费观念量表开发方面的研究有很多，量表开发的目的主要是对不同群体的消费文化观念的差异性展开定量研究。

李爽（1998）在其著作《消费的陷阱——中国当前消费问题》中提出了当今中国社会很有特点的“红、绿、黑、银、黄”五色消费。他从品牌消费、超前消费、感性消费、开放消费等方面入手开发量表，通过调查后指出了当今中国消费的六大特点：一是追求品牌；二是人们越来越缺乏消费理性，比较容易受到广告的影响；三是超前消费在普通老百姓中开始流行；四是开始注重符号消费；五是消费越来越集中化，尤其会选择节假日进行集中消费，零散消费减少；六是随大溜的消费观念越来越弱，越来越追求个性消费。

李大雁（1999）从老年人的消费角度对消费文化观念进行了研究，他从传统消费观念与现代消费观念入手开发量表，并通过问卷调查发现，老年人的消费观念还是以传统观念为主，比如重积累、轻消费的消费文化观念；重子孙、轻自身的消费文化观念等。传统观念的束缚成为老年消费市场不振的最主要原因。老年人要树立现代消费文化观念，就要克服一系列传统陈旧的消费文化观念。

胡俊修《从〈申报〉广告看近世上海社会生活的变迁》主要通过《申报》广告所反映出的近代时期上海社会生活来研究这个时期上海市民消费文化的变迁。他主要是从消费结构的角度建立量表，从衣、食、住、行、用五个方面对当时上海的消费特点与习惯进行了具体的分析。他认为近代上海消费方式和消费习惯受西方的影响很大：衣着方面，从传统的服饰为主导，逐渐转向以西服为主导；饮食方面，更注重饮食的精细和品位，西餐逐渐流行；居住方面，上海出现越来越多的别国风情的建筑；交通方面，私家汽车、公交车等交通工具逐渐代替马车等传统交通工具；日常生活习惯方面，香烟、化妆品、牙膏等成为人们生活的日常用品。除了对物质消费的分析以外，他认为上海市民在精神消费上也呈现出现代化的趋势，保健需求、娱乐需求都多样化。

吴绍中、林玳玳、易然等所著的《中国消费研究》中也对中国当代消费文化观念与消费特征进行了分析，他们从节俭消费、家庭消费、求同消费、节日消费、区域消费等角度入手建立量表，通过调查研究指出当今中国居民所表现出的消费文化观念特征主要有：一是崇尚节俭的消费习惯依旧延续；二是消费行为方面还是以家庭消费为主，个人消费相对较少；三是随大流的消费现象依旧十分广泛；四是节日集中消费现象越来越凸显出来，并且在节日消费中容易受到广告促销等的影响，消费理性不高；五是不同地区如东南沿海和内陆地区的消费观念和消费能力以及消费习惯存在很大差异。

侯立松（2002）从理性消费与感性消费的角度建立量表，并对城市现代职业女性的消费文化观念进行了研究。研究中发现，城市现代职业女性的消费更加趋于个性化和感性化，主要表现为“唯我独尊，只有我喜欢的才能是最完美”的感性消费观念。

陈昕等学者对我国的消费主义生活方式进行了研究。他主要是从目前比较流行的消费主义生活方式的角度建立量表。通过对京、津两地进行问卷调查，发现北京、天津两地的消费主义生活方式已经出现并且正在蔓延发展，而且居民的年龄、文化程度等与消费主义倾向有较为明显的相关关系。研究还表明，人们对于商品的符号性选择，也就是对商品之外的象征意义的选择已经超越了对商品使用价值的选择。陈昕指出，文化能够指引人们健康的生活方式，所以文化是一个社会发展的支柱，它能够决定社会的优胜劣汰。

张玉茹（2003）从中西方消费文化观念差异的角度建立了测量大学生消费观念的量表，并认为大学生越来越追求时尚消费和奢侈消费，越来越不赞同节俭消费，他们更加崇尚“能挣会花”、“分期付款”和“借贷消费”等一些时尚的消费文化观念。

周春霞、彭光芒（2003）等学者从传统与现代的角度建立了测量大学生消费文化观念的量表。研究表明，现代大学生的消费文化观念更加趋于传统消费观与现代消费观的理性融合，占主导地位的消费文化观念仍然是传统的消费观，比如追求节俭、量入为出等，新型的消费观如信贷消费、超前消费、友情消费等一些时尚消费只是占有一定的比例，并不是普遍出现在大学生中间。

李通屏（2005）在其著作《中国消费制度变迁研究》中，对中国近代——主要是20世纪上半叶居民的消费情况和消费文化观念进行了介绍。他从人口、收入、消费结构、消费政策、消费体制等方面建立量表，并对中国的消费情况进行了简要分析。研究得出的结论是，在整个近代时期，中国的消费情况是以生存型消费为主，消费文化观念是以崇尚节俭、满足最基本生存需求为主。

卢泰宏（2005）在其著作《中国消费者行为报告》中，运用消费心理学和行为学的理论，通过实证研究的方法对改革开放以来中国消费者心理原型、中国女性消费者5F模式、中国消费者民族中心主义行为、大学生消费行为、中国消费价值观维度及量表、中国E时代消费行为六个方面进行了深入的研究。同时，他还对具有中国特色的面子消费、独生代消费、寻根消费、象征消费和体验消费五种消费行为进行了深入的个案分析。这些研究体现出了改革开放以来中国居民所具有的爱面子，受传统观念影响较深，受到消费民族中心主义影响，寻根消费、象征消费和体验消费需求逐渐增长等消费观念与消费特点。

学者应斌（2005）对老年消费者的特征进行了研究，他通过量表调查发现，老年消费者在对新生事物的接受程度、消费文化观念等方面表现出以下几种不同于以往的特征——消费心理成熟化、消费观念年轻化、家庭角色弱化、补偿心理强化。

Tai Susan H. C. 以及 Tam Jackie L. M. 在《中国都市女性消费者生活方式分析》中从自身角色的角度建立量表，通过调查研究得出了中国香港、中国台湾和中国大陆三组女性消费者对自身角色的理解、家庭定位、家庭清洁、品牌意识、价格意识、自信意识、工作意识、健康意识、环境意识九个不同领域出发分析了她们之间的显著差异。研究发现三组女性都受到儒教价值观的影响，但又不同程度地受到西方文化的浸染，从而这三组女性在价值观上呈现出传统和现代结合的特征。其中香港女性比其他两组看女性角色的视角更为现代；大陆女性尤其是年轻女性，接受新价值观和西方思想的速度非常快。

除以上学者从不同角度建立各自的研究量表外，还有许多学者对我国现存的各种消费观念进行了总结。

雷定安、金平（1996）等学者在《论三种消费观》中提出在人类社会的发展历史进程中存在三种消费观——节俭消费观、奢侈消费观、合理消费观，并分别对这三种消费观进行了评价，认为节俭消费观、奢侈消费观各存在利弊，而合理消费观则代表一种崭新的消费伦理，一种全新的价值观念。

苏洪涛（1999）从内在制度的层面对中国的消费观念做了分析。他认为，由于中国的传统文化、传统意识经历了几千年来的积淀，节俭已经成为中国人心目中难以割舍的根深蒂固的一种情结，与这种节俭的习惯相适应，形成了一种高储蓄、低消费以及出口导向的社会发展模式。这种高储蓄、低消费的消费模式曾在中国现代化的发展过程中发挥了重要的作用。然而，当中国告别商品短缺时代而进入产品过剩的时代后，这种经济发展模式就显示出了它的局限性。所以，苏洪涛认为，为了达到刺激消费、扩大内需的目的，国家除了制定、采取一系列相关的政策措施之外，改变人们节俭的消费习惯与消费观念，或许要比单纯地强调增强人民的信心更为重要，而这需要我们所有人共同的努力。

俞海山（2002）提出了循环消费观的概念。他认为人类社会的消费模式经历了三个阶段，即原始生态消费、线性消费和循环消费。循环消费的特点是对人类生活消费和生产消费的废弃物进行回收、再生和利用，旨在减少对原始自然资源的使用和环境污染，同时，对环境的治理由末端治理发展到对生产过程进行控制和清洁生产，从而大大减少了生产过程中废物的输出。循环消费的内涵是可持续消费。

郑红娥（2006）学者从消费视角出发，以消费社会理论作为研究框架，运用抽样调查、深度访谈以及个案研究相结合的方法，验证和考察了居民消费观念的现状以及不同时代消费观念的变迁，提出目前我国的主要消费观念类型有六种：节俭消费观、大众化消费观、追求现代物质生活消费观、后代消费观、成就消费观、发展消费观。她同时指出中国正处在由物质匮乏时代向富庶时代转变的转型或者过渡时期，即开始进入耐用消费品阶段或大众消费阶段。传统的消费观念已经不太适应社会的发展，建立与耐用消费品阶段或大众消费阶段相适应的消费观念已经势在必行。她还就制约经济发展的“瓶颈”以及如何建立与即将到来的消费社会相适应的精神价值等问题进行了论述。

通过系统的文献检索，我们发现，研究消费文化的文章虽然很多，但尚无法找到适合对消费文化观念进行系统测量的量表，且研究基础与针对性的差异，使研究内容与层次均需扩充与提高。具体表现：一方面，无论是理论分析还是实证研究，大多数都是在主流理论给出的研究框架下进行的，且大都从人群分类的角度出发进行研究，但我国特殊的国情及日益明显的地区发展差异、民族差异，使得现有研究量表很难区分不同类别的消费文化观念；另一方面，一般消费观的研究较多，但消费文化观念方面的研究不够，即便关于居民消费观念合理性的研究，也多缺少衡量的量化标准，而关于消费文化观念量表开发的研究就更少。因此，鉴于研究主题的需要，开发合理的消费文化观念量表体系就成了我们整个研究工作的基础。

二 理论构想维度的初步提出

（一）消费文化观念的相关概念

依据我们对消费文化观念的界定及查阅相关文献对消费文化观念构成所做的研究，我们认为消费文化观念就是消费在人们观念形态上的反映，它可能包括消费品位、消费审美、消费心理、消费哲学、消费价值取向、消费道德、消费行为等。这里，我们参照我国消费文化观念相关研究方面的成果，对各个概念进行汇总，并将消费文化观念相关方面的概念加以总结，如表2—1所示。

表 2—1　　　　　　消费文化观念一级指标及相关概念

消费文化观念	消费哲学	消费哲学指的是消费主体在一定的消费环境中，在一定的观念的影响或支配下，利用客体以满足生存、发展等需要
	消费价值	消费价值，即消费所能满足的人们的需要以及需要的程度。Sheth、Newman 和 Gross（1991）提出消费价值由功能价值、社会价值、情感价值、认知价值、情境价值五个方面构成；Flint 和 Woodruff（2002）则从满意度角度将其分为实受价值和期望价值
	消费道德	消费道德，是人们在日常消费行为中所体现出来的一种对人类自身的关怀和对整个世界兼顾的下意识举动，这种举动即消费者购买由“行为端正”的公司通过“道德”的方式所生产的产品。这里的“道德”既可以针对公司，也可以针对消费者，它最本质的含义在于：对人类、动物和环境不造成伤害或剥削
	消费观	消费观是消费观念的核心，是人们对某种消费活动进行评价和选择时所持有的观点
	消费态度	消费态度是消费者评价消费对象优劣的心理和行为倾向，它会导致消费者喜欢或厌恶、接近或远离特定的产品和服务
	消费感知	美国营销咨询工作者考夫曼（Jerry J. Kaufman）认为顾客的感知价值主要包括以下三个部分：（1）声誉价值激发顾客拥有产品，显示自己的地位，获得他人尊重的愿望。（2）交换价值解释产品为什么会引起顾客的兴趣，以及顾客何时、如何购买与使用产品。（3）效用价值是最主要的一类消费价值，指产品的特点与性能
	消费意向	消费意向是消费者在当前消费环境下倾向于消费的程度
	消费方式	消费方式是在一定的社会经济条件下与消费对象发生关系的方式，包括消费者以什么身份、采用什么形式、运用什么方法来购买消费物品
	消费制度	社会对于消费所形成的一些规章或制度
	消费习惯	根据个人的爱好、收入、所在区域以及个人的人生观所形成的消费行为

对于表 2—1 的内容可具体解释如下。

消费哲学是人们对消费的本质与目的所做的思考，是指人们试图借助于消费客体来满足人的各种需要。生存型的需要主要是指物质方面的供给，而享受与发展型的需要是指精神层面的追求。大卫·哈维等学者指出，20 世纪 70 年代以来，非物质形态的商品占据了消费中的主要地位，人们的消费渐渐从物质消费转为服务消费，同时，物质商品的销售中也涵盖了越来越多的非物质因素。所以，从消费哲学的角度来看，消费哲学所涵盖的内容可以总结为消费中的物质与精神维度。

消费价值，价值是客体满足主体需要的程度或者说是主体对客体满足程度的主观评价。消费价值是在消费文化观念形成的过程中，消费者主体对于作为“他者”的各类社会消费客体和自我作为消费主体实际扮演和应当扮演的消费角色及其行为的评价性认知和价值取向。追求的消费对象最终是为了满足什么，这是消费价值取向的核心。谈小燕指出，20 世纪中叶以后，人们开始由一般的消费取向转向追求个性化的消费取向，人们在购买商品时是追求“新”、“奇”、“异”，追求消费所带来的个人“快感”，还是追求与社会群体的一致与苟同则是消费价值取向的重点。因此，消费价值取向所涵盖的内容可以通过消费中的个体与群体维度来体现。

消费道德，即消费的合理性，消费者通过消费在主观上满足自己享受的同时，客观上是否也能促进经济发展，增进社会福利，同时又不会造成资源的浪费与环境破坏。国内学者俞海山针对 20 世纪中叶以来世界各国出现的日益严重的环境问题提出了循环消费的概念；美国学者杜宁在《多少算够：消费社会与地球的未来》一书中也严厉地抨击了以牺牲资源和破坏生态环境为代价的消费，随后，“和谐消费”、“可持续消费”、“绿色消费”等概念相继出现。因此消费道德所涵盖的内容可以总结为消费中的和谐与对立维度。

消费观是人们依据自己的收入水平而对商品价值追求的取向，是消费者正在进行或准备进行消费活动时对消费对象、消费行为方式、消费过程及消费目的等形成的认识和评价。布罗代尔一开始就指出消费具有等级性，人们从饮食、住房、衣着等角度通过消费品的奢侈程度来体现自己的不同等级；亚里士多德也指出国家必须维持社会等级制度；16 世纪至 19 世纪的消费观中奢侈开始变得合理化，马塞尔·莫斯认为奢侈风尚是推动社会发展的最大的动力，雅克·吕埃夫指出奢侈是必需的需求，而清教精神和古典经济学家则倡导节俭的消费观。因此消费观所涵盖的内容可以总结为消费中的奢侈与节俭和等级与平等维度。可以依消费是否超过自身阶层和实际经济收入的标准，是否通过体现自身的社会地位、个人成就与财富状况，是否通过消费展示自己与众不同的生活方式或是合理消费、量入为出而对消费观念进行划分。

消费态度。消费态度是对某类消费所持有的正面或反面的认识上的评价、情感上的感受和行动上的倾向，体现着消费者对某种消费物或消费方式在认识上的接受程度、情感上的依赖程度和行动上的趋近程度。凡勃伦在《有闲阶级论——关于制度的经济研究》中提出了“炫耀性消费”的概念，指出人们的消费不仅是对商品的使用，同时还为了体现自己的身份和地位；鲍德里亚提出了“符号消费”和“象征消费”等概念，认为消费社会人们已开始追求商品的符号价值而不是商品的使用价值。消费态度所涵盖的内容可以总结为消费中的实用性消费和品牌性消费维度。

消费意向，是指消费者在考虑当前物价水平、收入状况、需求程度及经济环境等各种情况的前提下，倾向于消费的程度。16—19世纪在西方一些国家受到“勤俭”、“朴素”等观念的影响，人们更加注重财富积累，同时，中国长期以来受到传统文化的影响，人们崇尚节俭，注重积累。20世纪中叶以后西方盛行的消费主义、“消费至上”的消费观念，及西方的一些生活方式也对我国居民的消费行为产生了一些影响，超前消费、信用卡消费等出现。因此，消费意向所涵盖的内容可以总结为消费中的现期与未来维度。

消费感知是消费者运用感觉器官对消费对象属性的反映和认识。乔治·瑞泽尔指出，营销、广告以及一些新的消费手段的出现，已经影响了人们购买商品的最初目的。因此，消费感知所涵盖的内容可以总结为消费中的理性与感性维度。

消费制度，是指在一定历史条件下形成的，人们在消费过程中共同遵守的行动准则、法令、礼俗等规范。不同的社会政策下，人们的消费所采用的礼俗与行为规范会截然不同。比如人类学家玛丽·道格拉斯和贝伦·伊舍伍德指出，消费就是一场仪式，使用有形物品的仪式才是比较有效的仪式——仪式包装越奢华，想通过仪式把意义固定下来的意图就越强烈。美国学者麦克拉肯在《文化与消费》一书中也对商品的仪式进行了考察和分析。因此，消费制度所涵盖的内容可以总结为消费中的仪式化维度。

消费习惯，凡勃伦在《有闲阶级论——关于制度的经济研究》一书中提出了“代理消费”的概念，他指出女性在消费中是一个被动的角色，一直处于代理消费的地位。而许多研究也表明，男性是家庭收入的主体，而家庭的消费支出则由女性主导。因此，消费习惯所涵盖的内容可以总结为消费中的社会角色维度。

消费方式，我国改革开放以后，商品经济充分发展，我国的综合国力和人们的生活水平有了普遍提高，因此我国的消费水平也大大提高，人们在吃、穿、用上开始追求营养、款式、时尚等。因此，消费方式所涵盖的内容可以总结为消费中的开放与保守维度。

依据消费文化观念的构成，结合其在现实消费中的具体表现，可以将消费文化观念细化为11个对应的实际观念表现和维度，总结为表2—2。

表2—2　　消费文化观念维度划分

消费文化观念	消费哲学	物质与精神
	消费价值	个体与群体
	消费道德	和谐与对立
	消费观念	奢侈与节俭
	消费观念	等级与平等
	消费态度	实用性和品牌性
	消费感知	理性与感性
	消费意向	现期与未来
	消费方式	开放与保守
	消费制度	仪式化消费
	消费习惯	社会角色差异

（二）消费文化观念的研究维度分类

根据上述分类，通过对文献中涉及的消费文化观念术语进行分析与归纳，可以对消费文化观念研究维度做如下具体分类。

1. 物质与精神

消费哲学是消费者主体对消费对象或消费品形成的评价性认知和价值取向，是形成特定时期消费文化观念的重要内容，它直接支配人们在具体消费过程中的消费品选择，是人们消费价值观的最直接体现。这一方面主要包括物质消费与精神消费维度。

（1）物质消费

物质消费是指对具体物品的消费，包括在吃、穿、住、用、行等方面的物质满足。与物质消费相对的精神消费，指居民及社会集团为满足自身的精神文化生活需要而采取不同的方式来消耗和享受精神文化产品和文化服务活动。

在我国，人们长期以来深受传统消费文化观念的影响，特别是儒家重义轻利，道家讲究无为无我，佛教追求六根清净的境界，因此在物质消费上形成知足常乐、安贫乐道、天人合一的传统。而长期物质的缺乏，使得人们满足于生存型和使用时间较长的物质消费，同时也在一定程度上注重精神性消费。如教育消费在修身养性的同时也有功利的目的，即通过教育来改变物质生活，所以教育投资的比例一直在上升。但随着全球化浪潮的到来和改革开放的不断推进，一方面社会物质财富不断增加，物质产品越发丰富，另一方面西方的消费主义生活方式和价值观念开始大举传入我国，从而在各种广告、营销手段以及新的消费方式推动下，物质消费更加流行起来。于是，重视物质消费、轻视精神消费逐渐成为一股势不可当的潮流，使中国传统的消费价值观念开始受到严重的冲击。

（2）精神消费

它是指居民及社会集团为满足自身的精神文化生活需要而采取不同的方式来消耗和享受精神文化产品和文化服务活动，追求物质消费的文化符号意义或物质产品带给人的精神满足与享受。精神消费在内容上包括教育消费、文化消费、娱乐消费、体育消费、医疗保健消费等几个方面。从结构层次上来看，精神消费可以分为娱乐性、消遣性的消费和发展性、智力性的文化消费。

2. 个体消费与群体消费

群体一般是指两个或两个以上具有相互作用、相互影响的人所形成的人群结合体。它不是个体的简单聚集，而是有着类似价值观念、性格、习惯的个体通过一定的方式，为了一定目的结合而成的。当然，个体也不是完全脱离群体，而是指在群体中处于一定位置、具有一定活动规范的个体及其行为模式的群体中的个人。在消费活动和过程中，群体成员的行为不仅受自己独立的思想、信念、价值标准、消费观念等的影响，还受到群体内其他个体因素的影响，也就是说个体的消费行为是在与他人的相互影响、相互作用的过程中实现的，并且往往会因此而改变群体成员个人原有的消费态度和行为取向。群体对个体消费者的心理影响，是通过个体消费者在群体中所扮演的角色、参照群体、群体规范和压力以及信息沟通等形成的。当这种作用为正强化时，使个体消费者形成积极的消费心理和消费行为，对群体的认可和接受处于心悦诚服之态；当此作用为负强化时，则会使个体消费者形成消极的消费心理和消费行为，这时消费者在行为上虽然和群体保持一致，但其内心却有着强烈的逆反和抵触情绪，严重时则会出现逃避、掩饰、背叛或破坏群体的现象。总的来说，群体成员会倾向于选择符合群体（包括宗教、民族、组织、家庭、伙伴等）特征和规范的消费方式、消费对象，并从中寻找一种群体的归属感与认同感。

（1）个体消费

个体消费，也叫个性化消费，是指个体通过获取、使用和处置消费品来追求与众不同，从而建立和强化其个性身份的消费。追求个性化消费主要表现在：提倡个性独立和张扬，主张通过个性化的消费来体现自身独特的形象；擅长理性分析，不轻易受舆论左右和潮流影响；反对从众消费，通过主动追求符合自身形象和需求的消费品或消费方式，来获得更大的成就感、满足感；对铺天盖地的广告轰炸具有相当强的免疫力；个性的张扬是通过“我买故我在”来实现的；通过个性化的商品来体现自身独特的形象；主动地参与产品的设计，自己定制符合自身个性形象和需求的产品，以此获得更大的成就感、满足感。个体消费包含了3个行为维度：创意选择、非大众化选择和避免雷同。通过差异试图引起别人更多的关注和承认，有时甚至表现出过于自我，不考虑消费过程与周围环境的关系，容易走入伦理误区。

（2）群体消费

无论从历史文化传统还是现实的角度来看，群体消费观在中国都占有较为主导的地位，使人们的消费往往表现出从众性和同质性的特征。从众在营销领域中是指消费者接收到他人的产品评价、购买意愿或购买行为的信息后，改变了自己对产品的评价、购买意愿或购买行为，并选择与其他人保持一致；通过榜样群体、群体规范和压力以及信息沟通等方式实现；消费过程中会在群体内商讨意见；消费行为中有时表现出同质现象；作为群体（包括宗教、民族、组织、家庭、伙伴等）中的一员进行消费，在消费中会追求一种归属感与认同感；作为群体中的个体，所追求的消费目标在某一个时期又基本上大同小异。20世纪70年代是缝纫机、自行车、手表和录音机，80年代是电视机、洗衣机和冰箱，90年代则开始盲目追求所谓的大品牌。同时，整个社会对个体的发展性消费发挥着重大的影响，不仅对个体发展的目标进行引导，而且对个体所能获得的消费机会和资源也有严格的规制，使我国的群体消费特征明显。群体中个体有时会受集体无意识影响产生冲动购买或消费行为，团购现象以及拼房、拼车等新群体消费形式的出现也是群体性消费的新型表现。但是，随着时代的发展，个体意识开始得到增强，个体追求个性和差异的消费也开始显露，只是由于缺乏合理的引导和训练，导致个体消费在这一阶段和时期表现出明显的贵族化、高档化、奢侈化趋势，甚至还导致消费伦理观念的缺失与错位。

3. 和谐与对立

消费者主体对消费方式是否具有合理性所做的评价与选择，是消费文化观念的重要组成部分，反映了消费观念与消费行为是否符合时代的要求，以及是否会促进社会进步。消费的和谐与对立是指消费观念与消费行为是否符合时代的要求，以及是否能够促进社会进步。如果站在人类整体的立场上，就是指人类的消费与自然、与社会以及与人类自身和谐与否。

（1）和谐消费

具体而言，和谐消费就是指合理的消费应该与社会、自然资源及环境保持一致。消费在促进经济发展的同时，还要考虑消费与整个社会消费的和谐一致，对自然资源和能源的消耗程度以及对自然环境的污染程度、对生态平衡的破坏程度等。消费中只有人与人、人与社会、人与自然的和谐相处，才能成为合理的消费。

（2）对立消费

对立消费观念主张消费会造成人与人的差别，人与自然的对立和对抗。因此，从传统来看，它主张更多的消费就会造成人与人及人与自然的对立。但随着经济的发展，这种观念逐渐演变为消费是促进经济发展的必要条件，对奢侈的追求和对社会资源的消耗就不存在罪恶感；消费的目的与消费多少应该取决于人的需要等。

中西消费观念对于消费的和谐或者对立一直有着巨大的分歧。中国古代历来从整个宇宙出发，强调天人合一，人的消费观念和消费行为要与周围的大自然、社会以及人的内心相和谐。而长期自给自足、人地共生的生产方式和消费方式对自然资源的消耗以及对自然环境和生态平衡的破坏相对就比较小。同时，生产力的低下造成的物质财富匮乏，也使消费仅仅是一种满足生存的手段。人们从生活经验中得出这样的结论：消费越多，意味着对社会资源和财富的消耗就越多，从而用于积累的就越少，一旦遇到天灾人祸就难以维系生存。因此，消费就顺理成章地与社会道德联系起来——消费是一种罪恶，会诱发人的欲望，导致社会道德败坏。相反，西方社会主要是从人类自身的主体性出发，力图最大限度地发挥人的力量，从自然和社会中获得更多的资源为人类所用，进而强调对自然和社会的征服。反映到消费领域，则认为消费是个人改善生活的必要手段，因此要加大对自然资源的开发和利用；消费也是实现再生产必不可少的环节，是促进经济发展的必要条件，也是提高生活水平、促进社会繁荣的重要手段；同时，消费还是一种重要的休闲与生活方式。但是随着时代的发展，西方人日益意识到一味对自然索求会导致对自身生存环境的破坏，污染加剧、气候异常等严重的后果。20 世纪 60 年代以来，学者们开始剖析过度消费所引起的环境、公害问题，并提倡绿色消费和生态消费。在全球化的过程中，各种消费观念相互融汇、交流，绿色消费观念和生态消费观念日益被重视并践行。

4. 奢侈与节俭

奢侈与节俭一直是贯穿中西消费文化研究的一条主线，是消费文化观念的核心部分。

(1) 奢侈消费

奢侈消费可以被界定为一方面是指挥霍浪费，追求过度的享受；另一方面是指超越社会等级或自身承受能力所允许的消费。主要表现为挥霍浪费，过度享受；消费超过自身阶层和实际经济收入的标准；通过过度消费来炫耀财富、社会地位，体现个人成就，以及展示与众不同的生活方式等。

(2) 节俭消费

节俭消费则是指节制欲望的消费，按等级消费或者稍低于等级地位所承诺的标准进行消费；主要表现为反对奢华、虚荣和浪费的消费；消费能够满足个人的基本需求；能省则省，节约资源；精打细算、量入为出等。

奢侈和节俭这对范畴，一直是人类历史上古老而常新的重要话题。在我国传统文化中，奢侈总是与“骄奢淫逸”等贬义词同时出现，而节俭则是与“艰苦奋斗”、“勤俭持家”等褒义词连用，不难看出在我国传统文化中二者的地位与差别。在西方文化中，马克斯·韦伯认为，正是新教伦理所倡导的勤奋与节俭导致了资本主义的诞生，并给予了节俭以充分的肯定。在中西消费史上，曾经有无数的哲人、学者都为此争执不休。虽然节俭是一直被提倡的消费观念与行为，但奢侈消费却与节俭一起成为一种普遍存在的消费观念。奢侈消费观念具体表现在两个方面：一是高档消费能够显示和证明个人的成就与地位；二是认为人活着就应该尽情消费，充分享受生活。节俭消费则认为要量入为出，适度消费。

在几乎全人类都需要通过持续不断地刺激消费来拉动经济社会发展的时代背景下，在人类从工业社会迈向后工业社会的进程中，在消费社会已经姗然来临的状况下，在消费主义文化观念和生活方式通过世界贸易、商品流通和现代传媒在全球滥觞的时候，讨论奢侈与节俭这对范畴对人类而言必将具有更为重要的战略意义。

5. 等级与平等

（1）等级消费

等级消费是指对消费按照个体的等级差异制定出相应的高下级别，并使消费呈现出一定的等级序列。一般来说，每一社会等级（或曰层级）都由相对持久的社会群体所构成，同一等级的人由于一般具有相同或类似的社会地位、经济水平、价值观和兴趣等，因此其消费往往就具有同质性。当然，尽管每一等级由相对持久的群体构成，但也会发生流动和变化；一个时期不同的社会阶级和社会阶层会表现出不同的消费层级水平。平等是人与人之间的一种关系、人对人的一种态度，表现在消费领域，就是每一个社会成员在自己的可承受范围之内可以没有等级限制地消费任何商品，在消费社会中，更是可以通过消费消弭社会阶层之间的差别。

（2）平等消费

平等体现的是人与人之间的一种关系和人对人的态度，反映着社会民主化的程度。平等意味着人们在社会、政治、经济、法律等方面享有相等待遇，泛指地位平等，不仅指物质上的平等，还包括精神上的平等。实现平等是人类的终极理想之一。

消费中的等级观念与平等观念体现着社会的民主与进步的程度与水平。等级消费观在我国传统社会中被认为是天然的、合理的，甚至是必然的。“贵贱有等”，“长幼有差”，“男尊女卑”，“君臣上下”，不同的等级应该有不同的消费。现代社会，由于社会成员的收入水平、成就大小、教育水平高低、职业类型等差别也会造成社会阶层之间的消费差异，如上层成员的消费追求尊严、品味、奢华、高档、享受、面子、身份；社会中上层和中层成员注重高质量、品牌、个性、时尚消费，追求商品的符号价值；而社会中下层和底层成员消费能力很弱或没有消费能力，多是基本的生存型消费，食品消费占很大比重，不讲究质量，甚至需要扶助。但消费的阶层差异并不意味着人与人的不平等。在西方，平等消费或曰民主消费已经深入人心。而随着我国社会物品的极大丰富，人们收入水平的不断提高，消费的民主化趋势正在不断得到加强。

6. 实用性消费和品牌性消费

（1）实用性消费

实用性消费即消费者在进行消费时主要受到理性认知的驱使，以对产品的功能性需求为出发点，追求产品消费的实用价值。表现为购买经济实用的消费品，以满足自己的基本需求为出发点，主张节俭实用、满足生存的基本需要即可。

（2）品牌性消费

品牌性消费即品牌消费，就是人们在购买商品或服务的过程中，将品牌作为首要的决策因素，按品牌大小来选择购物的行为。注重品牌消费的消费者一般认为，品牌性产品的质量和性能好，售后有保障，安全系数也较高；品牌消费品一般是针对特定消费群体开发的风格化和个性化的产品；品牌性消费品一般都能够体现消费者的身份和地位；品牌性商品更具有文化价值，能够彰显自己的身份地位、生活品位和独特个性。

7. 理性消费与感性消费

（1）理性消费

理性消费是指消费者在特定的消费环境下，对消费行为的可能结果进行理性的评估并做出选择，从而谋求最大期望效用的消费。理性包括工具理性和价值理性。工具理性是在认知和驾驭客观对象时拥有无可匹敌的技术优势才取得的，通过精确的计算来确认实现目标的手段和方式的有用性。工具理性表现在消费领域即是注重对“物”——商品或劳务本身的功能、质量、价格等因素对人的满足；追求数量化、标准化逻辑、技术控制和最高效率，以及人类物质需求相对于其他需求的绝对优先性。价值理性指的是人们从学理上论证一个事物应不应该去追求，表现在消费领域就是是否应该消费以及消费的价值何在。感性消费是指消费者购买商品或利用服务的目的在于通过消费来满足某种心理需要或倾向，注重感性满足，注重消费时感官的享受、情感的体验、风格的展示、精神的愉悦和个性的张扬等。

我国的理性消费观念强调有节制和注重实用性的消费，承认人天生有欲望，必须加以节制；消费的目的在于满足个体和家庭的基本需求；注重对商品或劳务本身的功能、质量、价格等因素的满足；只要价格低廉，产品质量往往在其次，能凑合用就行；只要产品质量好，是不是名牌并没有多大关系。而西方社会则是注重效率和品质的理性消费观，追求数量化、标准化逻辑、技术控制和最高效率，以及人类物质需求相对于其他需求的绝对优先性。因此，西方社会的消费者倾向于购买更先进、更有效率的产品，因为花钱省时间是值得的；注重消费的附加功能和消费品的象征意义，因为购买不同档次的产品标志不同的地位和身份；通过消费来不断地发展和完善自己；追求健康的生活目标；提倡有利于环境保护与生态平衡的绿色消费等。

(2）感性消费

感性消费是指消费者购买商品或利用服务的目的在于通过消费而满足某种心理感受，注重感性满足。注重消费时感官的享受、情感的体验、风格的展示、精神的愉悦和个性的张扬等。

在感性消费观方面，中西方都表现出追求纵欲和奢侈消费的显著特征，追求吃喝玩乐的纵欲，并且逐渐形成消费癖，比如收藏癖、购物癖等；在不断的消费中获得快感；注重消费的环境、氛围；崇尚商品的价格，只要是贵的、只要是名牌就是好的；通过消费来炫耀身份和财富等。此外，现代感性消费观还强调张扬个性和无目的消费；注重消费时感官的享受、情感的体验、风格的展示、精神的愉悦和个性的张扬；追求时尚、个性；注重包装、款式、外观设计、色彩、香味、味道、音质、质感等外在特征；需求模糊化，无目的地消费；同时消费也成为一种最好的休闲方式。总之，感性消费注重的不是对商品使用价值的满足，而是对其象征意义和符号价值的满足，是对消费欲望的无限追求与满足。

8. 现期消费与未来消费

(1）现期消费

现期消费是指随着经济增长和社会保障制度的发展，人们的消费信心增强，开始注重即时消费，有钱就花，甚至通过借贷的方式进行超前消费，以便充分享受生活的一种现代消费观念。中西方都有现期消费存在，但是在不同条件下的现期消费有不同的表现形式。西方是在高收入条件下的现期消费，表现为注重享受，有钱就花，及时行乐；提倡超前消费、信贷消费；花明天的钱圆今天的梦，充分享受生活。我国随经济增长和社会保障制度的发展，人们的消费信心增强，开始注重即时消费，有钱就花，甚至信贷消费等超前消费也开始流行起来。

（2）未来消费

未来消费是指为了防止未来生活的不确定性所造成的困难，消费者采取比较务实长远的消费方针和方式，克制消费欲望，注重积蓄和节约，以确保未来的消费需要能够得到基本满足的一种消费观念。一般表现为崇尚节俭，先积累后消费，通过省吃俭用的方式购买耐用消费品，重视教育等能实现自我发展的消费等。

9. 开放型消费与保守型消费

（1）开放型消费

开放的消费观是相对于保守的消费观念而言的，指一种开拓型、现代化的消费观念，讲究消费效用，主张超前消费，积极尝试新的消费方式、消费场所，追逐新的消费品等。

（2）保守型消费

保守型的消费是指在消费时思想守旧，跟不上形势的发展，力图维持原状，惯于保守型消费和“预后”型消费以回避风险，其主要表现为崇尚节俭、量入为出，不愿意负债消费或超前消费；因循守旧，不肯轻易放弃传统的消费对象，对新产品持拒绝或消极的态度；有计划地购买商品，首先考虑商品的实用性；只有在大多数人都消费时才考虑消费，不愿意出风头；不愿承担任何风险，对消费价格极为敏感，对产品非常挑剔等。

消费中的开放与保守具有相对性，中西主流消费观念往往表现出很不相同的特征。几千年来，中国社会一直处于半封闭的隔离状态，自给自足的农业经济和强烈的血缘宗族关系占据社会主导地位，因此在消费观念上表现出求稳和安于现状的保守消费观。相反，西方的海洋文化自古就有开放的传统，总是把目光投向自身以外的世界。古希腊时期的各个城邦（除斯巴达之外）都是以手工业和商业为中心的外向型经济，需要积极向外扩张征服，拓展原料产地和商品市场，从而形成了敢于冒险和求新的开放的消费观念。对于他们来说，新的才是进步的，进步的就是好的。

但随着全球化进程的快速推进，以及中西消费文化的交流与碰撞，特别是在西方消费主义文化和生活方式的冲击下，我国传统保守的消费观念开始被打破，人们越来越持有更加开放的消费态度和消费观念。这既给我国经济社会的快速发展注入了巨大的活力，有由此带来了消费主义化的严峻挑战。

10. 仪式化消费

仪式化消费指某种消费经验对某一消费者而言逐渐变得如仪式一样，即不仅是该消费经验逐渐形成仪式结构，而且参与该消费经验的消费者的各种行为也逐渐定型化、程式化、象征化、陷入化，从而具备反复进行的特点。

仪式消费是仪式和消费的统一，是某种消费经验对消费者而言逐渐变得如同仪式一样，对消费对象赋予符号象征意义的一种消费方式。这是一种规范性的消费活动，不仅使该消费经验逐渐形成仪式结构，而且参与该消费经验的消费者的各种行为也逐渐定型化、程式化、象征化，从而具备反复进行的特点。同时，它还带有某种象征的意义，因而与日常消费习俗有所不同。这种消费方式往往以人和事件为主题，象征着人们对某种东西的理解、重视、信仰、价值或情感。

仪式消费必须具有以下几个方面的特征：第一，必须是一种行为或一组行为，而非仅仅是观念和信仰；第二，在日常生活中重复进行，具有日常性、例行性，是正常的日常生活不可或缺的内容；第三，在操作过程中一般会遵循一定的程式，从如何着手、如何逐步进行到如何结束都会按照特定的方式和次序进行，从而使行为显出不同程度的标准化倾向和正规性；第四，具有社会性，不管是由集体还是个人来完成，仪式消费的来源是社会的，其意义也是由特定的社会文化环境所赋予的，是在与他人交往过程中获得的；第五，具有象征意义，这一象征性意义与社会性密切相关，也与人们对仪式消费的认知有关。

仪式消费基于一些共享的文化符号，为人们提供了各种社会生活模式，从而定义了人们活动的空间和在这一空间中扮演的角色，是与他人共享的观念和信仰。正基于此，社会才得以整合，秩序才得以重建，文化才得以传承。但是，在消费社会来临的情况下，仪式消费也成为消费主义文化重要的实现途径。因为在消费主义化的消费情境中，商品被赋予和创造了更多的意义，甚至成为人们的精神动力，导致这种意义的消费泛滥，仪式消费的对象以及仪式本身成为人们崇拜的现代图腾。

仪式消费在我国的消费观念中长期以来就占据重要的地位，礼教消费观和人情消费观就是这种消费观念的典型体现。礼教消费具有神秘性、烦琐性、宗教性等特征，并遵循严格的程序，《礼记·曲礼》就规定“君子将营宫室，宗庙为先，……居室为后。凡家造：祭器为先，……养器为后”，顺序不可颠倒；能够了却人的心愿，平衡人的心灵，有一种稳定的信仰寄托；同时，消费者得到了“示异”的机会，向他人炫耀自己的金钱力量、权力和社会地位，从而获得赞誉、声望及自我满足的体验。人情消费也几乎成为我国根深蒂固的一种消费观念，最常见的包括送礼、宴请、炫耀（展现自己的所有物）、请客或出客、节日或婚嫁、庆典等；人们在使用仪式化物品的过程中维持或建立人与人之间的相互形式关系，并通过仪式化消费来增加个人和生活的分量、权威等。

11. 消费中的社会角色

消费中的社会角色是指在不同时期两性在消费中地位的变化；两性在不同时期的消费内容、消费方式和消费观念的差异；两性气质和形象在不同时期的变化等。

男主外女主内：传统社会中，主张男性是生产主体，具有生产导向，但在家庭生产中起决策作用，有坚强、勇敢、自信、决断、能干、理智、成就动机等高等品质；女性具有消费导向，是家庭消费的主体，为家庭服务，具有温柔、贤惠、顺从、敏感、细腻、重感情、富有牺牲精神等品质；女性作为代理消费者存在，进行休闲消费、逛街购物，目的是炫耀男主人的富有和能力；男性作为消费主体主要在于通过消费商品及消费方式构建社会认同感，并进而展示自我的能力与地位。在消费社会中，男性身体也被性感化，并作为广告诉求的对象而被消费；女性则走向社会，也作为生产主体，拥有独立的消费能力，实现了消费自主化，休闲娱乐方式多元化；现代社会在实现基本的社会平等之后，男性女性都注重享受生活，发展自我，追求时尚个性，追逐品牌；性别模糊化，男性可以是柔美的，女性可以是帅气的，出现追求中性美的时尚；女性追求独立和自立。

从以上文献研究的总结中，可以看出，消费文化观念可以从上面的11个维度来入手分析。

三　研究过程设计

在以上文献研究和相关理论回顾的基础上，本部分初步提出消费文化观念的评价维度，通过进行问卷调查和深度访谈等，收集素材，整理并归纳消费者对于消费文化观念的理解和认识，并进一步检验该理论构想维度的有效性和合理性，最终建立消费文化观念结构模型，为下一步编制消费文化观念量表提供实证资料。

（一）研究设计

研究维度的确立。根据消费文化观念的定义，参考国内外有关消费文化、消费观念、消费行为等方面的研究成果，在总结归纳相关研究的基础上，初步提出了构成消费文化观念的11个维度。

访谈调查。通过访谈试图了解不同消费人群的消费文化观念差异，揭示消费文化观念的内涵和结构。采用访谈的方式，选取部分消费者进行一对一的调查，事先列出访谈提纲，做好录音和访谈记录，事后进行整理和归纳。

被试构成。访谈调查的对象主要是来自全国20多个省份的消费者。被试为随机抽取，涉及不同区域的大中城市、乡镇、农村等不同层次的消费者。

（二）访谈调查

通过文献研究，总结了消费文化观念的11个维度，为了验证这11个维度的全面性和科学性，我们选择了访谈调查的定性研究的方法，收集大量素材，整理归纳人们对于消费文化观念的理解和认识，最终建立消费文化观念结构模型。

1. 调查形式和内容

访谈者首先做自我介绍，解释调查目的，然后通过提问的方式与被访谈者进行交流，同时记录重要信息以及用录音笔录音。

其中主要问题包括：

（1）家庭基本情况

①家庭人口、文化程度。

②家庭收入情况：每个人的职业和收入；过去和现在的收入情况。(1980年之前、1980—1990年、1991—2000年、2001—2010年)

③主要亲属和社会关系的情况：关系、文化程度和职业。

（2）家庭消费情况

①谈谈您平时是如何购物的？追问问题：在哪些地方购物？一般都是什么时候？购物频率如何？购物时会受到什么因素的影响？在购物时是“一见钟情”还是货比三家？在购物时是否参考其他人的意见？经常会和什么人一起去购物？为什么会这样？

②从80年代到现在您家里的消费情况经历了哪几个阶段，请详细谈谈。追问问题：

食品方面：您的日常生活开支是多少？现在和过去比较发生了怎样的变化？是否存在为了买房和其他高档耐用品而省吃俭用的情况？是否经常去肯德基或者麦当劳等西式快餐店消费？是否经常购买可口可乐、雪碧等饮料？您喜欢这些饮料吗？您是否吸烟或喝酒，对烟酒茶等的选择标准是什么？是否购买营养保健品？为什么？

服装和化妆品：您自己和家人从过去到现在对于服装的选择标准有什么变化？对于市面上的新潮服装您能接受吗？您会购买吗？您选择服装会受到其他人的影响吗？您怎么选择化妆品？

耐用品方面：您家有哪些家用电器或高档消费品？是什么时候买的？您选择这些东西的标准是什么？从哪里获得购买信息的？购买支出和相应时期的家庭收入水平相符合吗？您认为高档消费品主要体现了什么？您打算近期还要买哪些高档品？

娱乐消遣：您多长时间去旅游一次？采用什么方式？一般都和谁一起去？您的日常娱乐方式都有哪些？每月娱乐花费占收入的多少？您和亲戚朋友聚会的方式都有哪些？这几年中您参加宴请、节日、婚嫁、庆典等人情活动多吗？谈谈这些活动的变化趋势？

教育和学习：您每年书报订阅花费大约是多少？您每年对您或者家人的教育方面投资多少？在哪些方面进行了投资？占家庭收入的比例是多少？

家庭支出：每年您家里需要支出房租、水、电、气、暖气（冷气）、物业管理、有线电视、通信费等费用是多少？您的家庭每月交通费用是多少？每年家庭保险项目的费用是多少？占收入的比例是多少？家庭的其他开支还有哪些项目？

（3）消费观念

您或者家庭成员的消费观念从过去到现在有哪些变化？（以上述划分的4个阶段为主）您认为产生这些变化的原因是什么？进一步展开话题有：

您认为现在男性和女性在社会角色方面都发生了哪些变化？您现在选择银行储蓄还是其他理财业务，为什么？

从您的收入和职业方面评价一下您的社会地位？在购买商品时您是否考虑和自己身份相匹配？进口产品是高档和身份的象征吗？如果您有购买进口产品的能力您会选择购买吗？

谈谈您对超前消费的看法？对于年轻人中“月光族”现象您的看法是怎样的？您认为崇尚节俭的消费观念会过时吗？

您与父母或子女之间的消费观念是否存在分歧和冲突？

（4）消费行为

您经常请客吃饭吗？请什么人？为什么请客？您经常送礼吗？送给什么人？在什么场合？为什么？（对于了解国外生活的受访者可以问：我们现在的消费方式和西方国家有何异同？）在购物时您是用刷卡还是现金交易的方式？您用过电视购物或网上购物的购买方式吗？您喜欢用电子媒体的方式来读书和看新闻吗？您觉得你们地区的消费水平如何，您对不同职业的消费者的消费活动看法是什么？

（5）生活方式

您经常看电视吗？都喜欢看哪类节目？您平时都阅读哪些报纸和杂志？浏览哪些网站和哪类栏目或板块？您喜欢里面的人物、服装或生活吗？您对这些媒体宣传的消费观念认可吗？喜欢看广告吗？广告对您有影响吗？周围人对您购物有影响吗？您相信媒体上专家、名人推荐的产品吗？

在访谈的过程中，除了提出以上问题，也可以根据不同访谈者的情况进行具体的交谈。

2. 调查对象

此次访谈的对象共计30名，是由课题组成员分层选取的来自全国20多个省市的不同文化背景的消费者。取样具有全面性和代表性。

3. 调查结果

被试在访谈过程中，对自我的消费文化观念进行了详细的介绍，笔者结合理论构想的11个维度，参照各个维度的特征，对访谈记录主要按照年龄、性别和职业来整理归纳并总结概括，形成以下访谈记录整理表表2—3、表2—4、表2—5和表2—6。

表2—3　　　　年龄及测项

维度	测项
儿童（14岁及以下）	小伙伴有的玩具或用品我也要拥有； 别人喜欢的东西我也喜欢； 带有我喜欢的图案、色彩、造型、声响等的商品就是好商品； 大人推荐的商品质量好
少年（15—25岁）	我的地盘我做主； 拥有新产品、掌握新技术是表现自我的主要方面； 力求展示与众不同的生活方式
青年（26—35岁）	花明天的钱，圆今天的梦； 只要是看好的东西，会不计手段地得到； 能够满足愉悦感的东西是值得购买的
中年（36—59岁）	日常消费应该体现个人气质和内涵； 住房、彩电、冰箱、数码相机、房间装饰等消费品的消费是主要的； 日常消费应该量入为出； 购买产品首先应该看产品的性价比
老年（60岁及以上）	质量好、价格便宜、售后服务好的商品值得购买； 与其他人相同的消费品比较安全； 购买商品要货比三家，大商场购买的商品质量较好； 只要对健康有利，价格不是问题

表 2—4　　职业及测项

维度	测项
机关/事业单位干部	声望；社交；能推动社会发展的职业；成就感；受人尊敬；贵族式生活方式
企业领导或管理人员	声望；社交；管理；经济报酬；受人尊敬；生活奢侈
专业技术人员/教师/医生	社会贡献感；声望；智力刺激；独立；受人尊敬
私营或个体劳动者	经济报酬；智力刺激；独立；生活奢侈
工人/商业服务业人员	虽平凡，但有固定收入的职业
一般职员/文员/秘书	职业稳定，有安全感；虽平凡，但有固定收入的职业
农民或农民工	平凡；勤俭
军人/武警	声望；生活节俭；生活方式单调
自由职业者	独立；智力刺激；创造性职业；生活方式多样化
家庭主妇	为家人服务
其他人员	……

表 2—5　　性别及测项

维度	测项
男性	男性是生产主体，具有生产导向，但在家庭消费中起决策作用，有坚强、勇敢、自信、决断、能干、理智、成就动机等高等品质；通过工作构建认同感，同时也是娱乐、消遣及休闲服务消费的主体；作为消费主体存在并热衷于消费商品，通过消费构建认同感、展示自我
女性	女性具有消费导向，是家庭消费的主体，为家庭服务，具有温柔、贤惠、顺从、敏感、细腻、重感情、富有牺牲精神等品质；女性作为代理消费者存在，进行休闲消费、逛街购物，目的是炫耀男主人的富有和能力；部分女性走向社会参加工作，有了独立的经济能力，可以进行独立消费，消费节俭、理性；女性身体作为广告诉求对象被消费

表 2—6 消费文化观念的特征

分类	特征	消费文化观念
后现代	提倡能挣会花、享受生活；对新产品、新技术反应极其敏感，喜欢追求流行及时尚，消费意识超前；购物决策更加感性化	拥有新产品、掌握新技术是表现自我的主要方面； 力求展示与众不同的生活方式； 花明天的钱，圆今天的梦； 只要是看好的东西，会不计手段地得到； 精神消费是社会生活的主旋律； 注重消费后的情感体验和人际交往； 提倡人与自然和谐共处； 物质消费追求高档、个性、时尚、潮流、品牌
现代	具有较高的储蓄倾向；注重建立和维护与自己所扮演的社会角色相适应的消费标准与消费内容；消费比较理智，计划性强，讲究实际	日常消费应该体现个人气质和内涵； 住房、彩电、冰箱、数码相机、房间装饰等消费品的消费是主要的； 注重及时行乐，有钱就花； 质量好、价格便宜、售后服务好的商品值得购买； 重视教育等方面的投资； 购买产品首先应该看产品的性价比
传统	消费行为理性；购买和消费具有一定的习惯性，具有较高的品牌忠诚度； 消费行为力求与所在群体保持一致	对朋友或家人推荐的产品比较信赖； 购买商品要货比三家，大商场购买的商品质量较好； 日常消费应该量入为出，先积累后消费； 精神消费掌握在少数上层社会人士的手中

（三）消费文化观念的理论构想

通过上述总结，消费文化观念主要包括消费哲学、消费价值取向、消费道德、消费观、消费态度、消费感知、消费意向、消费方式、消费制度、消费习惯等。

根据以上概念的语义和内涵，可对其进行进一步提炼。

消费哲学、消费价值取向、消费道德，因其均属于更高的精神层面的问题，因此，可以合并为消费精神。

消费观、消费态度、消费意向即日常所指的消费观念。尹世杰学者在其主编的《当代消费经济词典》中认为消费观念就是一种消费意识，消费是一种有目的有意义的行为和过程，直接支配和调节这一行为的观念、意识。而这三者就是消费所反映的意识形态，因此可将其合并为消费观念。

至于消费方式，中山大学王宁教授将消费方式看作消费工具与消费制度的统一，他认为，“不同于消费行为模式和消费文化，消费方式是一个结构性的概念，是社会对消费的结构性或制度性安排。具体地说，消费方式是一定的消费工具和消费制度的统一”[①]。此外，还有学者从身份建构的角度出发，将消费方式定义为“建构和维持身份认同的原材料”，认为“消费方式之所以具有身份建构和维持的功能，就在于人们能够根据自己的身份选择相应的消费方式”[②]。这里从消费者行为出发，将消费方式定义为消费者消费产品或服务所采取的方式、途径和形式，包括适度消费与超前消费、实体消费与网购消费以及一些新的消费方式，如拼客（拼餐、拼购、拼旅游）或团购消费等。消费制度、消费习惯、消费方式三者从概念上看都是从消费行为角度出发的，消费行为就是指消费者为获得所用的消费资料和劳务而从事的物色、选择、购买和使用商品的活动。因此，这三者可以归并为消费行为这一概念。

消费心理作为消费意识结构的底层内容，是个人消费行为的直接动因，是个人在整个消费过程中所进行的心理活动和具备的心理特征。消费感知就是从心理层面定义的一个概念，因此将其归并为消费心理这一概念。

从上一部分对访谈者的调查中，可以发现访谈者的消费文化观念基本可以归结于之前文献研究总结出的 11 个维度中。而通过上述分析，可以进一步将这 11 个维度划分为四个层次，即“和谐与对立”、“个体与群体”和“物质与精神”总结为消费精神；“等级与平等”、“奢侈与节俭”、“实用性与品牌性”和“现期与未来”总结为消费观念；“理性与感性”总结为消费心理；“仪式化”、“社会角色”和“开放与保守”总结为消费行为。

---

① 王宁：《传统消费行为与消费方式的转型——关于扩大内需的一个社会学视角》，《广东社会科学》2003 年第 2 期。

② 盖晓伟：《现代社会与消费认同心理学——消费方式的身份认同》，《大众商务》2009 年第 12 期。

因此，通过文献研究和访谈调查可以得出消费文化观念的理论模型如图 2—1 所示：

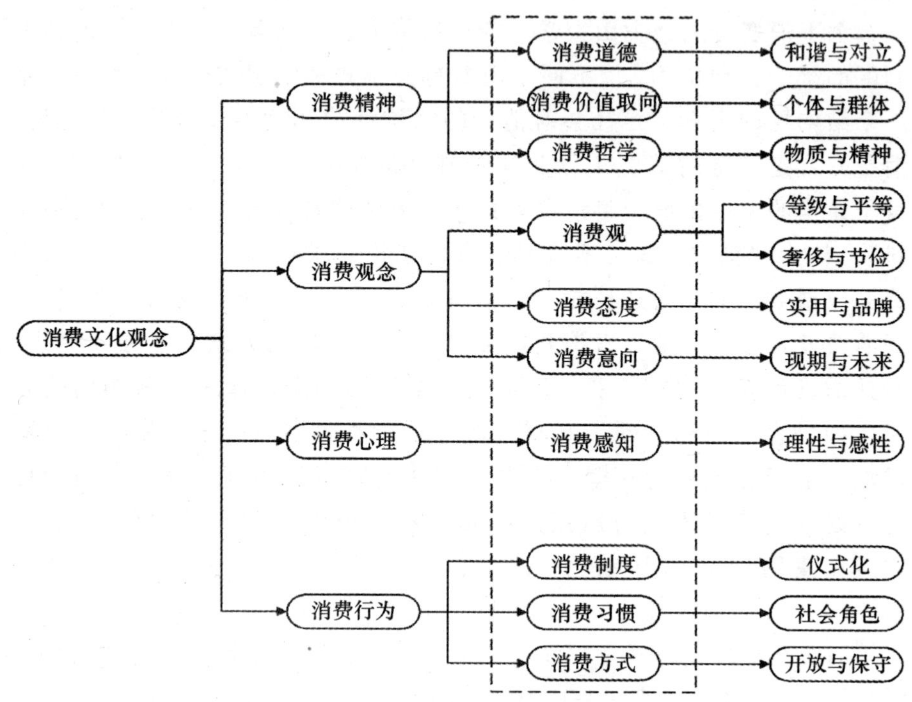

图 2—1　消费文化观念理论模型

四　消费文化观念量表编制

（一）研究目的

在提出消费文化观念理论构想的基础上，进一步验证消费文化观念的具体组成部分，最终编制消费文化观念量表是本小节研究的主要目的。我国学者王登峰曾经指出，在编制量表时选择词汇评定的方法会存在一定的局限性，因为我国词汇比较广泛，近义词同义词比较多，如果想要准确表达一个意思的话，词语选取会有一些难度存在，因此相对于词汇评定而言，采用语句评定会相对科学准确。根据以上分析，这里将根据消费文化观念的理论构想的一些相关研究结果，采用语句评定作为题项的编制方法。

（二）量表的开发步骤

1. 编制初始量表

初始量表的形成，主要是根据以往的一些研究成果，参阅相关方面的文献，经过分析总结，在前面提出的消费文化观念理论构想的基础上，进行初始题项的编制。

2. 初次测试

初始量表初步完成以后，需要进行一个初次测试，即选取一定数量的目标群体进行检验测试。

3. 回收整理初次测试量表

初始量表回收后，需要对量表进行精心的检查，将一些不符合测试标准的量表剔除出去，比如剔除掉数据选项一致或者有很多漏选的量表，以提高测试的准确性；剔除完毕以后，将剩余的量表进行编号，然后根据编号将初始量表的数据输入计算机中。

4. 测项纯化

初始量表筛选完毕并且将数据输入计算机后，需要对量表进行测项纯化。经过查阅相关文献后，发现进行测项纯化的方法一般选择 α 系数。α 系数的高低能够明确反映量表的质量，比如，如果 α 系数较高的话，则说明该题项的相关性比较好；反之，若 α 系数较低的话，则说明此题项不能很好地说明想要表达的概念，需要改进。

5. 因素分析

完成测项纯化的步骤后，还需要验证量表的结构效度，如何检验量表的结构效度？这里我们选择因素分析方法，即通过对量表进行因素分析，将各题项分成相关性高的几类，然后通过题项的内容对分成的几个类别进行命名，就可以看到研究对象的结构。

6. 信度效度分析

完成因素分析之后，接下来要进行的就是量表的信度效度检验。信度分析主要是检验编制量表的稳定性，而效度分析则主要是检验编制量表的有效性。本研究分别从内容效度和结构效度两个方面检验消费文化观念量表的效度。

（三）初始量表建构

1. 量表题项的形成（测项发展）

（1）相关文献研究

根据消费文化观念的理论模型，参阅近几年来消费观念、消费行为等相关量表研究的文献，分别从四个层面的 11 个维度出发找出适用的测项 32 个。

（2）理论补充

根据消费文化观念近几年呈现出的新特点，结合相关理论概念，本研究自行发展测项 10 个，来弥补现有测项的不足。

（3）专家讨论

将前两个步骤得到的共计 42 个测项提交给相关专家小组，请专家进行补充和修改。该研究小组共组织了 2 名博导/4 名博士和 15 名硕士进行了四次正式讨论，形成了 38 个测项的量表初稿。

按照以下的表达原则整理测项：首先，语句要简单明了，通俗易懂，必须为广大群众所能理解，不能是过于书面的语句；其次，语句措辞上需要清楚准确，表达意思不能模棱两可，存在歧义；最后，里克特量表部分必须选择陈述句来表达。

遵照以上原则，形成了量表的基本题项，在此基础上通过对 40 名消费者的访谈，检测题项的适用程度，将问卷测试中意思模糊或者措辞不当的词句进行了修改，比如将“只有在大多数人都消费时才考虑消费，不愿出风头”改成“消费只要随大流就好，不要出风头”等。最后形成了初始量表。量表主要包括被试基本情况和消费文化观念两个方面，基本情况如下：

被试基本情况包括性别、年龄、文化程度、婚姻状况、职业、个人月收入、家庭年收入、家庭构成、家庭居住地等九项。

消费文化观念初始量表有 38 个题项，涵盖了理论构想的四个层面 11 个维度，此部分采用里克特五级量表的形式，依次计为 1—5 分。初始量表的消费文化观念项目集合如表 2—7 所示：

表2—7　初始量表

消费文化观念	项目集合
社会角色	1 男主外女主内 2 男性女性都可以追求个性，享受现代生活 3 女性具有消费导向，是家庭消费的主体，为家庭服务
个体与群体	4 购买商品时按照自己的意愿购买 5 购买商品时主要考虑个人和家庭的实际需要
现期与未来	6 我很重视教育等能实现自我提升的消费 7 收入一般要先考虑储蓄，再考虑消费 8 西方人注重的超前消费、贷款消费和信用卡消费更好 9 中国人注重的节俭储蓄、考虑自己养老和儿孙的未来更好 10 在教育和文化方面要舍得花钱，这可以提高人的素质和发展潜力 11 花明天的钱，圆今天的梦
物质与精神	12 要通过住房、服装、家庭用品等物质的消费来显示自己的社会地位 13 消费应当主要满足衣、食、住、行等基本需求 14 我更注重休闲娱乐等方面的消费，比如旅游、保健、体育等
实用和品牌	15 购买商品时应选择经济实用、物美价廉的产品 16 购买商品时主要考虑能彰显自己的生活品位与个性 17 买东西时我会选择名牌产品，哪怕贵一点也没有关系
仪式化	18 婚丧嫁娶要办得风光、有档次，在亲友面前才有面子 19 消费时讲排场才能够得到周围人的尊重和认可
等级与平等	20 只要有钱就可以买到任何东西，消费上没有高低贵贱之别 21 在日常消费中，一般会选择与自己身份相符的商品 22 不同档次的产品标志不同的地位和身份

续表

消费文化观念	项目集合
奢侈与节俭	23 要量入为出，适度消费 24 高档消费能够显示和证明个人的成就与地位 25 人活着就应该尽情消费，充分享受生活 26 除了满足基本生理需求外，还兼顾发展需求
开放与保守	27 经常购买新产品，让自己的生活能跟上潮流而不落伍 28 消费要以习惯为主，不应有更多改变 29 消费只要随大流就好，不要出风头 30 喜欢购买新产品，让自己的生活不断增加新元素 31 有计划地购买商品，首先考虑商品的实用性
理性与感性	32 消费应该有所节制，如果必须购买，也要物有所值 33 物质消费本身就是一种快乐和精神享受 34 花钱省时间是值得的
和谐与对立	35 购买商品时应当选择绿色、健康、环保的产品 36 过度消费就是一种浪费，应当尽量减少不必要的消费 37 购物是休闲和缓解压力的一种方法 38 消费意味着社会资源、财富的消耗和减少

2. 量表修正

（1）受试人群选择

本研究受试人群选择的标准主要遵从普及性这一原则，并采取了分层随机抽样的方法。鉴于目前现状，我们选择了全国 20 多个省区不同行业、不同年龄、不同地区的消费者作为研究对象。样本具有代表性和全面性。

（2）数据收集

本研究主要采用实地调查、抽样方法，同时将配额抽样与随机抽样相结合。实地调查时采取一对一或者一对多的方式，并在调查者的监督下完成，这样可以保证问卷的质量。抽样调查分两个阶段进行：①根据被测者所在的省市人口数量的不同进行配额，如甘肃省、河南省、广东省等；②根据样本的分布情况再进行随机抽样，以增强样本的代表性。通过这两种抽样，需要保证最终样本量在400以上，因为Nunnally曾经指出，测试的样本数应为题项数目的10倍以上，本研究量表的题项数目为38，因此样本数大于380即可。经过两次抽样，最终确定的样本量为390份。样本量的分布主要按年龄、性别和收入相结合来划分的，这样可以比较准确地反映总体的情况。样本结构表如表2—8所示。

表2—8　　　　样本基本情况

人口统计指标		人数（人）	比例（%）
性别	男	232	59.5
	女	158	40.5
年龄	15—25岁	67	17.1
	26—35岁	25	6.4
	36—45岁	160	41.0
	46—59岁	135	34.6
	60岁及以上	3	0.8
文化程度	初中及以下	101	25.9
	高中、中专、技校	168	43.0
	大专或本科	115	28.9
	研究生以上	6	1.5
个人月收入	500元以下	68	17.0
	501—1000元	93	23.8
	1001—2000元	124	31.8
	2001—3000元	64	16.4
	3001—5000元	23	5.9
	5001—10000元	7	1.8
	10001元以上	11	2.8
家庭居住地	省会城市	77	19.7
	地级城市	47	12.0
	县级城市	68	17.4
	乡镇	94	24.1
	农村	104	26.7

（3）测项纯化

经过查阅相关文献，发现目前测项纯化所依据的标准主要有三个：

①如果测项与总体的相关系数比 0.4 小并且如果删除掉此测项后 α 系数反倒会增加，这样的测项需要剔除；

②旋转后如果因子载荷系数比 0.4 小或者说测项在两个因子上的载荷都比 0.4 大，这样的测项需要剔除；

③如果测项在因子 a 和因子 b 上的载荷值比临界值都高的话，那么可以考虑将其剔除，但是如果剔除掉此测项以后，因子 a 和因子 b 却又合并成了一个因子，这样的话该测项就不需要剔除。

参照以上的三个标准，先计算量表中总体与每个测项的相关系数（item-total correlation），根据标准①将需要剔除的项目剔除，此过程相对比较烦琐，需要多次计算比较，最终获得比较满意的值；然后再根据标准②和标准③进行测量计算。

通过计算之后，38 个测项中删除了 6 项，分别为第 3、11、22、26、31、38 项，而剩下的 32 个测项则形成了一个相对稳定的分析量表。

（4）探索性因子分析（EFA）

得出相对稳定的量表之后，还需要验证消费文化观念的准确维度，因此，还需要进行探索性因子分析（Exploratory factor analysis，EFA）和验证性因子分析（Confirmatory factor analysis，CFA）。进行探索性因子分析（EFA）的目的是找出量表潜在的结构，尽量减少变量的数量，将其变为一组变量较少而彼此关联较大的变量。

Nunnally 指出，探索性因子分析的样本量至少应为量表题项数目的 10 倍以上，因此，本研究通过 390 个有效样本对 32 个测项进行数据处理，条件符合，采用的分析工具为 SPSS 16.0 统计软件中的因子分析。分析数据为，32 个测项的 KMO 值为 0.706，Bartlett's 球状检验给出的相伴概率为 0.000，小于显著性水平 0.05，因此拒绝 Bartlett's 球状检验的零假设，认为适合于因子分析。

分析方法采用主成分分析法，通过最大变异转轴法进行最大正交旋转，32 个测项很好地归属于 11 个成分因子，且每个测项的因子载荷值都大于 0.4，说明效果很好。从方差解释贡献率方面来讲，这 11 个因子累计解释了 72.778% 的信息，超过了 60%，说明 11 个因子可以接受，探索性因子分析结果见表 2—9。

表 2—9　　正交旋转的因子模型矩阵

测项名称	因子										
	1	2	3	4	5	6	7	8	9	10	11
q1 男主外女主内	0.62										
q2 男性女性都可以追求个性，享受现代生活	0.75										
q3 购买商品时按照自己的意愿购买		0.60									
q4 购买商品时主要考虑个人和家庭的实际需要		0.74									
q5 我很重视教育等能实现自我提升的消费			0.71								
q6 收入一般要先考虑储蓄，再考虑消费			0.56								
q7 西方人注重的超前消费、贷款消费和信用卡消费更好			0.53								
q8 中国人注重的节俭储蓄、考虑自己养老和儿孙的未来更好			0.76								
q9 在教育和文化方面要舍得花钱，这可以提高人的素质和发展潜力			0.62								
q10 要通过住房、服装、家庭用品等物质的消费来显示自己的社会地位				0.55							
q11 消费应当主要满足衣、食、住、行等基本需求				0.79							
q12 我更注重休闲娱乐等方面的消费，比如旅游、保健、体育等				0.46							
q13 购买商品时应选择经济实用、物美价廉的产品					0.67						

续表

测项名称	因子										
	1	2	3	4	5	6	7	8	9	10	11
q14 购买商品时主要考虑能彰显自己的生活品位与个性					0.78						
q15 买东西时我会选择名牌产品，哪怕贵一点也没有关系					0.74						
q16 婚丧嫁娶要办得风光、有档次，在亲友面前才有面子						0.81					
q17 消费时“讲排场”才能够得到周围人的尊重和认可						0.63					
q18 只要有钱就可以买到任何东西，消费上没有高低贵贱之别							0.49				
q19 在日常消费中，一般会选择与自己身份相符的商品							0.63				
q20 要量入为出，适度消费								0.73			
q21 高档消费能够显示和证明个人的成就与地位								0.85			
q22 人活着就应该尽情消费，充分享受生活								0.74			
q23 经常购买新产品，让自己的生活能跟上潮流而不落伍									0.57		
q24 消费要以习惯为主，不应有更多改变									0.78		
q25 消费只要随大流就好，不要出风头									0.90		
q26 喜欢购买新产品，让自己的生活不断增加新元素									0.86		
q27 消费应该有所节制，如果必须购买，也要物有所值										0.56	
q28 物质消费本身就是一种快乐和精神享受										0.59	

续表

测项名称	因子										
	1	2	3	4	5	6	7	8	9	10	11
q29 花钱省时间是值得的										0.87	
q30 购买商品时应当选择绿色、健康、环保的产品											0.63
q31 过度消费就是一种浪费，应当尽量减少不必要的消费											0.59
q32 购物是休闲和缓解压力的一种方法											0.50

（5）验证性因子分析（CFA）

这里的验证性因子分析，主要采用 Amos 软件，以进一步检验表 2—9 中的结构稳定性。具体检验方法为，构建一个路径模型，路径模型中将 32 个题项作为观测变量（X），生成的 11 个因子作为潜在变量（ξ），之后根据模型测定的拟合指数来判定路径模型的好坏。经过分析后，得出的模型拟合指标如表 2—10 所示，根据表 2—10 中的三组数据可以判定出本研究的路径模型拟合度比较高。

表 2—11 为各变量之间的路径系数和 t 值，由图标可以看出其中所有 t 值都比 2 大，说明路径关系显著，即由探索性因子分析得出的 11 个因子与 32 个测项的关系存在并且是稳固的。

表 2—10 验证性因子分析指标

模型	χ^2/df	GFI	NNFI	CFI	SRMR	RMSEA
指标	2.76	0.93	0.97	0.97	0.057	0.071
建议值	2.0～5.0	>0.90	>0.90	>0.90	<0.06	<0.08

表 2—11 路径关系与路径系数

因子	测量题项	路径系数	t 值	因子	测量题项	路径系数	t 值
ξ_1	q1	0.29	10.32	ξ_6	q16	0.47	9.29

续表

因子	测量题项	路径系数	t 值	因子	测量题项	路径系数	t 值
	q2	0.56	11.28		q17	0.52	9.37
ξ_2	q3	0.48	9.34	ξ_7	q18	0.48	10.57
	q4	0.64	13.18		q19	0.61	14.59
ξ_3	q5	0.39	10.47	ξ_8	q20	0.58	13.73
	q6	0.49	11.58		q21	0.37	11.95
	q7	0.65	12.65		q22	0.59	13.19
	q8	0.48	11.82	ξ_9	q23	0.68	10.62
	q9	0.62	12.37		q24	0.39	9.27
ξ_4	q10	0.67	13.82		q25	0.64	10.94
	q11	0.59	12.29		q26	0.42	9.12
	q12	0.42	11.81	ξ_{10}	q27	0.61	11.58
ξ_5	q13	0.57	13.41		q28	0.58	10.29
	q14	0.53	12.52		q29	0.52	10.47
	q15	0.38	10.37	ξ_{11}	q30	0.31	10.53
					q31	0.27	9.27
					q32	0.64	12.79

（6）因子命名

第 1 个因子下属的测项包括“男主外女主内”和“男性女性都可以追求个性，享受现代生活”，可以总结为“社会角色”维度；第 2 个因子下属的测项包括“购买商品时按照自己的意愿购买”和“购买商品时主要考虑个人和家庭的实际需要”，可以总结为“个体与群体”维度；第 3 个因子下属的测项包括“我很重视教育等能实现自我提升的消费”、“收入一般要先考虑储蓄，再考虑消费”、“西方人注重的超前消费、贷款消费和信用卡消费更好”、“中国人注重的节俭储蓄、考虑自己养老和儿孙的未来更好”和“在教育和文化方面要舍得花钱，这可以提高人的素质和发展潜力”，可以总结为“现期与未来”维度；第 4 个因子下属的测项包括“要通过住房、服装、家庭用品等物质的消费来显示自己的社会地位”、“消费应当主要满足衣、食、住、行等基本需求”和“我更注重休闲娱乐等方面的消费，比如旅游、保健、体育等”，可以总结为“物质与精神”维度；第5个因子下属的测项包括“购买商品时应选择经济实用、物美价廉的产品”、“购买商品时主要考虑能彰显自己的生活品位与个性”和“买东西时我会选择名牌产品，哪怕贵一点也没有关系”，可以总结为“实用性与品牌性”维度；第6个因子下属的测项包括“婚丧嫁娶要办得风光、有档次，在亲友面前才有面子”和“消费时讲排场才能够得到周围人的尊重和认可”，可以总结为“仪式化”维度；第7个因子下属的测项包括“只要有钱就可以买到任何东西，消费上没有高低贵贱之别”和“在日常消费中，一般会选择与自己身份相符的商品”，可以总结为“等级与平等”维度；第8个因子下属的测项包括“要量入为出，适度消费”、“高档消费能够显示和证明个人的成就与地位”和“人活着就应该尽情消费，充分享受生活”，可以总结为“奢侈与节俭”维度；第9个因子下属的测项包括“经常购买新产品，让自己的生活能跟上潮流而不落伍”、“消费要以习惯为主，不应有更多改变”、“消费只要随大流就好，不要出风头”和“喜欢购买新产品，让自己的生活不断增加新元素”，可以总结为“开放与保守”维度；第10个因子下属的测项包括“消费应该有所节制，如果必须购买，也要物有所值”、“物质消费本身就是一种快乐和精神享受”和“花钱省时间是值得的”，可以总结为“理性与感性”维度；第11个因子下属的测项包括“购买商品时应当选择绿色、健康、环保的产品”、“过度消费就是一种浪费，应当尽量减少不必要的消费”和“购物是休闲和缓解压力的一种方法”，可以总结为“和谐与对立”维度。

至此，形成了11个维度32个题项的量表。

3. 量表检验

(1) 第二次数据收集

量表正式确定以后，又进行了第二次的数据收集，数据收集的方式与预试的方式大致相同。被试基本情况如表2—12所示：

表 2—12　　基本情况

人口统计指标		人数（人）	比例（%）
性别	男	270	56.3
	女	210	43.8
年龄	15—25 岁	90	18.8
	26—35 岁	64	13.3
	36—45 岁	177	36.9
	46—59 岁	146	30.4
	60 岁及以上	3	0.6
文化程度	初中及以下	118	24.6
	高中、中专、技校	191	39.8
	大专或本科	154	32.1
	研究生及以上	17	3.5
个人月收入	500 元以下	74	15.4
	501—1000 元	108	22.5
	1001—2000 元	153	31.9
	2001—3000 元	84	17.4
	3001—5000 元	36	7.5
	5001—10000 元	18	3.8
	10001 元及以上	7	1.5
家庭居住地	省会城市	98	20.4
	地级城市	60	12.5
	县级城市	100	20.8
	乡镇	91	19.0
	农村	131	27.3

（2）信度与效度检验

①信度检验。

信度（reliability），顾名思义，就是可信的程度，确切地讲，信度就是指测试所得到的结果相对比较稳定或者一致的程度。测量问卷的信度就是考察问卷测量的可靠性。近年来，人们采用的信度检验方法主要是选择了内部一致性系数（Cronbacha Coefficient）。内部一致性系数通常比较适合同质性检验，检验每个因素中的各个项目是否测量相同或相似的特性。

本研究对调查数据利用 SPSS 17.0 统计分析软件进行信度检验，首先对问卷量表进行信度检验，验证量表设计的合理性和有效性，然后对各个潜变量进行信度分析。通过计算得出，问卷的信度（Cronbach'Alpha）为 0.686，问卷的 32 个观测变量构成的 11 个潜变量的 Cronbach'Alpha 值均在 0.65 以上，说明量表具有较好的内部一致性，见表 2—13。

表 2—13　　　　内部一致性分析

维度	测项	因子载荷	方差贡献（%）	Cronbachα
社会角色	q1	0.628	6.972	0.658
	q2	0.745		
个体与群体	q3	0.559	8.265	0.716
	q4	0.762		
现期与未来	q5	0.682	9.049	0.672
	q6	0.498		
	q7	0.572		
	q8	0.693		
	q9	0.783		
物质与精神	q10	0.297	5.681	0.729
	q11	0.821		
	q12	0.742		
实用性与品牌性	q13	0.483	6.472	0.732
	q14	0.682		
	q15	0.459		
仪式化	q16	0.805	5.852	0.669
	q17	0.715		
等级与平等	q18	0.682	7.145	0.803
	q19	0.711		
奢侈与节俭	q20	0.692	6.142	0.675
	q21	0.682		
	q22	0.724		

续表

维度	测项	因子载荷	方差贡献（%）	Cronbachα
开放与保守	q23	0.452	3.157	0.681
	q24	0.738		
	q25	0.881		
	q26	0.754		
理性与感性	q27	0.508	6.472	0.674
	q28	0.682		
	q29	0.872		
和谐与对立	q30	0.617	7.571	0.834
	q31	0.479		
	q32	0.581		

②效度检验。

效度检验就是指问卷的有效程度。所谓有效程度，就是指问卷是否能够得到之前预期的测试结果。效度检验的目的就是检验问卷是否能够正确表明之前构建问卷的本意。

本研究采用 J. W. French 和 B. Michbel 提出的分类方法，即将效度检验分为 3 种类型：内容效度（content validity）、结构效度（construct validity）、效标效度（criterion validity）。内容效度指的是项目对于想要测试的内容或者想要表达的行为方式取样的合理性。内容效度研究的目的是要测量题项的编制是否充分涵盖了所要研究的内容范围，它主要侧重内容方面。结构效度是指利用所采用的测量工具对问卷的内部结构和所需要反映的概念进行验证，检验它们之间是否具有同一性。如果测量工具所得出的数据与之前的预期相一致的话，则说明数据是具有结构效度的。效标效度指的是测量问卷是否合理有效的一个外在标准，通常指我们要进行预测的行为。效标效度就是评估测验分数与效标的关系，看问卷对我们想得到的结果预测的程度如何。

在内容效度和效标效度上，本研究的维度设计来自严密的理论构想和实际情况的调查，并将量表交由专家小组多次就消费文化观念和消费方式各维度进行讨论确认，通过数据检验，结果表明该量表具有一定的内容效度和效标效度。在结构效度的检验上，针对总体样本进行探索性因子分析，采用主成分分析法；结果显示，32 个测项共汇聚了 11 个特征值大于 1 的因子，累计解释方差达到 79.413%，并且绝大多数的因子载荷都在 0.5 以上，由此，可以判断问卷测项之间具有较好的区别效度和收敛效度。

（3）量表确立

最终，经过信度和效度检验，形成了附录一的具有 11 个维度的消费文化观念类目构建测项表。

总之，本研究以国内外众多的研究消费观念的量表为研究出发点，总结了消费文化观念的构成维度，在量表开发过程中采用了各种科学理论和实证方法。严格按照量表开发的流程开发了消费文化观念量表。数据分析结果显示，该量表有很好的应用价值。

五　消费文化观念量表的应用说明

（一）消费文化观念量表体系可应用于对消费文化观念的量化研究

文化是一种理念、思想、风俗、习惯，每个不同的时期、不同的社会政策下会形成不同的文化。消费文化是社会文化的重要组成部分，而消费文化观念则是消费文化的核心，从人的层面体现着消费文化的发展水平与发展状况。适应社会发展需要的消费文化观念是值得倡导的，它可以为社会的发展提供动力，同时，与社会发展格格不入的消费文化观念是需要摒弃的。但是，消费文化观念的测量存在一定的模糊性和不确定性。建立了消费文化观念的测量模型后，就可以确切地对主流的消费文化观念进行测量和分析，可以定量地研究消费文化观念的发展现状，针对现行的消费文化观念作出判断，找出有利于并推动社会发展的消费文化观念进行大力倡导，并将不利于社会发展的消费文化观念加以摒弃。还可以从消费精神、消费观念、消费心理及消费行为等层面对消费文化观念系统有清晰的把握，并可以准确地了解并掌握不同消费阶层的消费行为，从而为社会经济政策的制定提供依据。

（二）消费文化观念量表体系可用于企业的营销研究

本量表体系可以帮助企业准确制定适合企业发展需要的战略与策略，可以用于企业的目标市场营销。例如企业可以根据消费文化观念量表测量出的主流消费文化观念设计自己产品的种类和相应的营销方式，如主流消费文化观念若为节俭型，可以将主打产品设置为经济适用型，若主流消费文化观念为炫耀型消费为主，则可以将主打产品设置为奢华型等。还可以依据消费文化观念量表进行区域消费差异化研究，并根据消费文化观念差异化程度对不同地区的消费市场进行区分，从而最终为相关企业的市场细分、目标市场选择和市场定位、新产品开发、品牌形象的传播与管理、广告策略和促销策略的制定以及对未来市场趋势的把握提供一定的理论和数据支持，为企业的营销策略的制定提供指导。

（三）消费文化观念量表体系可用于社会消费现状的调查与研究

应用消费文化观念量表测量的消费文化观念可以集中反映社会发展不同时期的消费状况及其影响因素，通过对特定阶段不同阶层居民的消费文化观念现状的调查，可以对当前中国消费文化观念是否符合中国现实国情和建设和谐社会及践行科学发展观作出判断，能及时反映社会变迁对于消费文化观念形成的影响，以及不同消费观念对于社会发展的作用，从而便于对不同阶层不同居民的消费文化观念进行针对性的引导，使社会的消费文化观念更加健康合理，推进中国迅速、健康、和谐、有序的发展。

总之，消费文化观念量表体系为消费文化的研究提供了新的研究方向，突破了以往消费文化研究中重于批判而疏于建构，注重定性而忽略定量的研究方法的局限，从而可以更加准确和科学地用于对消费文化发展阶段的界定、构成、分布及整体状况的研究。

第三章

中国消费文化观念实态调查

在以上消费文化观念类目构建和指标体系的基础上，基于转型期的社会现实，面向全国28个省（市、区）进行的居民问卷调查，从社会角色、个性与群体、现期与未来、物质与精神、实用性与品牌性、仪式化、等级与平等、奢侈与节俭、开放与保守、理性与感性、和谐与对立11维度从我国居民的消费观念入手对消费文化观念进行全面调查与具体呈现，同时对城乡、东西部地区之间的居民消费行为与相关观念进行对比与交叉分析，以进一步了解我国消费文化观念的实态与表现。

“中国消费文化观念构建”的问卷调查所得数据是本研究的主要依据，通过对近三千份问卷的处理分析与参考相关文献，形成对我国消费文化观念的研究结论。研究发现，我国目前处于现代与后现代消费文化观念盛行的时代，传统消费文化观念式微。其中，东部地区居民在现代与后现代消费文化观念方面走在西部地区前列，而西部地区居民的传统消费观念相对较强。城镇居民的消费观念与农村居民相比，具有较强的现代与后现代特点，农村居民消费观念中的传统性比城镇居民多。从马克思的消费需要论视角看，我国居民主要消费已由生存型转向享受型消费与发展型的消费层面，生存型消费所占比重不大。

一　调查技术

（一）问卷设计

问卷调查是社会科学研究方法之一，它着眼于当前社会或学科现实，通过问卷、事例和经验等从理论上进行相应的推理说明。我国地域辽阔，人口众多，要想对全国范围的居民消费观念有一个大致的了解，问卷调查法是较为理想的研究方法。

为了能从问卷中收集到进行分析所需的数据，问卷开发主要依靠前期开发的包含 11 个维度的消费文化观念类目和量表体系。

在参考了大量国内外相关文献和众多专家分析的基础上，参照以上量表进行了相应的问题设置。问卷中除被调查者的基本信息和消费方式等开放性问题外，其他所有的测试项均采用里克特 Likert 5 级量表（5 代表完全同意，4 代表基本同意，3 代表一定程度上同意，2 代表基本不同意，1 代表完全不同意）。

初步问卷形成之后，为了确保调查对象准确理解问卷中问题及答案的含义，减少无反应误差，我们从兰州市消费者中随机抽取 100 人进行了试调查，然后根据调查反馈对各项语义做了一定修改，并对问卷中的问题与选项做了若干修正。

（二）样本选择与数据搜集

本研究于 2010 年 1—3 月在全国范围内进行问卷调查，共收回 2800 份问卷，经过筛选（超过 1/3 题目未答的视为废卷），得到有效问卷 2620 份。

为了能使调查顺利进行，本研究采用滚雪球式抽样。滚雪球式抽样是非概率抽样的方法之一，指先随机选择一些被访者并对其实施访问，再请他们提供另外一些属于所研究目标总体范围的调查对象，并根据所形成的线索选择此后的调查对象。为了能对我国东西部地区之间居民的消费文化观念进行较为清晰的分析，本研究在问卷调查初期即选择了广东省与甘肃省分别作为我国东西部地区的代表，对两地投入了大量的问卷，以期能对我国东西部地区居民的消费文化观念类型有一个较为清晰的呈现。广东省位于南海之滨，是我国改革开放的前沿，广东 GDP 2010 年已超越台湾，被誉为中国经济最发达、文化最开放的省份。甘肃省位于黄河中、上游，居西北内陆，人均国内生产总值居全国倒数第二位，可以作为西部欠发达地区的代表。同时，本次调查得到了除港澳台、内蒙古、青海、西藏外 28 个省（市、自治区）的 2620 个有效样本。

需要说明的一点是，有些关于消费观念、态度方面的主观问题是针对个人调查的，而有些有关消费情况的问题是针对家庭情况设计的，在对资料分析处理时，却一律按“被调查对象”概念处理，因此调查情况是由抽象的“个人”资料组成的。

（三）统计分析方法

本研究的实证部分基于 SPSS（Statistical Product and Service Solutions）分析软件展开，主要在 SPSS 17.0 for Windows 界面进行。

在对调查数据所做的技术分析中主要使用简单直观的交互分类方法，并结合交叉分析、卡方检验和相关分析，试图发现数据之间的相关性与某些因果关系，力图为关于消费文化观念的研究与分析提供便利。

此外，由于问卷中相关消费因子所涉及的变量太多，采用聚类分析的方法，减少消费意识因子、选择典型代表因子，对居民的主要消费观念类型进行测度。为了分析各种消费观念在不同年龄、文化程度、职业以及收入等的群体中分布的状况，运用交叉分析和卡方检验，试图在多变量关系中对某些关系做出概括性的描述和分析。

分析将分为三部分进行。第一部分，将对问卷所反映的基本问题进行描述，以对本次调查的基本情况进行客观呈现。第二部分，用消费文化观念量表进行统计分析，得出我国居民消费文化观念的呈现情况，并进行必要的城乡与东西部地区的比较。第三部分，从消费文化论与消费需要论的角度对我国居民的消费观念进行分析，并提出自己的一些思考，以期能对新消费文化观念的构建提供一些建设性意见。

（四）样本的预处理

为了保证问卷的有效性与数据的准确性，问卷收集后，对问卷逐一进行检测，超过1/3未答的视为废卷，废卷当场丢弃，不进入数据录入环节。

在进行数据分析之前，再次对调查问卷进行了信度与效度检验。

1. 量表的信度检验

实证研究中的信度是用来表征测量结果（数据）一致性或稳定性程度的。数据的一致性主要反映的是问卷中各题目之间的关系，主要考察测验的各个题目是否测量了相同的内容或特质。稳定性是指用一种测量工具（譬如同一份问卷）对同一群受试者进行不同时间上的重复测量的结果间的可靠系数。

在实证分析中，学界普遍使用内部一致性系数来检验数据的可靠程度。本研究利用 SPSS 17.0 统计软件，首先对整体问卷量表的信度进行检验，验证量表设计的合理性和有效性，然后再对各个潜变量进行信度分析。SPSS 的信度检验结果显示，问卷的 Cronbachα 值在 0.78 以上，说明量表具有很好的可信度。

2. 量表的效度检验

实证研究中，问卷能够正确测量出所要测量的特质程度被称为效度，效度检验包括内容效度、结构效度、效标效度三种类型。

在调查前期，本项目组的师生就消费文化观念和消费方式各维度进行讨论并通过检验，结果表明该量表具有一定的内容效度和效标效度。一般来说，如果问卷调查结果能够测量其理论特征（概念和命题的内部结构），使调查结果与理论预期一致，便可以认为数据具有结构效度。

二　问卷的描述性统计分析

（一）调查的基本情况说明

1. 样本的地区分布

本次调查在全国共发放 3000 份问卷，成功回收 2800 份，其中有效问卷 2620 份。各地区的样本分布状况如图 3—1 所示。

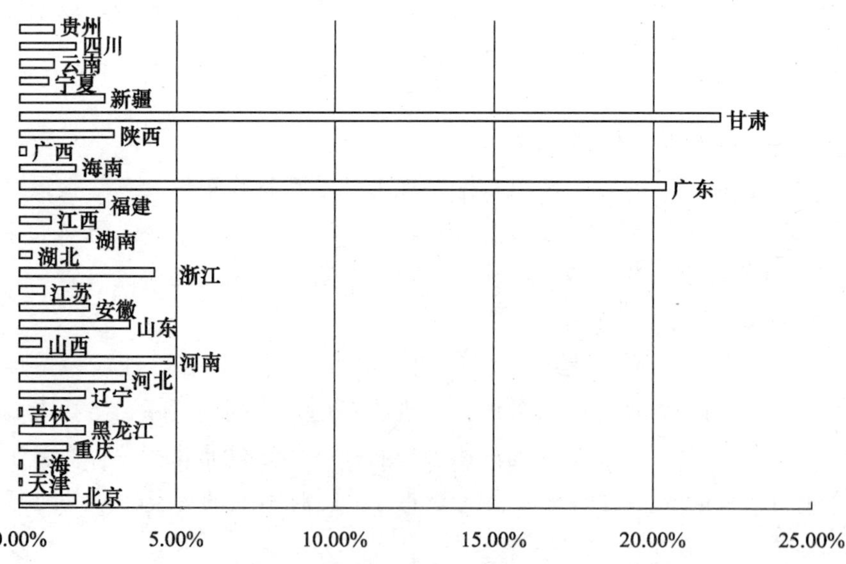

图 3—1　样本在各省的分布

由图3—1可以看出，除广东、甘肃外，样本在其他各省的分布趋于平均。广东省作为我国改革开放的窗口，是西方的思想、技术与生活方式等进入我国的重要门户之一，内地人的消费方式、习惯等也多由广东传入，因此广东可以作为我国东部地区的代表。甘肃省位于我国西北部，是典型的西部内陆省份，能够较好地代表我国西部地区的一些情况。

在广东与甘肃投入大量样本，能够对下文我国东西部地区居民消费观念的对比分析提供帮助。由于资金及其他限制，本次调查未能取得内蒙古、青海、西藏以及港澳台地区的数据。

2. 样本的性别分布

在本次调查的有效问卷中，男性受访者为1441人，占总体的55%；女性受访者为1179人，占总体的45%。本次调查中男性比例略高于女性，这并非调查者有意为之，而是抽样方法所致，这种情况一般不会对本次调查的结果产生大的影响，抽样调查下的此种样本性别分布可能还会为客观地反映中国社会的某些情况提供启示。

3. 样本的年龄分布

本次调查样本的年龄分布显示，15—25岁年龄段的人数远多于其他年龄段，60岁及以上年龄段的人较少，各年龄段人数呈阶梯递减。如前所述，本次调查是针对抽象的“人”，即家庭所做的消费文化观念调查，所以尽管样本年龄不呈正态分布，也不会对调查结果产生较大影响。

4. 样本的文化程度分布

本次调查中样本的文化程度分布如表3—1所示，可以看出总体上样本的文化程度较高，主要集中在大学或本科学历段，产生此种结果的原因跟样本的年龄分布有关，样本年龄集中于中青年龄层，这部分人受时代环境的影响，基本上都接受了系统的九年义务教育，大学扩招也使越来越多的年轻人走进大学接受高等教育。

表3—1　　　　样本文化程度分布

文化程度	初中及以下	高中、中专、技校	大学或本科	研究生及以上
样本量	564	674	1301	81
所占比例	21.5%	25.7%	49.6%	3.1%

5. 样本的职业分布

本次调查中样本职业分布如图 3—2 所示，本次调查主要是针对城乡居民消费观念的调查，是对抽象的“人”即家庭进行的，因此样本在十二种职业类别中的分布相对比较合理，既没有数量过大的身份群体，也没有数量过小的身份群体，符合统计分析的需要。

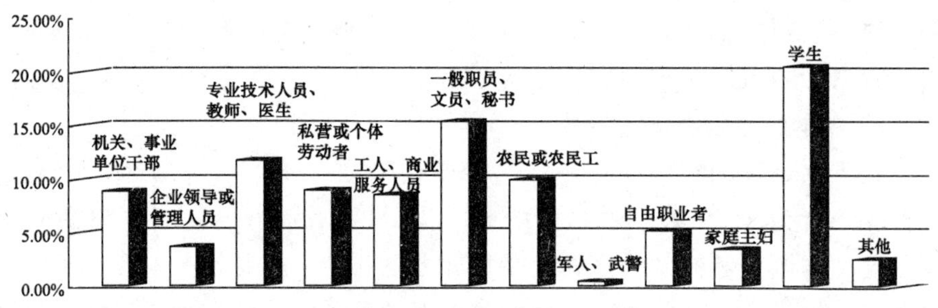

图 3—2　样本职业分布

6. 样本的收入分布

本次调查中样本的个人收入与家庭年收入分布如表 3—2 所示。所区分的几种收入类别中都有可用于统计分析的足够样本，其中个人月收入的样本众数为月收入在 1001—2000 元的群体，样本数量大致是随个人月收入的加大而减少的，第二多的是月收入在 500 元以下的群体，个人月收入在 5000—10000 元的群体在总样本中所占比例最少。

表 3—2　　样本个人月收入分布

个人月收入（单位：元）	500 及以下	501—1000	1001—2000	2001—3000	3001—5000	5001—10000	10000 以上
样本量	683	450	703	470	194	58	62
百分比	26.1%	17.17%	26.83%	17.93%	7.4%	2.21%	2.37%

从表 3—3 中可以看出，在家庭年收入方面，七种收入类别中，样本众数为家庭年收入在 10001—30000 元的群体人数，60% 以上的样本家庭年收入在 10001 元以上。

表 3—3　　样本家庭年收入分布※

家庭年收入（单位：元）	3000 及以下	3001—5000	5001—10000	10001—30000	30001—50000	50001—100000	100000以上
样本数量	268	255	411	678	382	333	162
百分比	10.8%	10.2%	16.5%	27.2%	15.3%	13.4%	6.5%

※缺失样本为 131。

（二）调查结果的描述性统计分析

1. 食品消费情况

近五成的被访者每月食品消费为 200—500 元，低于个人月收入的均值，这一现象说明人们吃的问题已经解决，生活水平逐渐提高。从人们对食品的消费态度上从高到低依次排列为营养健康（63%）、方便省事（23.3%）、吃饱就行（7.7%）、满足新奇（3.5%）与生活品位（2.5%）。

由人们上述的消费习惯分布可以看出，在食品消费结构方面我国居民更加讲究优质的食物质量和营养与健康，居民较青睐优质、简易、方便、营养的食品。食品消费为了满足新奇与追求生活品位所占比例较低，说明大多数人还是看重食品的物质内涵，较少关注食品的符号象征意义。总体看来，在食品消费方面我国居民已经摆脱了传统的吃饱就行的消费观念，正在向重视营养与健康等现代与后现代的消费观念转变。另外，温饱问题的解决也使我国居民在食品消费方面的观念正在从“吃饱”向“吃好”、从消费食品为了生存向为了享受与发展的方向迈进。

2. 居住消费情况

从图 3—3 中可以看出，在总样本中，居民家庭住房面积的众数为住房面积在 81—100 平方米的群体，其次为居住面积在 61—80 平方米、101—120 平方米的群体，虽然其他几种住宅面积类别都有相应的群体分布，但均不多，六成以上的样本住房面积在 81 平方米以上。这里因为是城乡调查问卷，而农村住房面积相对较大，所以居民平均住房面积比我们的预计更高。数据总体呈正态分布，符合调查分析的需要。

3. 衣着消费状况

总体上，30.5% 的受访者购买衣服时看重价格是否合适，是衣着消费方面的多数群体，看重品牌（6.8%）与实用（10.1%）的人数都较少。

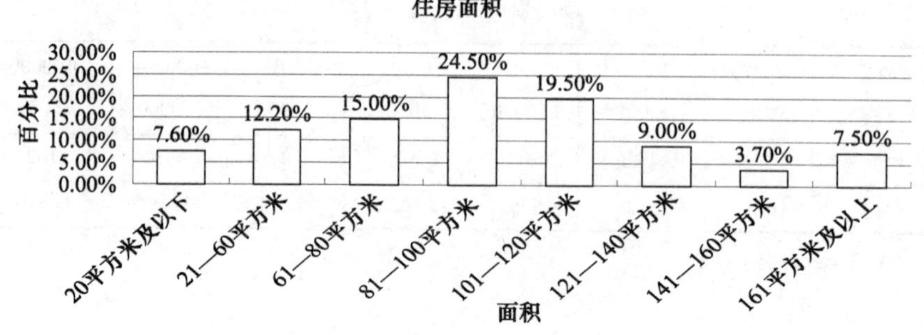

图 3—3　居民居住情况

进一步分析发现，衣着的购买场所与家庭居住地无直接相关关系，城镇居民与农村居民的主要购物地点是百货商场或批发市场（36.8%）与品牌专卖店（30.6%）。选择网上购物与集市或地摊的均不足一成。

衣着方面，代表节俭的“实用”与代表符号象征意义的“品牌”的选项不被重视，反映随着生活水平的提高，居民的穿衣有了保障与选择余地，再也不用“新三年，旧三年，缝缝补补又三年”，购物已不纯粹是为了实用，也反映我国居民即使生活水平提高了，也没有大肆地铺张浪费，一味地追求品牌。总的来看，我国居民在衣着方面已经逐渐摆脱了重实用的传统消费观念，但现代与后现代的特征均不明显。购物注重价格但又不重品牌与实用，可能是我国居民的消费水平较低所致。①

4. 交通、通信消费情况

由图 3—4 可以看出，在出行方式上居民主要选择自行车和公共汽车，这与 20 世纪 80 年代的出行方式较为相同②，但不同的是私家车、摩托车的比重上升，经济的发展与居民生活水平的提高，使得居民出行有了更多的选择。另外，出行方式的选择与居民的居住地无直接相关关系。

与居民购买衣着时看重价格合适相类似，五成多居民的购车（包括自行车、摩托车、电动车与私家车）动机是因为价格合理。这说明，价格在居民购物时依然是首要考虑的因素。

通信工具方面，几乎所有的被访者都拥有手机（91%），他们中的大部分还拥有固定电话（37.1%）与网络（37.9%），较少人拥有传真

① 参见于光远《谈谈消费文化》，《消费经济》1992 年第 1 期。

② 对比数据来自臧旭恒《居民资产与消费选择行为分析》，上海人民出版社 2001 年版。

(3.5%)，这反映了人们通信手段的改进，也说明不管城镇还是农村，都有受惠于信息高速公路的条件。受访者的月支出通信费用集中在50—200元，多数为月消费50—100元的群体。以甘肃省省会兰州市为例，一个普通的手机套餐每月大概收费20元左右，月消费在50—100元，说明被访者打电话、发短信的频率较多或开通了其他附加功能，这从一个侧面反映手机等现代通信工具在居民生活中的重要地位。

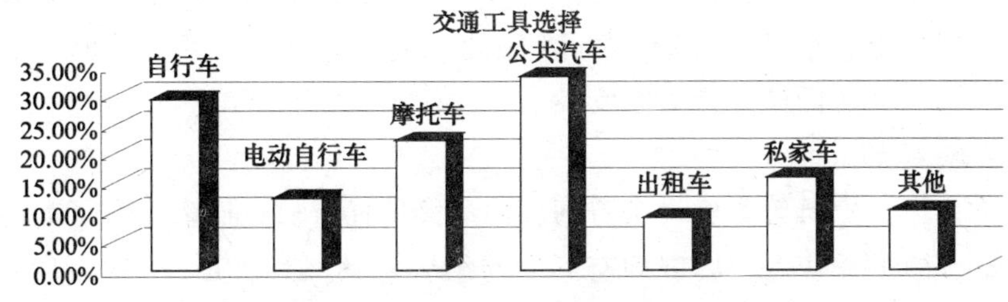

图3—4 居民交通、通信消费情况

5. 科学教育、文化、卫生消费状况

罗素说："看一个民族的教育文化消费方向，可以看到这个民族的未来在哪里。"作为一项重要的家庭支出，科教文卫支出一直占据着居民支出的大部分。绝大多数受访者选择看电视、电影、戏剧与音乐会（45%）或上网（63.8%）作为自己的文化娱乐方式，而将琴棋书画、体育健身、逛街、逛公园等作为自己娱乐活动的居民均不足两成。传统媒体与新兴媒体均成为居民文化娱乐的载体，但在去博物馆、琴棋书画等陶冶情操的精神消费方面，居民的消费热情还有所欠缺。

在科教文卫消费中，教育消费又是重中之重。从总体上看，居民的教育消费主要集中在子女特长教育与提升自我上，具体而言教育消费的类型与居民年龄有直接相关关系（$p<0.05$），其中年龄为36—45岁的群体主要将教育经费用在子女教育（包括子女基础教育与子女特长教育）上，26—35岁的则集中在提升自我上。这不难理解，36—45岁的群体多已为人父母，孩子是家庭的未来，教育投资当然不敢含糊，26—35岁的群体多是学生或进入职场不久的上班族，在竞争激烈的社会中提升自我才是立足之道，他们当然更侧重于提升自我的教育消费。教育投资与居住地无直接相关关系，或许是受农村基础教育免费的影响，农村居民子女基础教育的支出，开始转向如音乐、美术等特长教育方面。

6. 时间消费情况

进行科教文卫消费的前提是要有足够的闲暇时间，英国社会学家安东尼·吉登斯甚至把拥有闲暇时间视为社会进步的考察因素之一。本次调查也侧重了对居民时间消费的统计，数据显示，所有受访者在工作与睡觉之外都有闲暇时间，他们或上网或照顾老人或读书看报、休闲娱乐，其中实际工作或劳动与睡觉时间占受访者一天时间的比例为 62%—75%，40.3% 的人闲暇时间选择每天读书看报两小时，两成左右的受访者每天上网两小时以上，31.1% 的人选择休闲娱乐一小时。此外，用闲暇时间照顾老人与辅导孩子的绝大多数是女性。

7. 家庭设备消费

在家电、家具等家庭设备方面我国居民的拥有量也比以往有了大的提升。80.5% 的受访者家庭都拥有彩电与组合家具，其次是洗衣机和电脑。部分农村家庭甚至拥有某些城镇居民也还尚未拥有的电脑、热水器与数码相机等。家居用品方面，除组合家具外，拥有沙发和地板砖的家庭也占三成多。

在家具设备的消费观念方面，近九成居民看重价格与实用耐用，这与前述居民购买衣服与交通工具的考虑因素略有不同，在购买家庭设备方面居民也较注重物品的实用耐用性，这或许是因为与衣着相比，家具、电脑等家具设备属于耐用消费品，是否实用耐用是考察这些消费品优劣的一个重要条件，因此居民会在兼顾价格的同时，考虑这些物品的实用耐用性。

总的来看，我国居民在衣食住行方面已经开始摆脱以往只求实用的生存型消费观，开始日益追求健康与舒服等自身的感受。我国居民也普遍都有了用来进行休闲等精神消费的闲暇时间，但绝大多数受访者用看电影等来打发空闲时间，博物馆、图书馆等文化场所鲜有人光顾，居民精神消费的状况不容乐观。家庭设备拥有量的提升体现了居民家庭收入的变化与观念的改变。但从对我国居民以上几种消费的分析来看，价格或金钱依然是我国居民消费中考虑的重要因素，这与居民的“安心指数”有很大关系。“安心指数”是指消费者对自己的预期风险与消费的综合估计，这其实是一个比较主观的指数，每个人心中的评价指标因个人的家庭与收入状况而异。这是社会转型期一个特有现象，社会转型强化了居民心理上的不确定性，再加上社会保险的不完善、住房等消费需求开支的增大等，使人们心中充满了焦虑，因而对消费品的价格比较在意，而不敢大手大脚花钱。

（三）我国居民消费方式与行为分析

这里将主要从居民购物的影响因素、获取新产品的渠道等方面来对我国城乡居民的消费行为与观念做进一步的分析与探讨。

1. 产品的购买方式

在调查中，对日常消费品，七成多的受访者选择有了足够的钱再购买，选择从亲戚朋友处借钱购买的只占6.9%，选择银行按揭或信用卡透支消费的只占17.8%。按揭消费是西方的主流消费方式，被称为“花明天的钱，做今天的事”，它在中国虽不占主流，但也有近两成的居民赞同。这说明虽然绝大多数居民还是赞同“量力而行”节俭消费的传统消费观念，但按揭消费等现代消费方式已对我国居民的消费方式产生冲击，一部分居民已经接受并开始尝试该种消费方式。

为了解居民购买商品的消费方式与居民居住地是否有相关关系，我们进行了相关度检测，结果显示购买商品的消费方式与居民的城乡分布无相关关系（$P=0.25>0.05$）。

2. 获取产品信息的渠道

调查结果显示，在获取产品信息的渠道方面，最主要的信息渠道是电视或广播（58.0%），这一比例远远超过其他渠道；亲友介绍的占42.3%，位居所列因素中的第3位。通常认为“金杯银杯不如口碑”，即人们购买货物的主要参考因素是以口头传播或人际传播的方式进行的，但本调查却显示出大众传媒在决定人们买什么以及对于新产品的认知上具有重要作用。凭经验购物或获取产品信息的只占33.1%，居第6位，这也从另一个角度反映了我国居民消费行为的变迁，“经验”属于人内传播（个人经验）或人际传播（他人的经验交流），购物中这种渠道的比例降低，也从反面印证了电视或广播等大众传媒对于人们购物所施加的巨大影响。在此前针对大众媒体的实证分析中，我们已经证实电视与广播等大众传播媒介正是现代、后现代与享受、发展型消费观念的鼓吹者，他们在居民购物中的巨大影响难免会对居民的消费文化观念产生一些影响。

3. 媒介接触习惯

对居民日常阅读杂志或报纸的主要内容的统计如图3—5所示，结果显示居民阅读报纸杂志时最关注的是新闻节目，对于生活常识的关注仅次于新闻，而居民对于消费指南的关注度仅高于对房地产和广告的关注度，这说明居民在阅读报纸或杂志时不太在意消费指南、房地产与广告之类的信息，而比较关注新闻类与生活类信息。

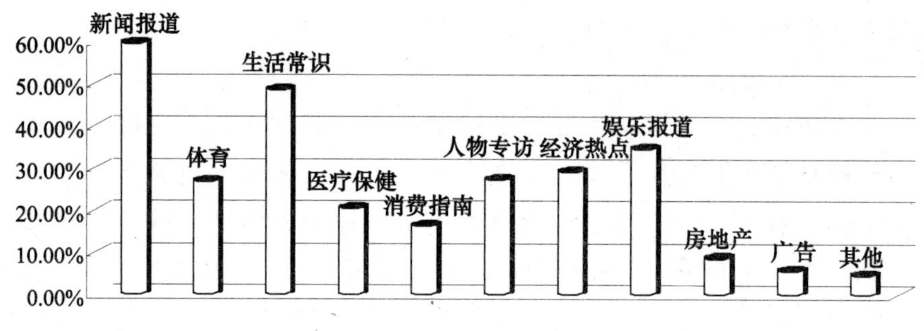

图 3—5　居民经常阅读的报纸或杂志内容

4. 消费过程的主要考虑因素

消费过程的主要考虑因素指居民在消费行为开始时和过程中所考虑的因素。

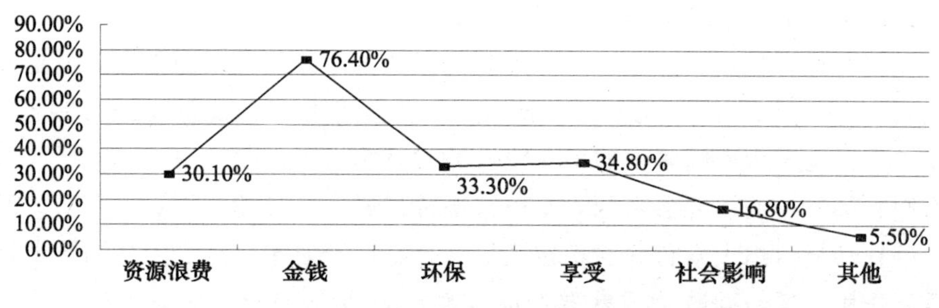

图 3—6　居民在消费行为开始时和过程中所考虑的因素

从图 3—6 中可以看出，居民在消费中考虑最多的是金钱因素，即商品的价格，考虑享受、环保与资源浪费因素的被访者都占三成左右，其中考虑享受与环保因素的比例稍高于考虑资源浪费因素的人数比例。

金钱在消费中的直接表现就是消费品的价格。由图 3—6 可知，价格在任何非特殊的情况下都会是居民消费时所首要考虑的因素，这说明收入仍是制约居民消费的首要因素，也从一个侧面反映上述的“安心指数”对于居民消费的影响。同时，调查结果也说明环保与绿色消费的理念日益成为居民消费时的一个重要考虑因素，体现了居民消费观念与消费意识的进步。

5. 消费观念的自我评价

物质决定意识，意识反作用于物质。居民自身对于他们的消费观念到底是何种认识？我们专门设计了一道题来测度居民对于消费与消费文化观念的自我意识。结果显示，四成多（40.1%）的被访者认为他们自己的消费观念属于“按照自己的意愿购物，消费符合自己的个性和身份”，其次是“没有更高的消费能力，满足基本生存消费”（27.9%）和“注重物美价廉实用，消费主要随大流”（25.6%），仅有6.4%的人认为自己“有一定的消费能力，通过高档消费，以体现个人尊严及社会地位与身份”。这说明在消费观念的自我认知方面，大多数人还是认为自己是“跟着感觉走”，购物主要靠自己意愿、彰显个性，这体现了一种现代与后现代的消费观。一部分人认为自己的消费是满足生存需要与注重物美价廉的结果说明，在消费者的自我认知中，生存消费与注重价格仍然是他们消费时的一大考虑因素。

6. 影响购物的相关因素排行

为清晰地反映影响居民购物的相关因素，我们将影响居民购物的主要因素排第一的选项赋3分，排第二的赋2分，第三的赋1分，得出结果如表3—4所示。

表3—4　　居民主要的购物因素

广告或促销活动 = 0.534 × 3 + 0.193 × 2 + 0.11 × 1 = 2.098	1
亲戚朋友的推荐和影响 = 0.172 × 3 + 0.36 × 2 + 0.226 × 1 = 1.462	2
按照自己的意愿购买 = 0.19 × 3 + 0.211 × 2 + 0.301 × 1 = 1.293	3
品牌知名度及影响力 = 0.017 × 3 + 0.118 × 2 + 0.199 × 1 = 0.486	4
其他 = 0.023 × 3 + 0.012 × 2 + 0.021 × 1 = 0.114	5

结果显示，广告或促销活动是影响居民购物的最主要因素，其次是亲戚朋友的推荐和影响，按照自己的意愿购买和品牌知名度及影响力分列第三、第四。这说明在居民的日常购物中，广告或促销活动的影响是巨大的。亲戚朋友的推荐和影响也是居民购物的一个重要影响因素，说明人际传播在居民购物中也有一定的影响。位居末位的品牌知名度及影响力因素则是居民购物时考虑的最次要因素。

消费者自己的意愿在购物中排在较末位，而多依赖广告与亲友推荐，这反映在现代社会，居民的消费受大众传媒与他人的影响较大，看起来是在为自己而消费，实际上却是在广告等因素的引导下进行消费，现代与后现代的消费观念在此领域有较为突出的体现。

7. 家庭开支

为对居民家庭开支最大的项目进行分析，仍然按照表3—4的方法，我们将第一多的赋3分，第二多的赋2分，第三多的赋1分，结果显示，占居民家庭年开支较大部分的项目依次是住房、子女教育、请客送礼、医疗保健、文化娱乐、购买服装及化妆品、吃饭、通信网络、其他。

自1980年邓小平提出城镇住房制度改革以来，满足居民最基本的生存的住房渐渐成为奢侈品，这是一个生存消费奢侈品化的现象，人类的消费首先是为了满足自身的生存消费，即对于人类自然欲的满足，只有生存得到了保障，人类才会有其他的消费。但生存消费的奢侈品化，使得居民的大部分收入都将被吸附在这个不得不买的“奢侈品”上。由此，这种基本的生存型消费支出就占据了居民家庭支出中的较大部分。

望子成龙、望女成凤与中国传统的光宗耀祖价值观一起，促进了对于下一代教育支出的重视。熟人社会的乡土中国历来讲究礼尚往来，请客送礼不仅能增进双方的感情，还能使人觉得有面子，医疗保健与文化娱乐都可以归为发展消费，通俗地说就是满足了基本消费之后的消费，购买服装或化妆品属于享受型消费。吃饭与通信费用居于最后两位，说明吃饱肚子已经不是居民的主要消费方向，这也从侧面反映居民生活水平的提高。此外，手机等通信工具与网络的普及使得居民的通信费用开始成为生活支出中一个必不可少的部分，尽管在居民支出中它所占的比例较小。

三　我国城乡居民消费观念调查交叉分析

（一）我国城乡居民基本消费的交叉分析

为了便于分析，本研究在样本城乡分布上将家庭居住地为省会城市、地级城市、县级城市与城镇的样本合并为城镇居民样本，而对于样本家庭居住地为农村的则视为农村居民样本，共得到城镇样本1511个，农村样本1109个。第六次人口普查显示，我国内地总人口为13.39亿，城镇人口为6.65亿人，占总人口的比重为49.66%，农村人口为6.74亿人，占总人口的比重为50.33%。从总样本中随机抽出居住地为城镇的样本665

个和居住地为农村的样本674个共1339个样本，得出样本分布特征如表3—5所示。

表3—5　　样本分布特征表※

样本分布＼区域	城镇	农村
性别	男性52%	男性47%
	女性48%	女性53%
年龄	15—25岁20%	15—25岁18%
	26—35岁41%	26—35岁39%
	36—45岁19%	36—45岁17%
	46—59岁16%	46—59岁18%
	60岁及以上4%	60岁及以上8%
学历	初中及以下8%	初中及以下12%
	高中、中专、技校37%	高中、中专、技校43%
	大专或本科41%	大专或本科37%
	硕士及以上14%	硕士及以上8%
家庭年收入	3000元及以下7%	3000元及以下13%
	3001—5000元9%	3001—5000元11%
	5001—10000元12%	5001—10000元17%
	10001—30000元26%	10001—30000元25%
	30001元—50000元16%	30001元—50000元14%
	50001—100000元17%	50001—100000元11%
	100000元以上13%	100000元以上9%

※为分析方便，本表中所有数据均取四舍五入后的整数。

由表3—6可以看出，性别方面，城镇样本中男性多于女性，而农村样本中则女性较多。从年龄上来看，城镇样本与农村样本的差别不大，但农村受访对象的学历与城镇相比明显偏低。家庭年收入方面，农村样本与城镇样本的众数均为年收入10001—30000元，但单独来看家庭年收入在5000元以下的农村样本要多于城镇，而家庭年收入在5000元以上时，城镇样本的比例明显大于农村样本。

1. 我国城乡居民收入情况的交叉分析

经济的发展带动了居民生活水平的提高，而衡量生活水平的最重要因素之一就是收入。本研究将家庭居住地为省会城镇、地级城镇与县级城镇的居民样本合并为城镇居民，将居住地为城镇和农村的居民样本合并为农村居民。由此，居住地在城镇的被访者与居住地在农村的受访者的家庭年收入的统计情况如图 3—7 所示。

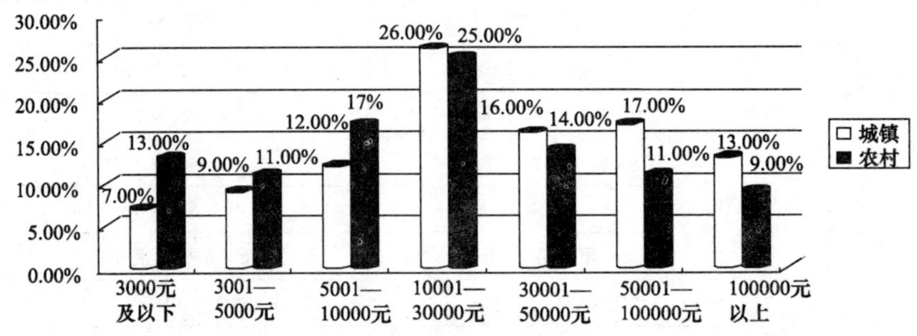

图 3—7　城镇被访者与农村的受访者的家庭年收入

由图 3—7 可以看出，被访对象中居住地为农村的居民其年收入的众数为 10001—30000 元，居住地为城镇的居民年收入的众数也为 10001—30000 元。但是年收入在 10000 元及以下的农村家庭比例明显比城镇高，而年收入在 30000 元以上的城镇家庭则远高于农村家庭。居住地为城镇的居民年收入在 3000 元及以下的人数要比农村居民少。从收入的总体情况来看，城乡居民的收入差异较明显，城镇居民的收入明显多于农村居民。

2. 我国城乡居民住房消费观念的交叉分析

分析发现，居民的住房面积的众数依城乡不同而有所区别（卡方为 33.513，自由度为 20，显著度为 0.030，$p<0.05$）。居住地区为农村的居民住宅面积的众数为 101—120 平方米（26%），住宅面积在 20 平方米及以下（2%）的与在 21—60 平方米（5%）的群体均很少，而城镇居民住宅面积众数为 61—80 平方米（25.5%）。这或许与城镇用地紧张以及房价过高有关，虽然在居住面积上有所不同，但大部分城镇与农村的被访者在住房消费观念方面趋于一致，见表 3—6。

表 3—6　　城乡居民住房消费观念的交叉分析

住房观念＼区域	城镇	农村
满足基本需要	12%	13.3%
面积越大越好，代表身份	4.3%	6.4%
买房是一种投资	20.7%	12.3%
有了房子才有家的感觉	47.9%	50.5%
让你更好地享受生活	16.1%	17.5%

由表 3—6 可以看出，城镇居民与农村居民在住房观念上趋于一致，绝大多数城乡居民都认为“有了房子才有家的感觉”，但在“买房是一种投资”上，二者有较大差异，城镇居民对这种观念的赞同度高于农村居民。总的来说，在住房观念上，农村与城镇居民都是以实用为主，“满足基本需要”、“有家的感觉”等，奢侈主义化的“面积越大越好”并不被城乡居民赞同，这说明现阶段不论城镇居民还是农村居民，在住房观念上主要还是以实用为主，城镇居民的投资倾向略高于农村居民。

3. 我国城乡居民食品消费观念的交叉分析

我国城乡居民的食品消费观念情况如表 3—7 所示。

表 3—7　　城乡居民食品消费观念的交叉分析

食品观念＼区域	城镇	农村
吃饱就行	12%	18.1%
营养健康	62.3%	58.1%
方便省事	14.2%	18%
生活品位	1.3%	0.2%
满足新奇	10.2%	5.5%

不论从哪个角度看，饮食的“营养健康”都是我国城乡居民共同追

求的目标。近六成的农村居民与六成多的城镇居民都认为饮食应该营养健康，这说明食品的营养是城乡居民饮食消费中最优先考虑的因素。从传统的“吃饱就好”仅受到少数居民的认可可以看出，不论是城镇居民还是农村居民，在饮食消费观念方面都实现了由“吃饱”向“吃好”的转变。极少数城乡居民将食品消费上升到生活品位的高度说明，符号消费等消费主义化的倾向在食品消费领域虽有苗头，但表现不明显。

4. 我国城乡居民衣着消费观念的交叉分析

表 3—8　　城乡居民衣着消费观念的交叉分析

衣着观念＼区域	城镇	农村
实用	7.8%	16.3%
价格合适	23.6%	25.5%
休闲舒适	13.7%	13.6%
体现个性	35.7%	20.6%
新颖时尚	9.5%	5%
品牌	9.6%	5.5%

从表 3—8 可以看出，在衣着方面，农村居民对“实用”的消费观念赞同度明显高于城镇居民，农村居民在衣着方面最支持的是“价格合适”，而城镇居民是体现个性。此外，在对新颖时尚与品牌的追求上，城镇居民也高于农村居民。这体现了二者消费观念的差异，农村居民重价格，而城镇居民则较多地看重具有消费主义特征的符号与品牌意义。

5. 我国城乡居民交通消费观念的交叉分析

我国城乡居民对于购买私家车等交通工具的看法如表 3—9 所示。

表 3—9　　城乡居民交通消费观念的交叉分析

购车动机＼区域	农村	城镇
代步工具	3.2%	2.1%
方便实用	5.6%	3.2%
价格合理	35.6%	23.7%
享受生活	27%	43%
体现身份	20.7%	21.3%
财富象征	1.9%	2.7%
其他	6%	4%

如表 3—9 所示，在购买交通工具方面，城镇居民对享受生活方面考虑得更多，而农村居民则更多地考虑价格合理。交通工具在实用性上来讲，本就是代步工具，但只有极少数城镇与农村居民认为其购买交通工具的出发点是代步工具，相反却有两成多的城镇与农村居民将其视为体现身份的象征而购买。可见在交通工具方面，传统的实用观念在城镇与农村都发生了变化，城乡居民开始注重交通工具所被赋予的符号价值，在交通工具的消费上，他们开始具有消费主义化的消费倾向。

6. 我国城乡居民家庭设备消费观念的交叉分析

本调查中的家庭设备主要是指彩电、空调、冰箱等家用电器与沙发、组合家具等家居用品，二者都属于家庭耐用消费品，为统计方便将其统称为家庭设备。

表 3—10　　城乡居民家庭设备消费观念的交叉分析

家庭设备观念＼区域	城镇	农村
凑合着用	0.2%	0.3%
实用耐用	19.7%	33.7%
价格合适	20.5%	37%
新颖时尚	39.3%	20%
名牌	15%	8.7%
越高档越好	0.8%	0.1%

从表3—10可以看出，在家庭设备消费方面，农村居民考虑更多的是价格合适，城镇居民考虑更多的是新颖时尚，对于节俭与奢侈消费的两个极端即“凑合着用”与“越高档越好”的赞同人数都较少。从数据中可以获知，与农村居民相比，城镇居民在家庭设备的消费方面更注重品牌与时尚，消费主义化倾向较为明显。农村居民虽然仍考虑价格与实用，但赞同新颖时尚与品牌的人也不在少数，这说明农村居民在家庭设备的消费方面具有向现代消费过渡的倾向。

7. 我国城乡居民医疗保健消费观念的交叉分析

表3—11　　城乡居民医疗保健消费观念的交叉分析

区域 医疗保健观念	城镇	农村
日常看病	23%	20%
住院治疗	0.1%	0.1%
农村合作医疗	1%	80%
城镇医疗保险	83%	0.9%
商业医疗保险	2%	1%
公费医疗	0.9%	0.1%
体检	0.1%	0
营养保健品	0.13%	0
美容按摩等	0.01%	0

注：因此部分问卷中的问题属于范围性选择题，故数据会出现大于100%的情况。

如表3—11所示，在医疗保健支出方面，八成以上的农村与城镇居民参与了合作医疗或医疗保险，他们的绝大部分医疗保健支出在日常看病与合作医疗、医疗保险方面，极少有人在此项支出中购买营养保健品和进行美容按摩消费。这一方面反映了我国城乡的绝大多数居民受益于国家的政策，都参与了合作医疗与医疗保险，另一方面也说明我国居民的医疗保健观念仍停留在有病治病的传统思路上，而没有向无病健身的保健方向迈进。

8. 我国城乡居民通信消费观念的交叉分析

表 3—12　　城乡居民通信消费观念的交叉分析

拥有通信工具＼区域	城镇	农村
固定电话	65%	60%
手机	83%	75%
网络	73%	57%
传真	1.3%	0.1%

由表 3—12 可知，在拥有的通信工具方面，我国城乡居民间没有显著的差异，农村与城镇居民拥有网络与手机的比例差别不大，在传真的拥有方面，二者都很少，但城镇居民稍多于农村居民。通信工具的普及说明随着信息技术的发展与通信网络的完善，手机与网络不再以其初现时的奢侈品形象示人，而是走入“寻常百姓家”，逐渐成为生活必备品。在通信费用方面，月消费 50—100 元通信费的城镇与农村居民均超过五成，考虑到目前较大众化的手机套餐大约为每月 30 元，我们可以认为月消费通信费为 50—100 元的城乡居民的通信工具利用频率较高，有的可能还开通了其他增值功能。

由此调查数据也可以看出，随着技术进步与人们生活水平的提高，手机与网络等通信工具对我国的城乡居民都产生了普惠效果，但与农村居民相比，城镇居民受惠更多。

9. 我国城乡居民文化娱乐与教育消费观念的交叉分析

表 3—13　　城乡居民文化娱乐消费观念的交叉分析

文化娱乐方式＼区域	城镇	农村
看电视	32%	37.9%
上网	39%	33%
亲朋聚会	1.2%	1.5%

续表

文化娱乐方式＼区域	城镇	农村
看电影、戏剧、听音乐会	52%	49.3%
体育健身、棋牌娱乐	10.5%	12%
去博物馆、图书馆	13.5%	1.7%
旅游	25.3%	9.2%
逛街、逛公园	1.2%	0.3%
琴棋书画	1.1%	0.8%

注：因此部分问卷中的问题属于范围性选择题，故数据会出现大于100%的情况。

由表3—13可以看出，在看电视，上网，亲朋聚会，看电影、戏剧、听音乐会，体育健身、棋牌娱乐，逛街、逛公园与琴棋书画方面，城镇居民与农村居民的差别均不大，但在去博物馆、图书馆与旅游方面，城镇居民要明显多于农村居民，这是由于博物馆、图书馆等大众文化设施本来就建在城镇，与农村居民相比，城镇居民能够更加便利地使用这些设施。由于不具有地理上的接近性，所以农村居民较少光顾这些场所。而旅游往往需要一定的经济基础做后盾，城乡居民在经济收入与观念上的差距也使选择旅游作为娱乐活动的农村居民少于城镇居民。

在教育投资方面，城乡居民的侧重点也有较大差异。具体如表3—14所示。

表3—14　　城乡居民教育投资的交叉分析

教育投资方向＼区域	城镇	农村
提升自我	37%	23%
子女基础教育	45%	20%
子女特长教育	30%	27%
课外辅导	25%	20%
其他	5%	12%

在教育投资方面，城镇居民在子女教育上投资较多，而农村居民则在子女特长教育上投入较多。城镇居民在子女基础教育投资上高于农村居民25个百分点，这可能是由于农村义务教育免费为许多农村家庭减轻了负担。同时，不论城镇居民还是农村居民，都开始重视子女特长教育与课外辅导，而且在提升自我的投资上，农村与城镇居民均占两成以上，体现了他们对自我发展的重视，这属于为未来而消费。

（二）我国东西部地区居民基本消费的交叉分析

对于我国东部与西部地区所指的具体省份目前并未有统一的意见，参考1997年国家计划委员会等对东西部的划分依据，将最早实行沿海开放政策并且经济发展水平较高的省市划分为东部地区，将经济欠发达的西部省份作为西部地区。具体来说，在本研究中的东部地区包括北京、天津、河北、辽宁、上海、江苏、浙江、福建、山东、广东与海南等省（市），西部地区包括四川、贵州、云南、西藏、陕西、甘肃、青海、宁夏与新疆等省（自治区）。[①]

为了便于分析，本研究选取广东省作为东部地区的代表，选取甘肃省作为西部地区的代表。广东省位于南岭以南、南海之滨，是我国改革开放的前沿，广东GDP 2010年已超越台湾，被誉为中国经济最发达、文化最开放的省份。甘肃省位于黄河中、上游，居西北内陆，人均国内生产总值居全国倒数第二位，是西部欠发达地区的典型代表。

样本库中共有广东样本612个，甘肃样本663个。在第六次全国人口普查中，广东省共有8500万常住人口，甘肃省共有2557万常住人口，前者约为后者的3倍，据此，从总样本中随机抽出居住地为广东的样本600个和居住地为甘肃的样本200个，共800个样本，样本分布特征如表3—15所示。

① 参见http：//zhidao. baidu. com/question/52428347. html。

表 3—15　**样本分布特征**※

样本分布＼区域	东部地区（广东）	西部地区（甘肃）
性别	男性 48%	男性 51%
	女性 52%	女性 49%
年龄	15—25 岁 20%	15—25 岁 18%
	26—35 岁 42%	26—35 岁 43%
	36—45 岁 23%	36—45 岁 21%
	46—59 岁 13%	46—59 岁 15%
	60 岁及以上 2%	60 岁及以上 3%
学历	初中及以下 12%	初中及以下 14%
	高中、中专、技校 39%	高中、中专、技校 43%
	大专或本科 43%	大专或本科 39%
	硕士及以上 6%	硕士及以上 4%
家庭年收入	3000 元及以下 10%	3000 元及以下 18%
	3001—5000 元 7%	3001—5000 元 12%
	5001—10000 元 17%	5001—10000 元 14%
	10001—30000 元 28%	10001—30000 元 24%
	30001 元—50000 元 18%	30001 元—50000 元 16%
	50001—100000 元 12%	50001—100000 元 10%
	100000 元以上 8%	100000 元以上 6%

※为分析方便，本表中所有数据均取四舍五入后的整数。

从对样本分布特征的分析中可以看出东部地区样本中女性比例稍高于男性，西部地区则男性比例较高。西部地区学历在中专及以下的样本比例高于东部地区，东部地区样本中本科与研究生学历较多。家庭年收入 5000 元以下的西部地区居民比例高于东部地区，不论是东部地区还是西部地区二者样本中的家庭年收入众数都为家庭年收入 10001—30000 元的群体。

1. 我国东西部地区居民收入情况的交叉分析

东西部之间的差距，除地理因素之外，主要就是在经济发展水平方面。

从图 3—8 中各收入段的数据可以看出，东西部地区居民月收入的众

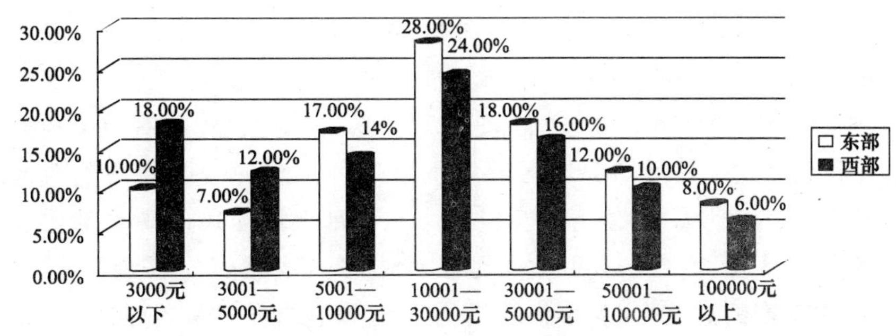

图 3—8　东西部地区居民收入情况

数均为月收入 10001—30000 元的群体。家庭年收入在 5000 元以下的西部地区居民比例高于东部地区，但是以年收入 5000 元为分界线，家庭年收入在 5001 元以上的东部地区居民比例明显比西部高。从收入的总体情况来看，我国东西部地区居民的家庭年收入差异较明显，东部地区居民家庭年收入明显高于西部居民。

2. 我国东西部地区居民住房消费观念的交叉分析

数据分析发现，居民住房面积的众数依东西部区域不同而有所区别（卡方为 34.339，自由度为 20，显著度为 0.025，$p < 0.05$）。西部地区居民住宅面积的众数为 101—120 平方米（23.5%），20 平方米及以下（3.4%）与 21—60 平方米（6.7%）的群体均很少，而东部地区居民住宅面积众数为 61—80 平方米（26.3%）。东西部地区居民在住宅面积方面也有较为显著的不同，尽管如此，东西部地区居民还是具有趋于一致的住房消费观念的。

表 3—16　　　　东西部地区居民住房消费观念的交叉分析

区域 / 住房观念	东部	西部
满足基本需要	11.9%	14.1%
面积越大越好，代表身份	5.7%	5.1%
买房是一种投资	19.2%	14.9%
有了房子才有家的感觉	49.7%	52.3%
能让你更好地享受生活	13.7%	13.6%

由表3—16可以看出，东西部地区居民在住房观念上的观点趋于一致，分歧不大。近半数东部居民与五成多西部居民都赞同“有了房子才有家的感觉”。二者最大分歧也只是在“买房是一种投资”观点上相差近5个百分点，数据显示东部地区的居民对这种观念的赞同度高于西部地区居民。总的来说，在住房观念方面，东西部地区居民的观念都比较现实，都是以实用为主，这主要体现在对住房“满足基本需要”与“有了房子才有家的感觉”等观点的赞同上，具有奢侈主义倾向的“面积越大越好”的观点并不被东西部地区居民赞同，这说明不论东部地区居民还是西部地区居民，在住房观念上主要还是以满足生存需要的实用为主，但也有一些奢侈消费的苗头在住房消费观念领域出现。

3. 我国东西部地区居民食品消费观念的交叉分析

我国东西部地区居民的食品消费观念情况如表3—17所示。

表3—17　　东西部地区居民食品消费观念的交叉分析

区域 食品观念	东部	西部
吃饱就行	13%	15.3%
营养健康	64.9%	62.3%
方便省事	12.9%	15%
生活品位	1.2%	0.5%
满足新奇	8%	6.9%

饮食“营养健康”是我国东西部地区绝大多数居民所赞同的食品消费观念。数据显示，六成以上的东西部地区居民认为饮食应该营养健康，这说明食品的营养是我国东西部地区居民在饮食消费中所优先考虑的因素，“吃饱就好”的传统消费观念仅受到少数居民的认可，这反映不论是东部地区居民还是西部地区居民，在饮食消费观念方面都实现了由“吃饱”向“吃好”的转变，这也说明东西部地区居民在食品消费方面已经走出了生存型消费的阶段，而进入了注重自身享受与发展的阶段。同时，也有极少数居民在生活品位的层面进行食品消费，这表明符号消费等消费主义化的倾向在食品消费领域已经有一定的苗头。

4. 我国东西部地区居民衣着消费观念的交叉分析

表 3—18　　东西部地区居民衣着消费观念的交叉分析

区域 衣着观念	东部	西部
实用	6.9%	15.1%
价格合适	25.2%	37.3%
休闲舒适	15.2%	17.3%
体现个性	37.9%	21.1%
新颖时尚	6%	4.2%
品牌	8.8%	5%

由表 3—18 可以看出，在衣着方面，东西部地区居民之间的消费观念还是存在差异的，西部地区居民对“实用”与“价格合适”消费观念的赞同度明显高于东部地区居民。西部地区居民在衣着方面最赞成的消费观念是“价格合适”，而“体现个性”则是东部地区居民较为赞同的观念。此外，东部地区居民对“新颖时尚”与“品牌”的赞同度也高于西部地区居民。

总的来说，东西部地区居民在衣着方面的消费观念差异较为明显，西部地区居民对于价格与实用性等传统消费观念因素较为赞同，而东部地区居民则较多地看重具有消费主义特征的符号与品牌意义，其在衣着消费方面的现代与后现代消费观念特征较明显。

5. 我国东西部地区居民交通消费观念的交叉分析

我国东西部地区居民对于购买私家车等交通工具的看法如表 3—19 所示。

表 3—19　　东西部地区居民交通消费观念的交叉分析

区域 购车动机	东部	西部
代步工具	3.1%	17.9%
方便实用	9.3%	15.6%

续表

购车动机＼区域	东部	西部
价格合理	15.1%	29.6%
享受生活	39%	19.4%
体现身份	29.3%	16.9%
财富象征	4%	1.5%
其他	0.2%	0.1%

如表3—19所示，我国东部地区居民在交通消费方面对“享受生活”考虑得更多，而影响西部地区居民购买的最重要因素是价格是否合理。从实用性上来说，交通工具本就是代步工具，但只有少数东西部地区居民将“代步工具”作为其购买交通工具的出发点，相反却有近三成的东部地区居民与近两成的西部地区居民将“体现身份”作为其购买交通工具的初衷。从代步工具到享受生活与体现身份的变迁，可以看出传统的实用观念在我国东西部都发生了变化，东西部居民开始注重交通工具所赋予的符号价值，在交通工具的消费上，他们开始具有消费主义化的消费倾向。从以上数据中也可以看出，东部地区居民的消费主义倾向要高于西部地区。另外，赞同购买交通工具是为了享受生活的东西部地区居民比例也不少，这反映我国东西部地区居民的消费已经开始进入享受与发展阶段，但具体来说东部地区居民享受与发展消费的倾向更明显。

6. 我国东西部地区居民家庭设备消费观念的交叉分析

如前所述，本调查中的家庭设备主要是指彩电、空调、冰箱等家用电器与沙发、组合家具等家居用品，二者都属于家庭耐用消费品，为统计方便将其统称为家庭设备。

表3—20　　东西部地区居民家庭设备消费观念的交叉分析

家庭设备观念＼区域	东部	西部
凑合着用	0.2%	0.5%
实用耐用	21.9%	30.3%

续表

家庭设备观念 \ 区域	东部	西部
价格合适	23.1%	35%
新颖时尚	37.6%	25%
名牌	20%	8.8%
越高档越好	1.2%	0.3%

如表3—20所示，在家庭设备消费方面，西部地区居民考虑更多的是价格是否合适，而东部地区居民则较重视款式的新颖时尚，对“凑合着用”与“越高档越好”观点的赞同人数都较少。从数据中可以获知，与西部地区居民相比，东部地区居民在家庭设备消费方面注重品牌与时尚的消费主义倾向较明显。从数据看，尽管东西部地区居民在家庭设备消费方面都呈现出一定的现代与后现代消费倾向，但东部地区居民消费的现代与后现代倾向要高于西部地区居民，西部地区居民消费中的传统倾向高于东部地区居民。

7. 我国东西部地区居民医疗保健消费观念的交叉分析

表3—21　　东西部地区居民医疗保健消费观念的交叉分析

医疗保健领域 \ 区域	东部	西部
日常看病	17%	20%
住院治疗	0.25%	0.2%
农村合作医疗	50%	67%
城镇医疗保险	45%	40%
商业医疗保险	3%	1%
公费医疗	0.7%	0.3%
体检	0.16%	0.12%
营养保健品	0.25%	0.1%
美容按摩等	0.21%	0.1%

由表3—21的数据可知，在医疗保健支出方面，绝大多数东部与西部

地区居民都参与了合作医疗或城镇医疗保险，不管是东部居民还是西部居民，他们在这一领域的主要支出都集中在日常看病与缴纳医疗保险方面。相当少的居民参加体检、购买营养保健品与进行美容按摩，虽然东部与西部居民在这几个方面进行支出的都较少，但东部地区居民的比例仍然高于西部地区居民。这一方面反映我国城乡的绝大多数居民都参与了合作医疗与医疗保险，受益于国家的政策，但另一方面也体现不管是经济发达的东部地区还是经济欠发达的西部地区，我国居民的医疗卫生消费观念仍停留在有病治病的传统思路上，而没有向无病健身的保健方向迈进。从生存需要论角度看，我国居民在这一领域的消费仍是以维持生命与生存为主，尚没有开始向为了自身的享受与发展迈进，消费观念仍具有一定的传统性。

8. 我国东西部地区居民通信消费观念的交叉分析

表 3—22　　东西部地区居民通信消费观念的交叉分析

区域 / 拥有通信工具	东部	西部
固定电话	68%	65%
手机	91%	86%
网络	79%	67%
传真	2%	0.5%

由表 3—22 可知，我国东西部地区的绝大多数居民都拥有固定电话、手机与网络，东部地区居民对这些通信工具的拥有量多于西部地区居民。虽然二者拥有传真的比例都较少，但东部地区居民的拥有比例高于西部地区居民。在手机等通信工具日益普及的时代，东西部居民在通信器材上的拥有量差异不仅体现了经济水平的差异，或许这更与消费观念或人际交往的空间距离等因素有关，这需要后续实证访谈的进一步研究与探讨。

通信费用方面，东部地区居民通信费用的众数为月消费 100—200 元（43.7%），西部地区居民的通信费用众数为月消费 50—100 元（47.9%），考虑到目前较大众化的手机套餐大约为 30 元/月，可以认为月消费通信费在50元以上居民的通信工具利用频率较高，月消费在100元以上的居民可能还开通了其他增值功能。

总的来说，技术进步与生活水平的提高使得手机、网络等通信互联工具在东西部地区居民间普及，这对二者都产生了普惠效果，但从数据来看东部地区居民较西部地区居民受惠更多。手机等通信工具在媒介与资讯爆炸的当代，不再仅以其工具性示人，他们自身也成了传播媒介的一部分，他们使资讯与观念能更为精确、快捷地抵达更多的人，通信工具在东西部地区居民间的普及或许能为居民消费观念的异同分析提供一些线索。

9. 我国东西部地区居民文化娱乐与教育消费观念的交叉分析

表3—23　东西部地区居民文化娱乐消费观念的交叉分析

区域 文化娱乐方式	东部	西部
看电视	49%	55%
上网	40%	37%
亲朋聚会	2.3%	1.7%
看电影、戏剧、听音乐会	42.3%	38.1%
体育健身、棋牌娱乐	15%	17%
去博物馆、图书馆	10.1%	5.9%
旅游	32.7%	19.9%
逛街、逛公园	1.5%	1.3%
琴棋书画	2.1%	1.6%

文化娱乐消费属于享受与发展消费，总的来看，表3—23所示的东西部地区居民的文化娱乐方式具有趋同性，两地居民在各种文化娱乐方式的选择方面差别均不大，从具体的文化娱乐方式来看，传统的琴棋书画逐渐让位于看电视、电影等现代娱乐方式，文化娱乐消费的现代与后现代倾向明显。绝大多数居民的文化娱乐活动主要集中在看电视、上网与看电影、看戏剧、听音乐会方面，选择去博物馆、图书馆与琴棋书画的居民均不多。具体来说，在各种文化娱乐方式中，东西部居民之间还是有一些差异，差异较大的主要在看电视、旅游与去博物馆、图书馆等娱乐方式方面，选择

看电视作为文化娱乐方式的东部居民要少于西部居民，而对于后两种文化娱乐方式的选择，则是东部地区居民的比例居上。

在教育投资方面，我国东西部地区居民的侧重点也有差异。具体如表3—24所示。

表3—24　　东西部地区居民教育投资的交叉分析

投资方向＼区域	东部	西部
提升自我	42%	35%
子女基础教育	37%	34%
子女特长教育	27%	25%
课外辅导	23%	21%
其他	3%	2%

教育消费属于发展消费。在教育消费方面，东西部地区居民之间的差异不大，东西部地区居民都将提升自我与子女基础教育作为教育投资的主要方面，从量上看，东部地区居民在子女基础教育与特长教育上的投入均稍多于西部地区居民。

四　我国城乡居民消费文化观念分析

（一）我国城乡居民消费文化观念分布

1. 现期消费与未来消费

现期消费是指重视当下的一种消费观念，未来消费可以理解为重视未来的一种消费观。由于表征现期消费与未来消费的因子较多，为了分析方便，仅抽出“收入一般要考虑储蓄再考虑消费”作为现期消费的代表指标，抽出“在教育和文化方面要舍得花钱，这可以提高人的素质和发展潜力”作为未来消费的代表指标，通过其在城乡、性别、年龄、文化程度、收入与职业中的存在情况进行统计，用表3—25、表3—26表示如下。

表 3—25　　现期消费的相关度检测

分类	卡方（X^2）	显著度（Sig）	检验值（P）
在城乡的分布	5.565	0.313	P>0.05
在不同性别的分布	5.331	0.337	P>0.05
在不同年龄的分布	33.521	0.021	P<0.05
在不同文化程度的分布	25.336	0.561	P>0.05
在不同收入的分布	21.744	0.365	P>0.05
在不同职业中的分布	22.330	0.431	P>0.05

表 3—26　　未来消费的相关度检测

分类	卡方（X^2）	显著度（Sig）	检验值（P）
在城乡的分布	5.376	0.303	P>0.05
在不同性别的分布	5.266	0.295	P>0.05
在不同年龄的分布	35.511	0.015	P<0.05
不同文化程度的分布	22.379	0.374	P>0.05
在不同收入的分布	20.976	0.327	P>0.05
在不同职业中的分布	21.300	0.433	P>0.05

由以上的卡方检验可知，现期消费观与未来消费观在城乡、不同性别、不同文化程度、收入与职业中的分布并不存在明显的差别，但在不同年龄层中具有明显的差别。

为了比较各个年龄层对于现期与未来消费的态度，将现期消费的代表指标中每项态度赋予不同的数值，通过得分情况来观察节俭消费观在各年龄层次中的存在情况，赋“完全同意”为5，“基本同意”为4，“一定程度上同意”为3，“基本不同意”为2，“完全不同意”为1，计算后各年龄段所得平均数值如表 3—27 所示。

表3—27　　　　　　　现期消费在不同年龄层的分布

年龄段	平均数	排序
15—25岁	3.88	4
26—35岁	3.81	5
36—45岁	3.90	3
46—59岁	4.02	2
60岁及以上	4.40	1

由表3—27可知，在26—35岁年龄段的群体对于现期消费观的认同度较低，而随着年龄增长，对现期消费观的认同感越来越强，60岁以上的群体对于该种消费观的认同感最强。当然，这并不是说该群体的每一个人都认同该种观念，更不是说认同该观念的群体都仅具有这一种观念，社会现实多种多样，人们对于现实的反映也不会只有一种，通过以上的计数方法，我们只是可以看出哪种观念在该类群体中占的比例稍大些，稍微主流一些，并不能断言这就是该群体唯一的消费文化观念类型。

2. 仪式化消费与日常化消费

仪式化消费是带有神圣性质的消费，它往往以人或事件为主体，程序化、象征化是其主要特征。具体到我国现实来说，婚丧嫁娶要办得风光、有档次，在亲友面前才有面子；消费时“讲排场”才能够得到周围人的尊重和认可是此种观念的主要特征。这种观念由传统消费观中的礼教消费发展而来。通俗来说，这也就是中国人的“面子”问题，在这种思想的指导下，中国人在外人面前，特别是在人际关系的营造方面，通常以消费品的高档来显示主人的优越和大度。当代的仪式化消费，其实是中国传统的礼教消费、面子消费的延续。因此，从某种程度上来说，仪式消费观亦是一种中国传统的消费观。

通过对代表指标的提取，以“婚丧嫁娶要办得风光、有档次，在亲友面前才有面子”作为仪式消费的代表指标，然后考察仪式消费在城乡、性别、年龄、职业、文化程度与收入背景中的存在情况，结果如表3—28所示。

表 3—28　　　　　　　　　**仪式消费相关度检测**

分类	卡方（X^2）	显著度（Sig）	检验值（P）
在城乡的分布	4.550	0.371	$P>0.05$
在不同性别的分布	6.379	0.013	$P<0.05$
在不同年龄的分布	23.170	0.744	$P>0.05$
不同文化程度的分布	26.130	0.765	$P>0.05$
在不同收入的分布	25.163	0.634	$P>0.05$
在不同职业中的分布	21.021	0.533	$P>0.05$

通过表 3—28 的检验可知，仪式消费观在城乡、不同年龄、不同文化程度、不同收入与不同职业的群体中的分布没有差别，但在不同性别群体中的分布存在差别，下面用赋值法对其进行进一步的检验。

表 3—29　　　　　　　　**仪式消费在不同性别中的分布**

性别	完全同意	基本同意	一定程度上同意	基本不同意	完全不同意	平均数
男 1357	214	256	601	156	130	3.80
	15.77%	18.87%	44.29%	11.50%	9.58%	
女 1207	144	152	439	307	165	3.03
	11.93%	12.59%	36.37%	25.43%	13.67%	

由表 3—29 可以看出，仪式消费在不同性别之间的分布有较明显的差别，从量上来看，仪式消费观在男性群体中所占比重比女性群体中高很多，说明在男性群体中，婚丧嫁娶时考虑面子、会把仪式办得隆重的人较多。

3. 奢侈消费与节俭消费

奢侈与节俭，作为一种消费行为与观念，从字面意思来讲，并没有优劣、好坏之分。但在传统中，奢侈总是与“骄奢淫逸”等贬义词同时出现，而节俭则是与“艰苦奋斗”、“勤俭持家”等褒义词连用，从字里行间，不难看出在我国传统文化中二者的地位悬殊。虽然节俭是一种被提倡的消费行为与观念，但奢侈消费则与节俭消费一直共存。奢侈消费观念具体表现在两个方面：一是高档消费能够显示和证明个人的成就与地位；二是认为人活着就应该尽情消费，充分享受生活。节俭消费则认为要量入为出，适度消费。

通过代表指标的提取，选择“人活着就应该尽情消费，充分享受生活”作为这种消费观的代表指标，分别考察享受型消费观在城乡、性别、年龄、职业、文化程度与收入背景中的存在情况进行统计，结果如表3—30所示。

表3—30　　奢侈消费相关度检测

分类	卡方（X^2）	显著度（Sig）	检验值（P）
在城乡的分布	3.790	0.258	P＞0.05
不同性别的分布	4.013	0.367	P＞0.05
不同年龄的分布	47.937.	0.000	P＜0.05
不同文化程度的分布	55.230	0.000	P＜0.05
不同收入的分布	67.821	0.000	P＜0.05
在不同职业中的分布	19.715	0.372	P＞0.05

由上述的分析可以看出，奢侈消费观在城乡、不同性别与不同职业中均没有明显差异，而在不同年龄、不同文化程度与不同收入中则有显著差别。

表3—31　　奢侈消费观在不同年龄的分布

年龄段	平均数
15—25岁	2.86
26—35岁	4.90
36—45岁	3.01
46—59岁	3.56
60岁及以上	2.50

表 3—32　　奢侈消费观在不同文化程度的分布

文化程度	平均数
初中及以下	4.36
高中中专技校	4.21
大专或本科	3.30
研究生及以上	3.09

由表 3—31 可以看出，奢侈消费在 26—35 岁年龄段中分布最多，60 岁及以上年龄段的群体对这种消费观不太认同。在不同文化程度中，对奢侈消费观的认同程度与被访者的文化程度成反比，初中及以下文化程度的人对这项消费观最赞成，研究生及以上文化程度的群体则对这一观念的认同程度较低，这或许表明文化程度较高的人可以有更多的自我展示，并不一定要通过奢侈消费来体现自我。

表 3—33　　奢侈消费观在不同家庭年收入中的分布

家庭年收入	平均数
3000 元及以下	2.30
3001—5000 元	2.29
5001—10000 元	2.40
10001—30000 元	2.93
30001—50000 元	3.40
50001—100000 元	3.67
100000 元以上	4.03

家庭是人温暖的港湾。在讨论消费观念时，我们选择家庭年收入作为收入参考，避免了只讨论个人月收入的不精确，毕竟中国与西方不同，中国人在消费上更会参考自己家庭的实际情况，而非仅根据自己的个人收入情况进行消费。从表 3—33 的数据中可以看出，对奢侈消费观的赞同程度大致上与家庭年收入情况相同，家庭年收入为 3001—5000 元的居民对该种观念的认可程度最低，家庭年收入在 30000 元以下的群体对享受型消费观念的认可程度都较低，认可程度最高的是家庭年收入在 100000 元以上的群体。

通过上述方法对节俭消费观念的代表指标“要量入为出，适度消费”与年龄、文化程度与收入进行相关度检测，结果显示节俭消费观念与年龄呈正相关关系，即年龄越大越赞同节俭消费。

4. 消费等级化与消费平等

等级与平等具有较强的政治色彩。消费等级化是因差异而产生的高下之别，在社会中可以理解为阶级或阶层。消费平等则带有民主色彩，不仅指物质上的对等，也指精神上的对等。

通过代表指标的提取，选择“消费上没有高低贵贱之分”作为消费平等的典型指标，选择“在日常消费中，一般会选择与自己身份相符的产品”作为消费等级化的代表指标，它们在被访对象不同的城乡、性别、年龄、职业、文化程度与收入背景中的存在情况用表3—34、表3—35表示如下。

表3—34　　消费等级化分布情况

分类	卡方（X^2）	显著度（Sig）	检验值（P）
在城乡的分布	3.234	0.014	$P<0.05$
不同性别的分布	7.717	0.326	$P>0.05$
在不同年龄的分布	36.592	0.459	$P>0.05$
不同文化程度的分布	39.496	0.433	$P>0.05$
在不同收入的分布	43.334	0.568	$P>0.05$
在不同职业中的分布	42.450	0.455	$P>0.05$

表3—35　　消费平等分布状况

分类	卡方（X^2）	显著度（Sig）	检验值（P）
在城乡的分布	3.331	0.012	$P<0.05$
不同性别的分布	8.596	0.526	$P>0.05$
在不同年龄的分布	34.693	0.561	$P>0.05$
不同文化程度的分布	33.349	0.339	$P>0.05$
在不同收入的分布	42.121	0.221	$P>0.05$
在不同职业中的分布	42.796	0.500	$P>0.05$

如表 3—34、表 3—35 所示，检验后可知等级与平等消费在不同性别、不同年龄、不同文化程度、不同收入与不同职业群体中的分布均没有明显差别，但在城乡群体之间存在差别。

赋值后的计算数据显示，等级消费在城镇群体（3.85）中的认同度要远高于农村群体（2.30），这说明等级消费观在城镇的普及程度要比农村高。平等消费方面，农村群体（3.7）所得数值则远高于城镇（2.4）。

5. 实用性消费与品牌性消费

简而言之，实用性消费是消费者在消费过程中从物品的功能性与目的性出发，追求物品使用价值的消费。而品牌性消费则是消费者在消费过程中把品牌作为考虑的首要因素。实用性消费主要表现在“购买商品时选择经济实用、物美价廉的商品”方面，品牌消费则主要是“购买商品时主要考虑能彰显自己的生活品位与个性”与“买东西时会选择名牌产品，哪怕贵一点也没关系”。

以“购买商品时选择经济实用、物美价廉的商品”作为实用消费的代表指标，选择“买东西时会选择名牌产品，哪怕贵一点也没关系”作为品牌消费的代表指标，分别考察二者在城乡、不同性别、不同年龄、不同职业、不同文化程度与不同收入中的分布情况如表 3—36、表 3—37 所示。

表 3—36　　实用性消费相关度检测

分类	卡方（X^2）	显著度（Sig）	检验值（P）
在城乡的分布	4.419	0.260	P > 0.05
在不同性别的分布	5.623	0.142	P > 0.05
在不同年龄的分布	27.644.	0.023	P < 0.05
不同文化程度分布	30.064	0.342	P > 0.05
在不同收入的分布	21.749	0.394	P > 0.05
不同职业中的分布	13.916	0.460	P > 0.05

表 3—37　品牌消费相关度检测

分类	卡方（X^2）	显著度（Sig）	检验值（P）
在城乡的分布	4.341	0.240	$P>0.05$
在不同性别的分布	7.621	0.167	$P>0.05$
在不同年龄的分布	26.717	0.015	$P<0.05$
不同文化程度分布	29.744	0.256	$P>0.05$
在不同收入的分布	20.096	0.399	$P>0.05$
不同职业中的分布	19.136	0.432	$P>0.05$

通过列联表检测可知，实用消费与品牌消费在城乡、不同性别、不同文化程度、不同收入与不同职业的群体中均没有明显的差别，但在不同年龄段中，对实用消费与品牌消费的赞同程度有差异，赋值后所得结果如表3—38、表3—39所示。

表 3—38　实用消费在不同年龄段中的分布

不同年龄段	平均数	排序
15—25岁	2.91	4
26—35岁	2.56	5
36—45岁	3.10	3
46—59岁	3.30	2
60岁及以上	3.43	1

表 3—39　品牌消费在不同年龄段中的分布

不同年龄段	平均数	排序
15—25岁	3.29	3
26—35岁	3.35	1
36—45岁	3.31	2
46—59岁	2.91	4
60岁及以上	2.56	5

从表3—38和表3—39的分析可以看出，最推崇实用消费的是年龄在60岁及以上的群体，其次是46—59岁的群体，26—35岁年龄段的人对这

种观念的赞同率最低。而年龄为26—35岁的群体比较赞同品牌消费，其次是年龄为36—45岁的群体，对这种消费观赞同程度最低的是年龄在60岁及以上的群体。

6. 开放消费与保守消费

开放消费更多的是指接受与认可新事物、新物品的程度，主要表现有"经常购买新产品，让自己的生活能跟上潮流而不落伍"与"喜欢购买新产品，让自己的生活不断增加新元素"。保守消费类似于习惯消费或大众化消费，它的主要观点是"消费以习惯为主，不应有更多改变"和"消费只要随大流就好，不要出风头"。

与前面相似，选择"经常购买新产品，让自己的生活能跟上潮流而不落伍"作为开放消费的代表指标，以"消费只要随大流就好，不要出风头"作为保守消费的代表指标，测度出其在城乡、不同性别、不同年龄层、不同文化程度、不同职业类别以及不同收入中的分布情况如表3—40所示。

表3—40　　开放消费相关度检测

分类	卡方（X^2）	显著度（Sig）	检验值（P）
在城乡的分布	2.972	0.015	$P<0.05$
在不同性别的分布	3.255	0.256	$P>0.05$
在不同年龄的分布	35.423	0.002	$P<0.05$
不同文化程度的分布	20.322	0.221	$P>0.05$
在不同收入的分布	30.717	0.002	$P<0.05$
在不同职业中的分布	25.767	0.311	$P>0.05$

由表3—40可知，开放消费在居民的性别与不同职业之间无显著差异，而在城乡、不同年龄、不同收入中存在差异，用赋值法得出表3—41、表3—42、表3—43的数据。

表 3—41 开放消费在不同年龄的分布

年龄段	平均数	排序
15—25 岁	3.69	1
26—35 岁	3.40	3
36—45 岁	3.67	2
46—59 岁	2.57	5
60 岁及以上	2.90	4

表 3—42 开放消费在城乡的分布

地域	平均数	排序
城镇	3.20	1
农村	2.69	2

表 3—43 开放消费在不同收入的分布

家庭年收入	3000 元及以下	3001—5000 元	5001—10000 元	10001—30000 元	30001—50000 元	50001—100000 元	100000 元以上
平均数	3.03	3.21	3.10	3.71	3.67	3.72	3.79

由上述表 3—41、表 3—42、表 3—43 的分析可以看出，开放消费最受 15—25 岁年龄段的年轻人推崇，其次是 36—45 岁年龄段的中年人。城镇居民对这种消费的推崇程度高于农村居民，家庭年收入在 10 万元以上的居民较为认可此种消费，其次是家庭年收入为 50001—100000 元的居民，家庭年收入为 3000 元及以下的群体对这种观念的认可程度最低。

表 3—44 保守消费相关度检测

分类	卡方（X^2）	显著度（Sig）	检验值（P）
在城乡的分布	1.902	0.260	$P>0.05$
在不同性别的分布	3.411	0.364	$P>0.05$
在不同年龄的分布	37.912	0.015	$P<0.05$
不同文化程度的分布	45.698	0.000	$P<0.05$
在不同收入的分布	52.301	0.020	$P<0.05$
在不同职业中的分布	19.342	0.516	$P>0.05$

由表3—44的检测可知，保守消费在城乡、不同职业以及不同性别的群体中的分布均没有显著差异，在不同年龄、不同文化程度及不同收入的群体中有较明显的差别。

表3—45 保守消费在不同年龄段的分布

年龄段	平均数
15—25岁	3.09
26—35岁	2.98
36—45岁	3.35
46—59岁	3.46
60岁及以上	3.78

表3—46 保守消费在不同家庭年收入中的分布

家庭年收入	3000元及以下	3001—5000元	5001—10000元	10001—30000元	30001—50000元	50001—100000元	100000元以上
平均数	3.96	3.87	3.69	3.75	3.53	3.45	3.01

从表3—45可以看出，保守消费观在60岁及以上的群体中的认可程度较高，在26—35岁的群体中认可程度较低，大致看来对保守消费观的认可程度是随着年龄的增长而提高的。

从文化程度方面来看（未列表格），文化程度在初中及以下的群体对保守消费观的认可程度较高（3.37），研究生及以上文化程度的群体对大众消费观的认可程度较低（2.83），处于二者之间的分别是高中、中专与技校（3.43）和大专或本科（2.98），从各个群体的平均数可以看出对这种消费观的认同程度基本是随着文化程度的升高而递减的。

从表3—46可以看出，收入方面，保守消费观在家庭年收入3000元及以下的群体中受赞成程度最高，家庭年收入100000元以上的群体对这种消费观的认可程度最低。从数值来看，在家庭年收入这一类别中，人们对这一消费观的赞同程度大致是与家庭年收入数额成反比的。

7. 和谐消费与对立消费

和谐与对立涉及消费伦理的范畴。随着自然资源的日益枯竭与生态环境的日益恶化，人们越来越认识到消费不单单是人的欲望的满足，还应该承担起人与人、人与自然和谐的重任，以促进生态环境与人类社会的可持续健康发展。和谐消费表现在两个方面：购买商品时应当选择绿色、健康、环保的产品；过度消费就是一种浪费，应当尽量减少不必要的浪费。选取“购买商品时应当选择绿色、健康、环保的产品”作为代表指标，然后分别考察绿色消费观在城乡、性别、不同年龄、不同文化程度、不同职业与不同收入中的分布情况，结果如表3—47所示。

表3—47　　和谐消费相关度检测

分类	卡方（X^2）	显著度（Sig）	检验值（P）
在城乡的分布	2.065	0.212	$P > 0.05$
在不同性别的分布	4.526	0.344	$P > 0.05$
在不同年龄的分布	17.920	0.379	$P > 0.05$
在不同文化程度的分布	25.344	0.360	$P > 0.05$
在不同收入的分布	34.447	0.380	$P > 0.05$
在不同职业的分布	19.412	0.165	$P > 0.05$

由表3—47可以看出，和谐消费在城乡、不同性别、不同年龄、不同文化程度、不同收入与不同职业的群体中的分布，均没有明显的差异。

8. 理性消费与感性消费

理性与感性是相对而言的。感性消费是指注重于为自己的某种感觉或心情而消费，理性消费则会全盘考虑。理性消费的主要观点是“消费应该有所节制，如果必须购买，也要物有所值”，感性消费则认为“物质消费本身就是一种快乐和精神享受”。理性消费与受访者的城乡、性别、年龄、文化程度、收入与职业分布的相关检测如表3—48所示。

表 3—48　　理性消费相关度检测

分类	卡方（X^2）	显著度（Sig）	检验值（P）
在城乡的分布	4.636	0.356	$P > 0.05$
在不同性别的分布	4.573	0.399	$P > 0.05$
在不同年龄的分布	27.900	0.020	$P < 0.05$
不同文化程度的分布	35.433	0.015	$P < 0.05$
在不同收入的分布	22.367	0.000	$P < 0.05$
在不同职业中的分布	14.153	0.000	$P < 0.05$

由表 3—48 可知，理性消费在城乡与不同性别群体中的分布没有明显的不同，在不同年龄、不同文化程度、不同收入与不同职业的群体中分布则有较为明显的差距。下面分别对各群体进行赋值，所得结果如表 3—49 所示。

表 3—49　　理性消费在不同年龄段的分布

年龄段	平均数
15—25 岁	3.90
26—35 岁	3.78
36—45 岁	3.85
46—59 岁	3.03
60 岁及以上	3.56

总的来说，理性消费在各年龄段中的分布差别不大，15—25 岁的群体对这种观念的认可度最高，46—59 岁的群体对这种观念的认可程度最低。不同文化程度的群体对于理性消费观的认可程度大致与其文化程度成正比，研究生及以上群体对此种消费观的认同程度最高（3.94），随后依次是大专或本科（3.74）、高中中专技校（3.23）和初中及以下（2.81）文化程度的群体（此部分未列表格）。

表 3—50　　理性消费在不同收入中的分布

家庭年收入	3000 元及以下	3001—5000 元	5001—10000 元	10001—30000 元	30001—50000 元	50001—100000 元	100000 元以上
平均数	3. 94	4. 20	3. 83	3. 32	2. 89	2. 74	2. 78

依据表 3—50 所示的各收入段所得平均数可以看出，家庭年收入为 3001—5000 元的群体对理性消费观的支持度最高，其次是年收入为 3000 元及以下的群体，家庭年收入为 50001—100000 元的群体对此种消费观的支持度最低。

表 3—51　　理性消费在不同职业的分布

职业	平均数	排序
机关、事业单位干部	3. 00	9
企业领导或管理人员	3. 12	8
专业技术人员、教师、医生	3. 23	6
私营或个体劳动者	2. 89	10
工人、商业服务业人员	2. 34	11
一般职员、文员、秘书	3. 62	3
农民或农民工	3. 35	5
军人、武警	3. 20	7
自由职业者	3. 77	2
家庭主妇	3. 42	4
学生	4. 34	1

由于职业类别较多，为了更清晰地看到理性消费观在各职业类别中的差别，我们对表 3—51 的平均数进行了排序，结果显示，学生群体对于发展消费观的认同程度最高，其次是自由职业者群体，私营或个体劳动者群体以及工人、商业服务业群体则分列最后两位。

表 3—52　感性消费的分布情况

分类	卡方（X^2）	显著度（Sig）	检验值（P）
在城乡的分布	3.297	0.303	P > 0.05
在不同性别的分布	4.336	0.256	P > 0.05
在不同年龄的分布	33.290	0.019	P < 0.05
不同文化程度的分布	36.760	0.026	P < 0.05
在不同收入的分布	20.796	0.010	P < 0.05
在不同职业中的分布	13.212	0.019	P > 0.05

由表 3—52 可知，感性消费在城乡与不同性别中的分布没有明显差异，而在不同年龄、不同文化程度、不同收入与不同职业中的分布存在较为明显的差别。进一步的相关分析如表 3—53 所示。

表 3—53　感性消费在不同年龄中的分布

年龄段	平均数
15—25 岁	3.34
26—35 岁	3.64
36—45 岁	3.37
46—59 岁	3.21
60 岁及以上	2.94

由表 3—53 可以看出，年龄为 26—35 岁的群体对感性消费较为支持，其次是年龄为 36—45 岁的群体，60 岁及上的群体对感性消费不太支持。结果显示，中青年群体较为支持感性消费，而老年群体对该种观念的支持程度不高。

表 3—54　感性消费在不同文化程度的分布

文化程度	平均数	排序
初中及以下	3.47	1
高中、中专、技校	3.12	2
大专或本科	2.69	3
研究生及以上	2.43	4

表 3—54 的统计结果显示，感性消费在初中及以下群体中的受支持度最高，其次是高中、中专与技校群体，研究生以上群体对该种观点的支持度最低。

表 3—55　感性消费在不同收入中的分布

家庭年收入	3000 元及以下	3001—5000 元	5001—10000 元	10001—30000 元	30001—50000 元	50001—100000 元	100000 元以上
平均数	2.36	2.89	3.56	4.87	4.36	3.90	4.12

从表 3—55 所示的各收入层所得平均数可以看出，家庭年收入为 10001—30000 元的群体对感性消费的支持度最高，其次是年收入为 30001—50000 元的群体，家庭年收入在 3000 元及以下的群体对此种消费观的支持度最低。

9. 物质消费与精神消费

物质消费是对具体的物的消耗，人类最基础的物质消费是衣食住行的消费。精神消费则与物质消费相对，人们最基础的精神消费是科学教育、文化、卫生方面的消费。物质消费的代表观点是“消费应当满足衣食住行等基本需求”，精神消费的代表因子则是“更注重休闲娱乐等方面的消费，比如旅游、保健、体育等”。抽取二者的代表因子，得出以上两种观点在城乡、性别、年龄、文化程度、收入与职业中的分布情况如表 3—56 所示。

表 3—56　　物质消费的分布情况

分类	卡方（X^2）	显著度（Sig）	检验值（P）
在城乡的分布	2.368	0.021	$P<0.05$
在不同性别的分布	3.296	0.261	$P>0.05$
在不同年龄的分布	29.337	0.161	$P>0.05$
不同文化程度的分布	34.920	0.124	$P>0.05$
在不同收入的分布	22.379	0.033	$P<0.05$
在不同职业中的分布	12.159	0.250	$P>0.05$

由表 3—56 可知，物质消费在不同性别、不同年龄、不同文化程度与不同职业中的分布无显著差异，而在城乡与不同收入中的分布有明显差异。通过赋值法进一步分析，结果如表 3—57 和表 3—58 所示。

表 3—57　　物质消费在城乡的分布

地域	平均数	排序
城镇	2.86	2
农村	3.34	1

表 3—57 显示农村居民对于物质消费的支持度要高于城镇居民。

表 3—58　　物质消费在不同家庭年收入中的分布

家庭年收入	3000 元及以下	3001—5000 元	5001—10000 元	10001—30000 元	30001—50000 元	50001—100000 元	100000 元以上
平均数	3.49	4.33	3.56	3.21	3.09	2.98	2.86

表 3—58 显示，在不同家庭年收入中，家庭年收入为 3001—5000 元的群体最支持物质消费，其次是年收入为 5001—10000 元的群体，家庭年收入在 100000 元以上的群体对于物质消费的支持度最低。

表 3—59　　　精神消费的分布情况

分类	卡方 (X^2)	显著度 (Sig)	检验值 (P)
在城乡的分布	2.337	0.030	$P<0.05$
在不同性别的分布	3.309	0.125	$P>0.05$
在不同年龄的分布	27.349	0.231	$P>0.05$
不同文化程度的分布	33.276	0.375	$P>0.05$
在不同收入的分布	21.330	0.029	$P<0.05$
在不同职业中的分布	12.934	0.266	$P>0.05$

由表 3—59 可以看出，精神消费在不同性别、不同年龄、不同文化程度与不同职业中的分布没有明显的差异，而在城乡与不同收入群体中存在显著差异。

表 3—60　　　精神消费在城乡的分布

地域	平均数	排序
城镇	3.39	1
农村	2.37	2

表 3—60 显示出城镇居民对于精神消费的支持度要高于农村居民。

表 3—61　　　精神消费在不同家庭年收入中的分布

家庭年收入	3000 元及以下	3001—5000 元	5001—10000 元	10001—30000 元	30001—50000 元	50001—100000 元	100000 元以上
平均数	2.15	2.34	2.65	2.37	2.98	3.43	3.21

不同家庭年收入的居民对精神消费的支持度有所差异，由表 3—61 可以看出，家庭年收入为 50001—100000 元的群体对精神消费的支持度较高。其次为家庭年收入为 100000 元以上的群体，对精神消费支持度最低的两个群体是家庭年收入为 3001—5000 元的群体与家庭年收入为 3000 元

及以下的群体。

10. 个体消费与群体消费

个体是指处在一定社会关系中，在社会地位、能力、作用上有区别的有生命的个人。群体则指一定数量的个人通过一定的社会关系而结合起来的集合体。在消费领域，群体成员除了受自我意识的影响之外，还受群体规范的影响，在与其他成员的互动过程中还能够不断修正自己的观点。

在本项目的类目构建中，个体消费的代表观点是“购买商品时按照自己的意愿购买”，群体消费的代表观点是“购买商品时主要考虑个人和家庭的需要”。以上两种观点的分布情况见表 3—62 和表 3—63。

表 3—62　　个体消费的分布情况

分类	卡方（X^2）	显著度（Sig）	检验值（P）
在城乡的分布	3.121	0.156	$P > 0.05$
在不同性别的分布	2.126	0.115	$P > 0.05$
在不同年龄的分布	19.349	0.143	$P > 0.05$
不同文化程度的分布	23.279	0.237	$P > 0.05$
在不同收入的分布	29.764	0.264	$P > 0.05$
在不同职业中的分布	24.934	0.162	$P > 0.05$

表 3—63　　群体消费的分布情况

分类	卡方（X^2）	显著度（Sig）	检验值（P）
在城乡的分布	2.693	0.103	$P > 0.05$
在不同性别的分布	3.943	0.126	$P > 0.05$
在不同年龄的分布	21.991	0.223	$P > 0.05$
不同文化程度的分布	19.379	0.146	$P > 0.05$
在不同收入的分布	23.992	0.203	$P > 0.05$
在不同职业中的分布	25.378	0.175	$P > 0.05$

从表 3—62 和表 3—63 中我们可以看出，无论是群体消费还是个体消

费，在城乡、不同性别、不同年龄、不同文化程度、不同收入与不同职业群体中的分布均没有明显差异。

11. 社会角色

社会角色，简而言之就是人们在社会中的定位，这种定位包括对自身所处阶层、性别等的定位，它包括与人们的某种社会地位、身份相一致的一整套权利、义务的规范与行为模式，是人们对自身的行为期望，也是构成社会群体或组织的基础。在消费领域，人们的消费意识与观念也会受制于社会角色的自身定位。本研究讨论的社会角色主要集中在性别范畴。量表中男性化倾向的代表指标为“男主外，女主内”，体现男女平等的代表指标为“男性女性都可以追求个性，享受现代生活”，考察以上二者在城乡、不同性别、不同年龄、不同文化程度、不同收入与不同职业中的分布情况如表 3—64、表 3—65 所示。

表 3—64　　男性化倾向的分布情况

分类	卡方（X^2）	显著度（Sig）	检验值（P）
在城乡的分布	3.296	0.000	$P < 0.05$
在不同性别的分布	3.279	0.039	$P < 0.05$
在不同年龄的分布	20.387	0.324	$P > 0.05$
不同文化程度的分布	17.931	0.060	$P > 0.05$
在不同收入的分布	23.974	0.327	$P > 0.05$
在不同职业中的分布	22.139	0.294	$P > 0.05$

表 3—65　　男女平等倾向的分布情况

分类	卡方（X^2）	显著度（Sig）	检验值（P）
在城乡的分布	2.319	0.105	$P > 0.05$
在不同性别的分布	3.124	0.114	$P > 0.05$
在不同年龄的分布	16.912	0.212	$P > 0.05$
不同文化程度的分布	19.823	0.224	$P > 0.05$
在不同收入的分布	22.143	0.283	$P > 0.05$
在不同职业中的分布	25.397	0.314	$P > 0.05$

从表 3—64 和表 3—65 的数据可以看出，男性化倾向在不同年龄、

不同收入与不同职业中的分布无明显差异，而在城乡不同文化程度及不同性别间的分布具有明显差异；男女平等倾向在城乡、不同性别、不同年龄、不同文化程度、不同收入与不同职业中的分布均没有明显差异。

对于男性化倾向的进一步分析，结果如表3—66所示。

表3—66　　男性化倾向在城乡的分布

地域	平均数	排序
城镇	2.74	2
农村	3.41	1

由表3—66可以看出，农村居民对“男主外、女主内”的赞同程度较高，而城镇居民对此观点的认可程度则较低。

男性化倾向在不同性别中的分布也存在明显差异，赋值结果如表3—67所示。

表3—67　　男性化倾向在不同性别中的分布

性别	平均数	排序
男	3.50	1
女	2.19	2

表3—67的结果显示，男性比较赞同“男主外，女主内”的观点，而女性则明显不支持此种观点。

通过以上十一个维度的分析，可以发现：

在现期与未来层面，我国居民依年龄不同而对此种观点的支持度略有差异，中老年群体（60岁及以上、46—59岁、36—45岁）比较支持现期消费，而在青少年群体中（15—25岁、26—35岁），未来消费则较受青睐。消费的现代与后现代倾向比较明显。

在仪式化消费与日常化消费中，性别差异较显著，男性群体对仪式消费的支持度较高，女性群体对日常化消费的考虑多一些。

奢侈消费与节俭消费在不同年龄、不同文化程度、不同收入群体中的分布有显著差异。具体来说，奢侈消费在26—35岁年龄段中分布最多，其次是46—59岁的群体、36—45岁群体与15—25岁群体，60岁及以上年龄段的群体对这种消费观的认同度最低；在不同文化程度中，对奢侈消费观的认同程度与被访者的文化程度成反比，初中及以下文化程度的人对这项消费观最赞成，研究生及以上文化程度的群体则对这一观念的认同程度较低。收入对奢侈消费观的分布也有所影响，从数据中可以看出，对奢侈消费观的赞同程度大致上与家庭年收入情况相同，家庭年收入3001—5000元的居民对该种观念的认可程度最低，家庭年收入30000元以下的群体对享受型消费观念的认可程度都较低，认可程度最高的是家庭年收入在100000元以上的群体。

等级与平等消费在城乡之间的分布存在差异，城镇居民对等级消费的赞同度较高，而农村居民则比较赞成平等消费。

实用性与品牌性在不同年龄中的分布有较明显的差异，具体来说，最推崇实用消费的是年龄在60岁及以上的群体，其次是46—59岁的群体，26—35岁年龄段的人对这种观念的赞同率最低。而年龄为26—35岁的群体比较赞同品牌消费，其次是年龄为36—45岁的群体，对这种消费观赞同程度最低的是年龄在60岁及以上的群体。

开放与保守消费在城乡、不同年龄、不同收入中存在明显的差异。具体来说，城镇居民较赞成开放消费，而保守消费在农村居民中的分布较广泛。开放消费最受15—25岁年龄段的人推崇，其次是36—45岁、26—35岁、60岁及以上、46—59岁年龄段的人。家庭年收入为10万元以上的居民较为认可此种消费，其次是家庭年收入为50001—100000元、10001—30000元、30001—50000元、3001—5000元、5001—10000元的居民，家庭年收入在3000元及以下的群体对这种观念的赞同度最弱。

和谐与对立的消费观念在城乡、不同性别、不同年龄、不同文化程度、不同收入、不同职业中的分布均没有显著的差异。

理性与感性消费在城乡与不同性别中的分布没有明显差异，而在不同年龄、不同文化程度、不同收入与不同职业中存在较为明显的差异。具体来说，理性消费在各年龄段中的差别不大，15—25岁的群体对这种观念的认可度最高，其次是36—45岁、26—35岁、60岁及以上，46—59岁的群体对这种观念的认可程度最低。从不同文化程度上来说，研究生及以上群体对此种消费观的认同程度最高，随后依次是大专或本科、高中中专技校和初中及以下文化程度的群体。在家庭年收入方面，家庭年收入为3001—5000元的群体对感性消费观的支持度最高，其次是年收入为3000元及以下、5001—10000元、10001—30000元、30001—50000元、100000元以上的群体，家庭年收入为50001—100000元的群体对此种消费观的支持度最低。在职业分布中，学生对理性消费的支持度最高，其次是自由职业者、一般文员，位居后三位的职业群体分别是机关事业单位干部、私营个体劳动者与工商服务人员。

物质与精神消费的分布在城乡与不同职业中有所不同。从数据分析的结果看，物质消费在农村较受青睐，家庭年收入为3001—5000元的群体最支持物质消费，其次是年收入为5001—10000元、3000元及以下、10001—30000元、30001—50000元、50001—100000元的群体，家庭年收入为100000元以上的群体对于物质消费的支持度最低。

个体与群体消费的分布在城乡、不同性别、不同年龄、不同文化程度、不同收入与不同职业中的分布均没有明显差异。

社会角色分布在城乡与不同性别中有明显的差异，具体而言，男性主导的观念在农村以及男性群体中较受推崇，而在城镇与女性群体中的受推崇程度则相对较低。

（二）我国城乡消费文化观念对比分析

我国不仅人口众多，而且城乡二元结构的存在，使城镇与乡村在基础设施、收入水平与价值观念等诸多方面存在差异，在这些因素的共同影响下，城镇与农村居民的消费文化观念可能会产生诸多不同，研究城乡居民的消费观念差异对于探讨城乡之间的消费模式具有重要的现实意义。基于上述具体消费的交叉分析，城乡居民的消费文化观念在十一个维度中的呈现如表3—68所示。

表3—68　　11个维度的正态分布和方差齐性检验统计结果

	样本数（N）	偏斜度	偏斜度的标准误差	Levene Statistic	df1	df2	Sig
社会角色	1339	-0.510	085	2.230	1	1210	0.125
个人与群体	1339	-0.708	085	0.103	1	1210	0.236
现期与未来	1339	0.030	085	0.156	1	1210	0.317
物质和精神	1339	0.867	085	0.293	1	1210	0.239
实用和品牌	1339	0.056	085	0.562	1	1210	0.327
仪式与日常	1339	0.014	085	2.313	1	1210	0.949
等级与平等	1339	0.237	085	1.569	1	1210	0.543
奢侈与节俭	1339	-0.134	085	0.511	1	1210	0.334
开放与保守	1339	0.532	085	1.125	1	1210	0.279
理性与感性	1339	0.134	085	0.068	1	1210	0.126
和谐与对立	1339	0.256	085	0.053	1	1210	0.479

表3—69　　城乡居民消费文化观念的单因素方差分析

维度 \ 数值		平方和	自由度（df）	平均方差	F值	Sig
社会角色	组间	0.379	1	0.379		
	组内	459.372	1210	0.081	0.132	0.015
	总共	459.751	1211			
个人与群体	组间	0.251	1	0.251		
	组内	420.934	1210	1.349	0.356	0.056
	总共	421.185	1211			
现期与未来	组间	2.516	1	2.516		
	组内	501.296	1210	0.801	0.160	0.026
	总共	503.812	1211			

续表

维度 \ 数值		平方和	自由度（df）	平均方差	F 值	Sig
物质和精神	组间	1.276	1	1.276		
	组内	329.327	1210	0.125	0.497	0.130
	总共	330.603	1211			
实用和品牌	组间	0.291	1	0.291		
	组内	530.261	1210	0.561	0.091	0.176
	总共	530.552	1211			
仪式化	组间	1.323	1	1.323		
	组内	379.220	1210	0.109	1.562	0.089
	总共	380.543	1211			
等级与平等	组间	2.257	1	2.257		
	组内	592.414	1210	0.562	0.730	0.015
	总共	594.671	1211			
奢侈与节俭	组间	0.012	1	0.102		
	组内	261.387	1210	0.063	0.511	0.562
	总共	261.399	1211			
开放与保守	组间	3.552	1	3.552		
	组内	491.379	1210	0.394	0.521	0.017
	总共	494.931	1211			
理性与感性	组间	2.276	1	2.276		
	组内	990.712	1210	1.341	0.739	0.820
	总共	992.988	1211			
和谐与对立	组间	0.627	1	0.627		
	组内	420.973	1210	0.340	0.639	0.057
	总共	421.600	1211			

从表3—69的结果来看，我国城乡居民的消费观念在“现期与未来”、“仪式化”、“奢侈与节俭”、“实用和品牌”、“和谐与对立”、“理性与感性”、“个人与群体”维度上均没有明显的差异。而在“等级与平等”、“开放与保守”、“物质和精神”与“社会角色”维度上存在不同。

由上一节对相关因素分布的分析结果可知，城镇居民对等级消费的赞同度较高，农村居民对于平等消费的赞同度较高，将选项中“一定程度上同意”、“基本同意”、“完全同意”合并为“赞成”选项，仍沿用上节方法，选取典型指标在城乡样本中进行分析，结果如表3—70所示。

表3—70　　等级与平等

区域	等级消费因子赞同度	平等消费因子赞同度
城镇	54%	47%
农村	29%	61%

同理测算出城乡居民对其他几个维度的赞同度，见表3—71。

表3—71　　其他维度城乡比较

区域	城镇	农村
开放消费因子赞成度	53%	15%
保守消费因子赞成度	45%	79%
物质消费因子赞成度	67%	82%
精神消费因子赞成度	92%	73%
男性主导因子赞成度	15%	43%
男女平等因子赞成度	92%	78%

综上所述，城镇与农村居民在“等级与平等”、“开放与保守”、“物质和精神”与“社会角色”维度的分布上具有显著差异，具体来说，城镇居民对等级消费因子的支持度高于农村居民7个百分点，而农村居民对于平等消费因子的支持度则远高于城镇居民（32个百分点），在开放与保守维度，城镇居民对于开放消费因子的支持度是农村居民的3倍多，农村居民对于保守消费因子的支持度则高于城镇居民34个百分点。在物质与精神维度，农村居民较看重物质消费（比城镇居民高15%），城镇居民对于精神消费则较为看重（比农村居民高19%）。在社会角色方面，农村居

民赞成男性主导因子的比城镇居民多28%，虽然二者中赞成男女平等因子的百分比都较高，但城镇居民依然高出农村居民14%。总的来说，与农村居民相比，城市居民消费文化观念中的现代与后现代特征较显著。

（三）我国东西部地区消费文化观念对比分析

从某种意义上来说，以上进行的居民消费文化观念的城乡对比只能反映我国区域消费文化观念差异的一个侧面。因为在区域差别中，城乡差别只是一方面，东部发达地区与西部欠发达地区在经济发展水平、气候、地理条件、地方法律法规等方面的差别也较大，这些自然环境与社会环境的差异也能影响东西部居民的消费观念。基于上节进行的基本消费观念的交叉分析，东西部地区消费文化观念在11个维度中的分布如表3—72所示。

表3—72　　11个维度的正态分布和方差齐性检验统计结果

	样本数（N）	偏斜度	偏斜度的标准误差	Levene Statistic	df1	df2	Sig
社会角色	800	-0.504	085	2.117	1	780	0.147
个人与群体	800	-0.982	085	0.062	1	780	0.787
现期与未来	800	-0.126	085	0.320	1	780	0.621
物质和精神	800	-0.064	085	0.068	1	780	0.739
实用和品牌	800	0.012	085	0.014	1	780	0.902
仪式化	800	0.342	085	3.268	1	780	0.703
等级与平等	800	-0.065	085	1.313	1	780	0.271
奢侈与节俭	800	-0.103	085	0.013	1	780	0.894
开放与保守	800	0.237	085	1.797	1	780	0.197
理性与感性	800	0.129	085	1.573	1	780	0.493
和谐与对立	800	-0.339	085	0.013	1	780	0.741

表3—73　　东西部地区消费文化观念的单因素方差分析

数值 维度		平方和	自由度（df）	平均方差	F值	Sig
社会角色	组间	0.089	1	0.089		
	组内	456.921	780	0.533	0.612	0.067
	总共	457.010	781			
个人与群体	组间	1.243	1	1.243		
	组内	384.793	780	1.313	0.916	0.790
	总共	386.036	781			
现期与未来	组间	0.005	1	0.005		
	组内	320.921	780	0.330	0.976	0.701
	总共	320.926	781			
物质和精神	组间	2.719	1	2.719		
	组内	430.762	780	0.484	5.312	0.021
	总共	433.481	781			
实用性和品牌性	组间	0.562	1	0.562		
	组内	449.374	780	1.347	4.390	0.162
	总共	449.936	781			
仪式化与日常化	组间	0.002	1			
	组内	875.920	780	3.125	0.719	0.834
	总共	875.922	781			
等级与平等	组间	2.612	1	2.612		
	组内	592.002	780	0.710	4.003	0.053
	总共	594.614	781			
奢侈与节俭	组间	0.761	1	0.761		
	组内	424.998	780	0.501	1.410	0.230
	总共	425.759	781			
开放与保守	组间	2.090	1	2.090		
	组内	429.013	780	0.503	4.124	0.042
	总共	431.103	781			
理性与感性	组间	0.627	1	0.627		
	组内	407.603	780	0.501	1.374	0.252
	总共	408.230	781			

续表

维度＼数值		平方和	自由度（df）	平均方差	F 值	Sig
和谐与对立	组间	0.062	1	0.062		
	组内	423.127	780	0.515	0.126	0.727
	总共	423.189	781			

从表 3—73 的结果来看，我国东西部居民的消费观念在“等级与平等”、“现期与未来”、“仪式化与日常化”、“奢侈与节俭”、“实用性和品牌性”、“和谐与对立”、“理性与感性”、“个人与群体”、“社会角色”维度上均没有明显的差异，而在“开放与保守”、“物质和精神”维度上存在不同。

将选项中“一定程度上同意”、“基本同意”、“完全同意”合并为“赞成”选项，仍沿用上节方法，选取“开放与保守”、“物质和精神”维度的典型指标在东西部地区的样本中进行分析，结果如表 3—74 所示。

表 3—74　　其他维度的赞成度

区域	东部	西部
开放消费因子赞成度	68%	49%
保守消费因子赞成度	37%	75%
物质消费因子赞成度	47%	63%
精神消费因子赞成度	86%	72%

综上所述，东西部居民在“开放与保守”与“物质与精神”维度的分布上具有显著差异，具体来说，东部居民对开放消费因子的支持度高于西部居民 19 个百分点，而西部居民对于保守消费因子的支持度则远高于城镇居民（38 个百分点），在物质与精神维度，东部居民对于物质消费因子的支持度比西部居民低 16%，西部居民对于精神消费因子的支持度则低于东部居民 14 个百分点。

五　调查结果分析与研究结论

依据消费需要论与消费文化论两个分析视角，将对本调查结果总体予以呈现，以期能对我国居民消费文化观念的现状及存在的问题有一个清晰的认识，同时也希望能为更加健康合理的新消费文化观念的构建提出一些基于实证研究的建议。

（一）消费文化理论视角的分析

结合本研究的类目构建，参考国内外相关文献，我们认为，从维度上看：传统消费以男性为主，现代与后现代消费则强调男女的一致，二者都可以成为消费主体，又都可以成为被消费的对象；传统消费重视群体，现代与后现代消费强调个体的独特性；传统消费重未来，现代与后现代消费重现在；传统与现代消费重物质，而后现代消费重精神；传统消费重实用，现代与后现代消费重品牌；传统消费黜奢崇俭，现代消费倡奢；传统消费趋于保守，而现代与后现代消费则是较为开放的；传统消费注重理性，现代与后现代消费提倡感性；传统与现代消费是建立在破坏自然环境的基础之上的，而后现代消费则提倡生态环保。

具体来说，传统消费的特点主要分布在 q1、q6、q13、q24、q27、q31 中，现代消费的表征特点主要分布在 q8、q10、q20、q27、q23、q25、q28、q32 中，后现代消费的特征主要分布在 q3、q7、q14、q19、q26、q29、q30 中。将以上数据中的“完全同意”、“基本同意”、“一定程度上同意”合并为“赞成”，计算百分比后取平均数，得出我国居民的消费观念类型如图 3—9 所示。

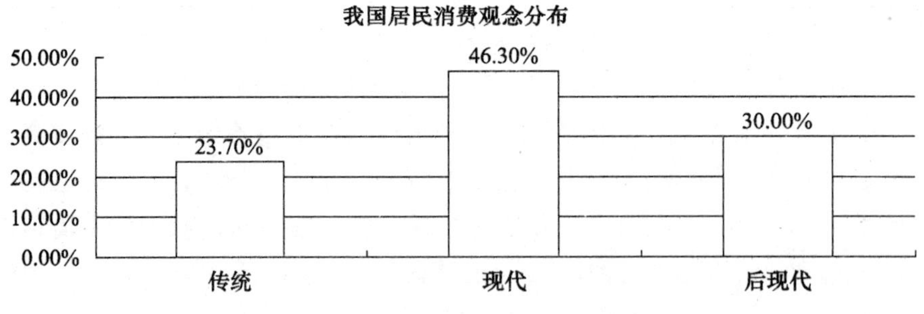

图 3—9　我国居民的消费观念类型

由图 3—9 可以看出，在当代中国，传统消费观念所占比重较小，现代消费即大众消费观念开始占据重要地位，后现代消费开始凸显。

具体来说，从实用与品牌来看，我国居民的消费观念正在从倾向于购买质量好、价格低的实用性产品，向能够彰显身份地位、生活品位和极致个性、注重功能性文化价值与符号价值转变。因此，在这一层面上，现代与后现代消费的特点比较明显。

从现期与未来来看，我国居民比较赞成现期消费，注重及时行乐，有钱就花，注重超前消费和信贷消费，认为应该充分享受生活，重视教育等实现自我提升的消费。总的来说，这一层面的现代与后现代特征较为显著。具体来看，26—35 岁年龄段的群体对于现期消费观的认同度较低，而随着年龄增长，对现期消费观的认同越来越强，60 岁及以上的群体对于该种消费观的认同感最强。

从仪式化消费与日常化消费来看，我国居民对仪式化消费的赞同度高于日常化消费。婚丧嫁娶等仪式化消费也是具有符号象征意义的消费，从某种程度上来说，这种消费本身就是对于符号象征意义的消费，这体现出了明显的现代与后现代特征。具体来讲，仪式化消费在不同性别之间的差异较明显，从量上来看，仪式化消费观在男性群体中所占比重要比在女性群体中高很多，说明在男性群体中，婚丧嫁娶时考虑面子、会把仪式办得隆重的人较多。

从奢侈与节俭来看，我国居民的消费观念仍是以节俭为主，但这种节俭观已经不同于传统意义上的节俭，不再是对“中国人注重的节俭储蓄”的赞成，而是支持“消费要量入为出，适度消费”，是满足基本需要之后对于发展的兼顾，而非纯粹的节省或节俭，这在一定程度上反映了我国居民消费观念的现代与后现代倾向。具体来说，调查显示，奢侈消费在26—35 岁年龄段中分布最多，60 岁及以上年龄段的群体对这种消费观不太认同。此外，在不同文化程度中，对奢侈消费观的认同程度与被访者的文化程度成反比，初中及以下文化程度的人对这项消费观最赞成，研究生及以上文化程度的群体则对这一观念的认同程度较低。奢侈消费在 26—35 岁年龄段中分布最多，60 岁及以上年龄段的群体对这种消费观不太认同。

从开放与保守来看，总的来说，我国居民的观念趋于开放，主张从物质转向精神，开始追求消费品的符号价值，而且也经常更新消费品，为生活不断增加新元素，这一层面呈现出显著的现代与后现代特点。具体来看，调查显示开放消费最受 15—25 岁年龄段的年轻人推崇，其次是 36—

45 岁年龄段的中年人。城镇居民对这种消费的推崇程度高于农村居民，家庭年收入在 10 万元及以上的居民较为认可此种消费，其次为家庭年收入在 50001—100000 元的居民，家庭年收入为 3000 元及以下的群体对这种观念的认可程度最弱。而保守消费观在 60 岁及以上的群体中的认可程度较高，在 26—35 岁的群体中认可程度较低，大致看来保守消费观的受认可程度是随着年龄的增长而逐步提高的。从文化程度来看，初中及以下文化程度的群体对保守消费观的认可程度较高（3. 37），研究生及以上文化程度的群体对保守消费观的认可程度较低（2. 83），处于二者之间的分别是高中、中专与技校（3. 43）和大专或本科（2. 98）文化程度的群体，从各个群体的平均数可以看出，对这种消费观的认同程度基本是随着文化程度的升高而递减的。收入方面，保守消费观在家庭年收入为 3000 元及以下的群体中受赞成程度最高，家庭年收入为 100000 元以上的群体对这种消费观的认可程度最低。从数值来看，在家庭年收入这一类别中，人们对这一消费观的赞同程度大致是与家庭年收入数额成反比的。

从理性与感性来看，总的来说，消费应该有所节制，如果必须购买也要物有所值等理性消费观点仍是众多消费者所追求的，但是认为物质消费本身就是一种快乐和精神享受、追求消费的感性体验的消费者仍不在少数，总的来说，在这一维度上，现代与后现代的特征比较明显。具体来说，理性消费在各年龄段中的差别不大，15—25 岁的群体对这种观念的认可度最高，46—59 岁的群体对这种观念的认可程度最低。一般来说，在人到中年（一般认为是 45 岁左右）之前，人们改变自身处境与地位的意愿都很强烈（或通过改变自己或通过改变孩子），而在科教兴国的大背景下，投资教育、学好知识无疑是打造进身之阶的最好选择，因此青年人都比较重视教育投资。不同文化程度的群体对于发展消费观的观点大致与文化程度成正比，研究生及以上群体对此种消费观的认同程度最高（3. 94），随后依次是大专或本科（3. 74）、高中中专技校（3. 23）和初中及以下（2. 81）文化程度的群体。具体而言，研究生及以上群体属于受教育层次较高的，在对于教育的投资中，他们是受益者，因为他们的投资获得了回报，学历背后意味着一个社会阶层、一份好工作。由于本次调查的年龄类别中最小年龄为 15 岁，因此排除了受访对象为在读初中生及在读小学生的可能，这表明初中及以下往往是被访对象的最后学历，可能是这一层次的群体并未享受到发展投资的回报，因此对这种消费观的支持度较低。

从和谐与对立来看，购买商品时应当选择绿色、健康、环保的产品的观念已为大多数人所接受，在前期所做的关于媒体的内容分析中，也证明提倡绿色消费观念和可持续消费的和谐消费观念普遍存在于报纸、电视媒体与杂志中。和谐消费观是后现代消费观念的明显特点。

在社会角色方面，农村居民对“男主外、女主内”，城镇居民对于男女平等的观点比较赞成。男性较赞成男主外、女主内，而女性则认为男性女性都可以享受生活。总的来说，传统的以男性为主导的社会角色体系正被打破，男女平等甚至女性至上的观念开始凸显，这正是现代与后现代消费的特点之一。从前期的内容分析来看，杂志、电视与报纸正建构着一个男性女性都可以消费也可以被消费、模糊了性别差异的对于符号与象征价值进行消费的观念。

从个体与群体来看，个性消费观念较为突出，购买商品时主要依据自己意愿购买的观点受到不少人赞同，从前期的内容分析可以看出，在当代中国，凸显个性与自我，我买故我在的个体、个性消费观念显著，物品的符号化象征化意义得到凸显与追捧都体现出了后现代消费的特点。

等级消费中体现出的也是差异化，上层阶级为标示自己身份的与众不同或显示自己的成功，往往会选择高端、奢华的消费品，人为地为消费品打上等级的标签。从我国来说，城镇居民对于等级消费的赞同度高于农村居民。这一方面是由于城镇的经济水平较高，存在较多的消费人群与消费层次，因此，人们需要从消费中去体现自己的身份与地位。另一方面也是由城乡居民的家庭收入造成的，只有具备了一定的经济条件，才能进行差异化的等级消费。总的来看，我国居民的消费表现出了较显著的等级化特点，这一现代与后现代的消费特征是我国当前社会的主要消费特点之一。

从物质与精神维度来看，总的来说，现代社会进入物质消费高涨时期，追求高档、个性的物质消费与追求精神愉悦、健康快乐的精神消费是现代与后现代消费的主要特点。具体来说，在物质与精神的消费上，我国居民还是稍有区别的，不同家庭年收入的群体中，家庭年收入为3001—5000元的群体最支持物质消费，其次是年收入为5001—10000元的群体，家庭年收入为100000元以上的群体对于物质消费的支持度最低。不同家庭年收入的居民对精神消费的支持度有所差异，家庭年收入为50001—100000元的群体对精神消费的支持度较高，其次是家庭年收入为100000

元以上的群体，对精神消费支持度最低的两个群体是家庭年收入为3001—5000元的群体与家庭年收入为3000元及以下的群体。

通过对以上11个维度的分析可知，目前我国居民的消费观念呈现传统与现代、后现代杂糅并存的态势，传统消费文化观念逐渐式微，现代消费文化观念占据主流，而后现代消费文化观念也开始凸显。现代与后现代消费正日益成为当前国人的主要消费特点。

虽然上述结果能对我国居民消费文化观念的一般特点有所反映，但我国地大物博，人口众多，二元结构与经济发展条件、环境的制约使得我国城乡之间、东西部地区之间存在一定的差异，为了对我国居民消费文化观念的具体形态有一个更为逼真的呈现，我们有必要对东西部地区与城乡之间的居民消费观念做出具体分析。

城乡方面，城镇与农村居民在“等级与平等”、“开放与保守”、“物质和精神”与“社会角色”维度的分布上具有显著差异，具体来说，城镇居民对等级因子的支持度高于农村居民7个百分点，而农村居民对于平等因子的支持度则远高于城镇居民（32个百分点）。在开放与保守维度，城镇居民对于开放因子的支持度是农村居民的3倍多，农村居民对于保守因子的支持度则高于城镇居民34个百分点。在物质与精神维度，农村居民较看重物质（比城镇居民高15%），城镇居民对于精神则较为看重（比农村居民高19%）。在社会角色方面，农村居民赞成男性主导因子的比城镇居民多28%，虽然二者中赞成男女平等因子的百分比都较高，但城镇居民依然高于农村居民14%。结合前述数据，可得出城乡居民之间的消费文化观念的分布，大致如图3—10所示。

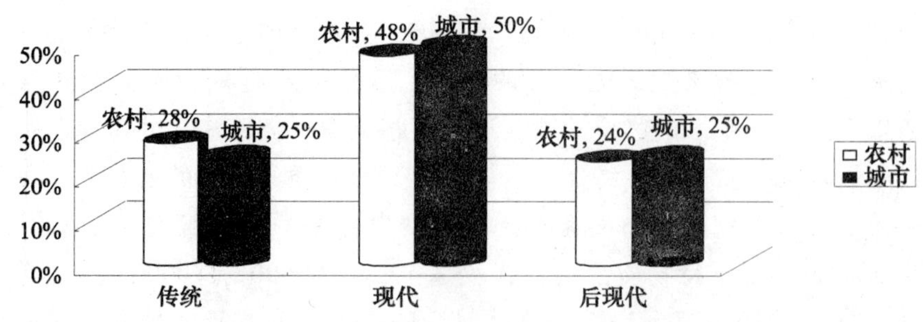

图3—10 我国城乡居民消费观念分布

总的来说，不管是在农村还是城镇居民消费中，传统与现代、后现代的消费观念都是共存的，但明显传统消费文化观念所占比重日益式微，现代消费文化观念则如日中天，而后现代消费文化观念也开始在城镇与农村崭露头角。具体来说，传统消费文化观念在农村的存留程度要高于城镇，而现代与后现代消费文化观念则在城镇中较为普及。

东西部地区由于受自然环境、经济发展程度等的制约，居民观念也有较大差异，反映在消费观念上，其表现是，东西部居民在“开放与保守”、“物质和精神”维度的分布上具有显著差异，具体来说，东部居民对开放因子的支持度高于西部居民 19 个百分点，而西部居民对于保守因子的支持度则远高于城镇居民（38 个百分点），在物质和精神维度，东部居民对于物质因子的支持度比农村居民低 16%，西部居民对于精神因子的支持度则低于东部居民 14 个百分点。参考上述的分析数据，可得出我国东西部地区的消费文化观念的分布，如图 3—11 所示。

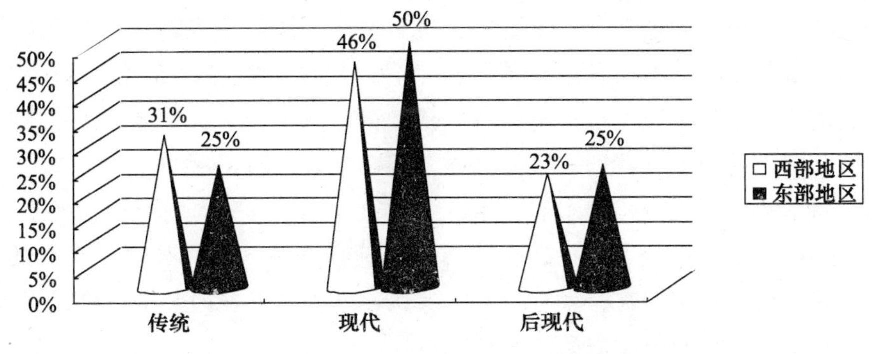

图 3—11 我国东西部地区居民消费观念分布

由图 3—11 可以看出，不论在东部发达地区还是西部欠发达地区，都并存着传统、现代与后现代的消费文化观念，在二者中占主流的都是现代消费文化观念，后现代消费文化观念则呈显著的上升态势。从图 3—11 中不难看出，东部地区传统消费文化观念的存在态势要低于西部地区，但东部地区在现代消费文化观念与后现代消费文化观念方面的存在态势则明显高于西部地区。

总而言之，我国居民目前的消费文化观念依然呈现出传统、现代与后现代杂糅的态势。传统消费文化观念的比重下降，现代消费文化观念占据主流地位，后现代消费文化观念开始崛起是我国现阶段居民消费文化观念的主要特点。具体来说，城乡之间，农村居民的传统消费文化观念高于城镇居民，而现代与后现代的消费文化观念在城镇居民中所占比重较大。东西部地区之间，传统消费文化观念在西部地区所占的比重较大，而东部地区的现代与后现代消费文化观念所占比重较大。

（二）基于消费需要理论视角的分析

对于我国消费观念的所处阶段，学者们众说纷纭。消费经济学家尹世杰认为我国居民生活水平提高的最直接证据就是生存型消费的比重越来越低，现代人的消费层次已经从生存型消费向享受型转向了。[①] 郑志刚指出，进入21世纪，我国居民的消费领域不断扩大，消费实现了由量向质的转变，由生存型逐步向发展型和享受型的转变，他认为这种转向的最显著特征也是生存型消费比例的逐渐缩小与享受和发展消费的不断扩大。[②]

从上述学者的论证中不难看出，虽然说法不同，但他们都认为我国目前已经进入了享受型与发展型消费占主导、生存型消费式微的消费阶段，他们的论证结果主要是从理论归纳的角度得出来的，本研究将用数据从消费需要理论的视角对我国居民的具体消费态势做呈现。

从本研究的类目构建来看，生存消费重个体，享受与发展型消费重群体；生存与享受消费重现期，而发展型消费重未来；生存与享受重物质，而发展型消费则重精神；生存消费重实用，享受与发展消费重品牌；生存消费较保守，享受与发展型消费较开放。

从问卷中的具体问题来看，生存消费的主要特点主要分布在问卷q8、q11、q20与q31中，享受消费的主要特点主要分布在q2、q3、q10、q14、q17、q22、q28与q32中，发展消费的主要特点则主要集中在q5、q9、q12、q23、q26与q29中。将以上数据中的“完全同意”、“基本同意”、“一定程度上同意”合并为“赞成”，计算百分比后取平均数，得出我国居民的消费观念类型如图3—12所示。

由图3—12可以看出，享受型消费与发展型消费所占的比重较大，而

---

① 参见http：//ly. gdcc. edu. cn/default. aspx。

② 参见郑志刚《我国旅游市场总体供需态势分析》，《中国软科学》2002年第8期。

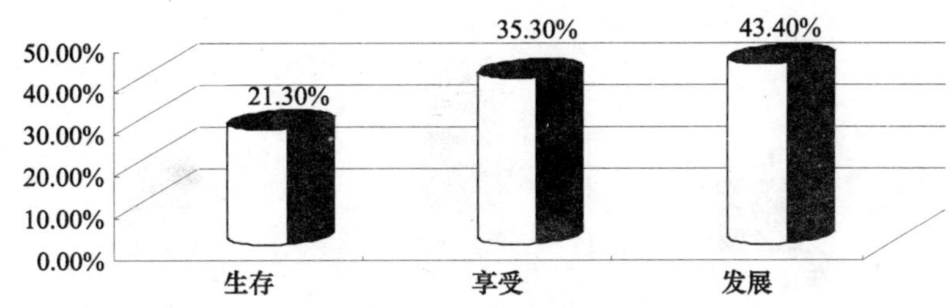

图 3—12　我国居民消费文化观念分布

生存型消费所占比重较小，由此可见，在我国居民的消费中，生存型消费的比重正在下降，而享受型消费与发展型消费则日渐成为主流。生存型消费是满足自身生存所必需的消费，生存型消费在总消费中比重的大小，可以反映经济发展水平与居民生活水平的高低。从表 3—12 也可以看出，我国居民生存消费的比重在总比重中所占比例较低，这也印证了前述尹世杰与郑志刚的观点，我国居民的生活水平日益提高，居民消费开始从生存消费向享受与发展转变，享受消费与发展消费日益成为我国居民消费的主流。

具体到城乡而言，城镇与农村居民在“等级与平等”、“开放与保守”、“物质与精神”与“社会角色”等维度上的分布差异显示出城市居民对于消费等级较为赞同，他们也比较崇尚开放消费，对精神消费的赞同度也是城镇居民高于农村居民。具体来说，在住宅消费领域，城镇居民的投资倾向高于农村居民；在食品消费方面，持“吃饱就行”观点的农村居民多于城镇居民，尽管绝大多数城乡居民都赞成要吃得营养健康，但城镇居民中选择“生活品味”与“新奇”等享受与发展消费观的比例高于农村；在衣着方面，虽然城乡居民均对服装价格比较看重，但与农村居民相比，城镇居民较看重“个性”、“新颖时尚”与“品牌”等享受型消费元素；在文化娱乐消费方面，城市居民对旅游等享受消费的赞同度高于农村，城乡居民在教育投资方向上也存在差异，城镇居民对子女的基础教育投资较多，而农村居民的子女教育投资则主要集中在特长教育方面。结合前述数据，得出消费需要论视角下的城乡居民消费观念如图 3—13 所示。

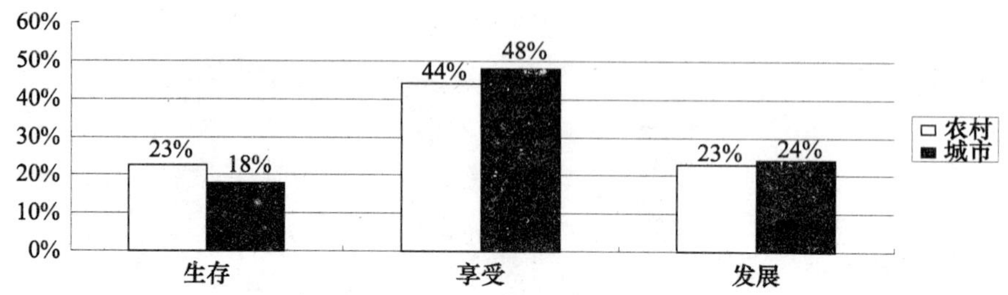

图 3—13　消费需求理论视角下的我国城乡居民的消费文化观念

总的来说，不管农村还是城镇，生存型消费的比重均有所下降，享受型消费成为主流，发展消费也开始受到重视。具体来说，生存型消费在农村地区所占的比例高于城镇，而享受型消费与发展型消费在城市的普及度则高于农村。

自然环境与经济发展程度等因素的制约使东西部地区居民的消费存在一定的差异，反映在消费观念上的表现是，东部居民的开放消费观念较强，西部居民则偏向于保守消费，东部居民重精神消费，西部居民重物质消费。具体来说：在住房消费方面，东部居民的投资倾向明显高于西部居民；虽然二者在食品消费方面都比较崇尚“营养健康”，但与西部居民相比，东部地区居民对于“生活品味”与“新奇”等的赞同度较高；衣着方面，东部地区居民重“个性”，西部地区居民重“价格”；东部地区居民购买交通工具的动机是享受生活，而西部地区居民则看重价格；家庭设备消费方面东部居民最看重“新颖时尚”，西部居民则看重价格；虽然东西部地区居民在保健方面的消费都较少，但东部地区居民仍高于西部；在各种文化娱乐方式中，东西部居民之间差异较大的主要在看电视、旅游与去博物馆、图书馆等娱乐方式方面，选择看电视作为文化娱乐方式的东部居民要少于西部居民，而对于后两种文化娱乐方式，则是东部地区居民居上；子女教育方面，东部地区居民在子女基础教育与特长教育上的投入均多于西部地区居民。参考上述分析数据，可得我国东西部地区居民的消费文化观念如图 3—14 所示。

由图 3—14 可以看出，不论是东部发达地区还是西部欠发达地区，生存型消费在居民消费中所占比例均较少，享受型消费与发展型消费成为主流。具体来说，在东部地区生存型消费的存在态势要低于西部地区，但东

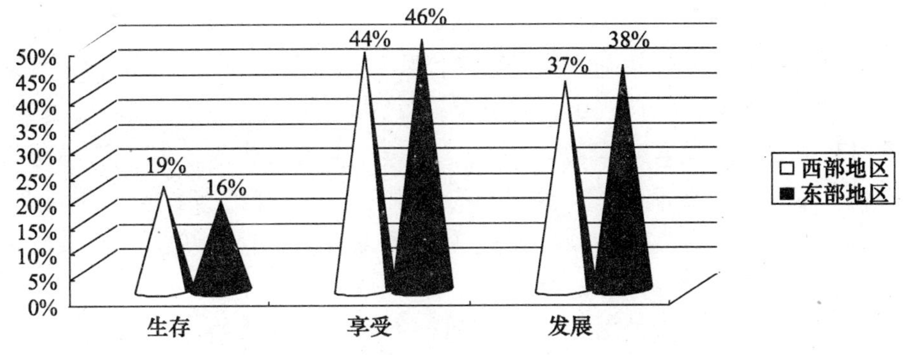

图 3—14 我国东西部地区居民的消费文化观念

部地区享受型消费与发展型消费的存在态势均高于西部地区。

总而言之，生存型消费在我国居民消费中的比重下降，享受型消费与发展型消费已成为主流。具体来说，城乡之间，农村居民的生存型消费比重高于城镇居民，而享受型消费与发展型消费则在城镇居民中所占比重较大。东西部地区之间，西部地区居民的生存型消费比重高于东部地区居民，享受型消费与发展型消费在东部地区居民中则较为流行。

（三）我国消费文化观念形态的总体描述

通过对我国居民消费文化观念的考察以及城乡与东西部地区的对比，我们可以清晰地看到我国当今社会所呈现出的消费文化观念的一些特点，从这些特点中，我们不仅可以清楚地感知我国消费文化的现状，更能够从中把握未来一段时间消费文化观念的发展趋势。

1. 传统消费文化观念渐受冷遇

当前我国居民消费文化观念的现代与后现代特征突出。从消费文化的视角来看，我国居民渐渐扬弃了以先储蓄、后消费，有了足够的钱再购买等观点为代表的传统消费观，取而代之的是对超前消费、品牌消费与信用卡借贷消费的热衷。

居民在日常消费中与购买大型家庭设备方面，不再以“实用”为唯一的参考依据，对于品牌的热衷与购物中广告的巨大影响，以及对于新产品与环境保护的关注，这种种情况都表明我国居民的消费行为与消费观念已经脱离了传统阶段，而进入了现代与后现代阶段。

2. 适度消费观仍是现阶段我国消费文化观念的主流

虽然传统消费观念渐受冷遇，但这并不意味着所有的传统消费观念都为居民所抛弃，由传统到现代与后现代其实是一个扬弃——取其精华弃其糟粕——的过程。从调查中，我们看到虽然品牌与身份已经充斥居民的消费过程，尽管先储蓄后消费的传统消费观念也受到冷落，但“消费应该有所节制，如果必须购买，也要物有所值”、“过度消费就是一种浪费、应当尽量减少不必要的浪费”等适度消费观念仍然得到我国绝大多数居民的赞成。

适度消费与传统的节俭消费观的最大不同是在消费上视具体情况而定，而并非一味地节俭。在消费上兼具保守与中庸，是较具中国特色的一种消费观念。这种消费观念已经成为目前我国居民的一种主流消费观念。

3. 生存型消费逐渐式微

当前国人的消费文化观念处于享受与发展阶段。从消费需求的角度看，我国居民的日常食品支出低于收入的平均值，在食品消费方面也不局限于吃饱就行的传统观念，对于营养健康与生活品位、满足好奇的追求说明我国居民的消费文化观念已经脱离了生存型消费的阶段。对于新产品、新元素的热衷以及对于自我提升与子女教育的重视，显示出我国居民的消费已经进入了享受与发展阶段。

4. 个性化消费成为主流的消费文化观念

随着人们生活水平的提高与消费品种类的日益增多，突出个性、标榜自我成了越来越多城乡居民的消费观。他们总是去试图寻找一些新的消费方式、消费内容和与众不同的消费品来标榜自我。进入现代与后现代的消费阶段后，越来越多的居民对于身份、潮流与新元素等的追逐，使个性消费成为我国居民的主流消费观念。

5. 绿色、环保的和谐消费观念受到追捧

调查显示，传统的以牺牲环境为代价的消费已经成为明日黄花，越来越多的消费者认为购物时应该选择绿色健康环保的产品。通过对消费观念的呈现可以发现，我国居民已经注重消费过程中人与社会、人与自然及人与自身的和谐发展，和谐消费观念在各个群体中都受到较为普遍的赞同。

6. 大众传媒对于消费者的消费行为有较大影响

研究发现，消费者在购物时获得产品信息的渠道主要是电视、网络等大众媒体。可见，大众传媒在传播消费文化、构建现代与后现代的消费理念方面产生了较大的影响。

7. 精神文化消费将在居民消费中占较大比重

随着居民生活水平的提高与闲暇时间的增多，在物质上富足了的人们开始追求心情的愉悦与放松，精神文化消费恰恰就是人们获得心情愉悦与放松的主要途径。休闲消费、旅游消费等消费形式将会越来越多地出现在人们的消费生活中，精神文化消费将在未来的消费中扮演越来越重要的角色。

（四）我国消费文化观念存在的问题

除了在调查中对我国居民的消费文化观念的特点有了以上认识外，在调查的过程中，我们还发现了一些值得注意的问题，这些问题不仅有助于我们全面地了解我国居民的消费文化观念，更有助于我们进行一些调查与研究之外的反思，以期能对新消费文化观念的建构起到一定的指导作用。

1. 我国居民的精神消费还停留在消遣娱乐层面

调查表明，我国城乡居民普遍都有了闲暇时间，这是精神消费的必要条件。但调查发现，我国绝大多数居民选择看电视、戏剧与听音乐会（45%）或上网（63.8%）作为自己打发闲暇时间的方式，而进行琴棋书画、体育健身、逛街、逛公园等活动的居民均不足两成。这说明，虽然有了一定的闲暇时间，有了精神消费的需求，但我国居民在精神消费方面的层次还很低，仅停留在消遣层次，精神消费的目的不是为了自身发展与完善自我。另外，与城市居民相比农村居民几乎很少有人去图书馆或博物馆，农村文化设施的贫乏也是制约农村居民精神消费的主要原因。

2. 攀比消费与炫耀性消费开始滋长

调查显示，“婚丧嫁娶要办得风光、有档次，在亲友面前才有面子”、“要通过住房、服装等物质的消费来显示自己的社会地位”与“高档消费能够显示和证明个人的成就与地位”等具有攀比消费与炫耀性消费特征的观点受到一些居民的赞同，虽然为数不多，但这种不健康的消费习惯已逐渐成为风气，并影响着整个社会的消费环境。而社会消费环境对个人消费行为乃至整个社会经济状况的影响又是巨大的。健康向上的社会消费环境有利于引导人们形成积极的消费生活方式，而消极不良的消费环境不仅会对个人的消费行为形成错误导向，同时也会影响社会经济的正常运行。

攀比的消费观念与炫耀性的消费观念会使人们消费的期望值越来越高，甚至脱离现实的社会经济状况，脱离自身的家庭收入，并造成家庭经济支出的极端不合理。[①] 因此，对于这种消费倾向我们要保持警惕。

3. 缺乏主流消费文化观念的指导，消费文化观念形成具有自发性和盲目性

虽然我国居民的消费已经进入了现代与后现代阶段，但在这一阶段我国的消费文化观念仍然呈现传统与现代、开放与保守、和谐与对立等并生共存的态势，人们的消费文化观念具有多元化特点，没有一种能够系统指导人们消费的主流文化观念出现，这使得不论是大众传媒还是消费者自身，都只能从传统的道德判断的角度来对消费观念与行为进行评价，而无法从当代社会的主流价值观出发对消费文化及其观念与行为作出分析与判断。随着现代消费形式的不断更新，传统的道德评价已难以满足人们对于消费观念与行为形成的认知判断，而西方消费理念的大肆宣扬及西方消费文化的快速扩张，又使人们无所适从，从而被动地陷入消费主义的窠臼。因此，社会主流消费价值观念的倡导与传播无疑是当前消费文化观念发展中迫切需要的，而为了超越西方的消费主义文化，我们也迫切需要一种能够适应现代社会发展需要的新消费文化观念来指导大众的消费生活。

---

① 参见郑红娥《社会转型与消费革命——中国城镇消费观念的变迁》，北京大学出版社2006年版，第288页。

第四章

中国消费文化观念的影响因素分析

消费文化观念的实态调查表明，我国的消费文化观念呈现出一些特点：传统文化价值观在消费领域与西方消费文化正产生着激荡和融合；城乡消费文化观念依然表现出两极分化与冲突；可持续发展观所倡导的“绿色消费”观念与享受、面子等非理性消费仍然并存。影响中国消费文化及其观念的主要因素到底是什么？其影响机制何在？在后金融危机时代，如何通过消费文化观念正确引导主流消费文化的发展，在合理消费前提下，启动并扩大国内消费市场，就是我们当前迫切需要解决的理论与实践问题。以社会学为理论基础，从文献和现状分析出发总结当前社会主流消费文化的具体表现形式，从消费文化的时尚化、符号化、理性化和享受化四种表现形式出发，以消费需要和消费认同两种内在要素为中介变量，利用消费行为一般模式的理论，构建中国消费文化观念影响因素的研究模型，通过结构方程模型验证相关研究假设，并在实证调查问卷的基础上探究各类因素对消费观念的影响效应就成为试图解决以上问题的一种思路与方法。

一　消费文化观念的影响因素

文化作为外在的宏观因素会直接影响人们的观念、动机和行为，同样存在于消费领域中的消费文化也对消费者的消费观念和行为起一定的影响作用。

（一）消费文化观念形态

对于中国当前消费文化观念的主流形态，在调查分析与文献研究基础上，通过对表象层面的归纳与理论总结，可以将当前中国社会消费文化观念概括为三种形态：传统型、现代型与发展型。传统消费文化观念主要与中国消费者的中庸思想及家庭与群体性的消费习惯相关联，表现为强调与社会群体消费保持一致，追随大流，反对超前消费，在消费过程中看重家人的整体消费习惯和偏好，即使在消费分歧发生时也容易采取折中方式完成消费活动。现代消费文化观念是一种追求消费时尚、追求消费享受和高层次生活品位的消费态度，在很大程度上表现出消费主义化的倾向，同时，也受到当前社会大众文化的影响，表现出娱乐化的特征，追求时尚的消费品和消费方式，充分享受物质消费带来的高品位生活，能够对商品的物的含义有自己的不同理解，认为现代的消费方式不受个人所处阶层的限制，只要消费者的经济条件允许都可以达到满足需求的目的。发展型消费文化观念则是消费者在消费中对个人、社会和自然等方面和谐状态作为最终追求目标的思考，在追求自我消费的同时也重点考虑消费对社会和环境的贡献。持有发展型消费文化观念的消费者重视对自身素质提高型的消费，在消费过程中能够体现出“自觉与觉他”的消费理念，从而达到自身追求物质和精神需求双重满足的目标。

（二）消费文化的表现及其作用

消费文化作为文化在消费领域中的存在形式，既具有文化所表现出来的普遍性质和功能，又具有自己特殊的表现形式。具体来说，当代消费文化主要有以下表现形式。

1. 符号化

消费文化在社会消费活动中以消费品为载体，以现代传媒为工具，向消费者传播的不仅是商品的使用功能及其属性，更多的是商品所表征的意义。科技的发展使越来越多的媒介成为符号的载体，现代消费社会已经不仅仅是一个商品和物的世界，而变成了一个充满符号的社会。

符号价值是消费社会中消费文化的核心。鲍德里亚认为对于新的符号的消费将会形成一种基于符号消费的新的消费文化，符号价值则是新的消费文化的核心。贵重的商品不是现代人崇拜的重点，他们真正看重的是商品中那些赋予身份、地位与威望的内容，亦即符号价值。一旦人们进入符号价值消费的领域，物的使用价值就会被抛弃，物仅仅被当作能代表其社会地位和权力的符号来消费。虽然物和符号之间没有任何关系了，但是符号价值就会替代物的使用价值和劳动价值。

符号消费其实是消费者的一种“自我实现”，或是为了体现“自我价值”的消费，也包括“炫耀”因素在内，消费体现的并不是简单的人与物之间的关系。凡勃伦在《有闲阶级论》（1899）一书中提出“炫耀型消费”观点，指出在消费符号层面上，存在着富裕符号与贫困符号的对立，富裕的人常常消费一些炫耀型商品来显示其拥有较多的财富或者较高社会地位，昂贵的消费提供了富裕阶层身份地位的象征性符号。当人们只是为了符号目的而去消费时，这种符号在消费社会所表现出来的象征意义就成为特定时期消费观念的风向标。

进入消费社会后，消费不能简单地仅仅被理解为对具有使用价值、实物用途的物品的消费，“而应主要看作是对记号的消费”[①]。正如斯图尔特·霍尔所说，“一套晚礼服可以意指‘精美’，领结和燕尾服可以意指‘礼节’，牛仔服和运动服是‘随意的穿着’，在一个合适的环境中，一种特定款式的运动衫意味着‘秋天在树林中的一次长时间的富有浪漫色彩的散步’”[②]。特定情境下，显然这些物品已经超出了它们的使用价值，更多地体现出一种象征和品味意义。

2. 时尚化

时尚是消费社会不同阶层相互区分的标准，它是一种高高在上并由社会较高阶层所制造的消费文化的象征方式。正如齐奥尔格·齐美尔所说，“社会较高阶层的时尚把他们自己和较低阶层区分开来，而当较低阶层开始模仿较高阶层的时尚时，较高阶层就会抛弃这种时尚，重新制造另外的时尚”[③]。时尚的本质是只被特定人群中的一部分人所运用，一旦一种时尚被广泛地接受，它就不能算作时尚了。时尚的发展壮大也是它消亡的过程，因为它的发展壮大即它的广泛流行抵消了它的独特性。时尚一方面使既定的社会圈子和其他的圈子相互分离，另一方面，它使一个既定的社会圈子更加紧密地联系。时尚受社会圈子的支持，一个圈子内的成员需要相互模仿，使这个社会圈子的消费观念更一致。

时尚是对物的“新”的概念的创造性理解，物的时尚化是求新的社

① ［美］凡勃伦：《有闲阶级论》，蔡受百译，商务印书馆 1964 年版，第 16 页。

② ［英］斯图尔特·霍尔：《表征——文化表象与意指实践》，徐亮、陆兴华译，商务印书馆 2003 年版，第 32 页。

③ 转引自罗刚、王中忱《消费文化读本》，中国社会科学出版社 2003 年版，第 243、248 页。

会具体表现。坎贝尔（1992）提出了“新（newness）”这一术语，指出社会有三种求新者：第一类是渴望新鲜事物和未被触动过的东西的人；第二类是那些容易受最新技术产品吸引的人；第三类是那些求新成癖者，他们对新东西的渴望表现为一种偏爱新奇、奇异甚至古怪事物的方式，正是这类消费者有可能对现代消费主义贡献出最强的动力。因此，对时尚的高度敏感造成了新需求的快速转换和持续出现。时尚消费者的目的是希望通过标新立异的方式引起某种情绪，是一种社会表达方式，也是一种超越了生存需要的高层次的需要。

时尚文化没有固定的模式，而且其变化速度快而又难以捉摸。波兰思想家符·塔达基维奇（1990）指出，时尚的风格不会在代际之间过渡，它们与生活和文化一道在社会因素、经济因素与心理因素的影响下发生着变化，并成为时代的表现。这些风格的变化时常是急剧的，时尚是从一个极端转向另一个极端。

3. 享受化

西方国家现代消费文化的基本特征就是宣扬享乐主义，鼓励人们进行挥霍型、炫耀型消费，倡导消费就是快乐。20 世纪初期享乐主义在美国的发展主要借助民众对汽车、家用电器等的消费。汽车、洗衣机、电视机、电冰箱、吸尘器等奢侈品大众化，这些是享乐主义发展的重要体现。当时，美国广告大肆宣扬消费就是快乐，暗示超前消费、挥霍性消费的正当性和合理性，使享乐主义得到快速传播。这种在西方以享受为主要目的的消费文化随着商品经济的发展在全球快速兴起，最终发展为消费主义文化的主要内容，不是为了实际生存需要的满足，而是追求被文化形式所不断制造出来的欲望的满足，以主体的享受为主要目的，以追求物欲的满足和对商品的占有为消费的主要特征。刘济良（2002）指出，这种享乐性使得消费文化能够在现代消费社会中“大行其道，产生巨大的影响”。陈来仪和郑祥福（2007）认为，在消遣娱乐中得到享乐的满足是消费文化的一大特点。随着社会对个人生存个性化和提高品质的尊重和认可，追求享乐的行为自然也就随着消费文化的扩散而正当化。

享乐的表现形式借助于现代传媒作为宣传工具，通过符号化来唤醒人们的内心欲望，从文献的研究上可以看出其与符号化具有较高的相关性。杨魁、静恩英（2004）认为现代传媒宣传的形象和符号，把人们内心追求自由和享受的欲望与物质现实连接起来。“人们压抑在内心的欲望得到激发，人们在这种信息环境中感受到了一种前所未有的新奇和满足。”①

消费文化所宣扬的享受化具有双重作用，一方面能够鼓励国内消费者追求高质量的物质生活，拉动国内经济的发展；另一方面，超前的享受消费会使国家的金融体系产生一定的危机，因为人们透支消费形成的虚假繁荣容易造成生产者过于乐观，从而使得投机盛行，有可能造成信贷链的断裂，造成金融危机的爆发。1929—1933 年美国经济危机和 2008 年次级贷款引起的华尔街金融海啸的发生都与美国人疯狂透支消费有密切联系。

4. 理性化

20 世纪初期，随着美国经济的飞速发展，理性、实用消费观念逐渐转向追求符号性消费，在消费文化上呈现出感官性、休闲性、流行性等非理性、非实用性特点。非理性消费文化主要表现在三个方面：广告消费增多；越来越多的年轻人追求流行时尚；重视品牌消费。但 20 世纪 60 年代后，随着后现代消费社会的来临，一种新型的理性回归又重新出现，消费文化中对于理性的思考又重新成为消费的一个标准。从中国主流消费文化来看，由于我国与真正的消费社会尚有一定距离，消费文化在表现形态上还更多地呈现出理性化的特征。

理性消费价值观的核心内容应是适度消费，充分消费；是对各种消费品“自觉”、“觉他”的一种消费活动，消费者能够认知消费品的物的属性和符号之间的关系。不为符号所左右，符号不会是消费价值的全部。这种消费文化在传统、现代和后现代消费观念中都有一定的表现。工具理性和价值理性最早是由韦伯在《新教伦理与资本主义精神》一书中提出的重要观点。“上帝的观念是一种价值理性，而世俗活动则代表了工具理性”。国内有学者认为工具理性造成思维和行动方式的异化主要是针对西方社会而言的，我国作为发展中国家，这种异化是不完全适合的，而且要求重扬价值理性，并不意味着可以抛弃工具理性；相反，没有工具理性作支撑，价值理性也无法形成。这也说明当前我国理性化的消费文化所表现出来的是工具理性和价值理性相互联系、相互依存的关系。

理性本身来源于人们的实践和认知活动，它的内涵随历史的发展不断发生变动。消费文化的理性化所表现出来的基本特征是注重对商品或劳务

① 杨魁、静恩英：《现代消费主义文化形成中的媒体及其作用》，《兰州大学学报》（社会科学版）2004 年第 1 期。

本身的功能、质量等因素的满足，宣扬在消费活动中谋求最大的期望效用。从传统维度来说，理性化消费只要产品质量好，是不是名牌没有关系；从现代维度来说，表现为花钱省时间可以提高效率，为了改善生活水平应该充分利用自然资源等；从后现代维度来说，表现为人们应该不断发展和完善自己，提倡环境保护和生态平衡的意识等。倡导理性的消费价值观与合理适度的消费理念，是当前我国建设可持续消费观念的主要内容。传统与现代、开放与保守、理性与非理性等范畴在消费领域相互交织，在当前中国消费社会中这种相对性构成了多样化的消费价值观。

现代消费文化的作用则主要表现在，现代消费文化对符号的追逐和消费，既改变了人们的消费模式也使得传统的消费观念在强烈的冲击下发生变异。消费主义文化所倡导的符号消费传递给消费者的是追求符号价值的生活方式和观念，社会价值取向的“异化”使人的价值被物所衡量和取代，随之产生的是追逐象征意义的消费，炫耀型、时尚化及个性化的消费观念成为现代社会消费的发展趋势。鲍德里亚认为，新的符号消费必然要对传统社会原有的伦理道德和风俗习惯构成重大的冲击，并形成一种基于符号消费的新的消费文化。消费文化正是以社会文化的形式对个人消费观念的形成产生着影响。消费文化是社会宏观层面所表现出来的消费意识和消费制度，而消费观念却是表现在消费者（包括个体和群体）心理层次上的感知、认知和意向。一方面，消费文化能够消解和构建人们当前的消费意识和价值观；另一方面，特定时期消费观念的消解也意味着新消费观念的产生，以及重新沉淀出与当前时代相适应的消费文化，这种重新构建的直接动因源自消费文化观念在发展进程中所经历的社会化过程。因此，消费文化观念的发展过程是一个不断反馈的过程，消费文化影响消费观念，而群体消费价值观的形成又会反作用于一定时期的消费文化，这种相互反馈的结果推动着新的消费文化及其观念的产生。正因为如此，社会学研究者和消费行为学的研究更多地把文化作为决定人们行为的重要外部条件，从而也把文化看作研究消费行为的起点。科特勒的购买行为模式、霍华德—谢思模式和 Engel 的 EBK 模式都将文化作为影响消费者态度和行为的重要外部因素，而这种研究倾向就使得我们从文化因素出发探讨消费文化对消费者消费观念及其消费行为的影响变得更加清晰，从而也使得学科的理论结构和体系的逻辑更为严密和可靠。

（三）消费文化观念的内在影响要素

消费文化观念的形成必然受到内外部因素的共同影响。内在要素主要是指消费者的内在需要。所谓内在需要是与外部需要相对的，菲利普·科特勒认为内在需要是消费者的心理性需要，它与消费动机相联系；内在需要可以影响消费者的外部需要，也就是购买行为。一方面，从人与物的关系上来说，人们在心理上对商品有希望个体需求得到满足的愿望，即消费需要，这是一种对物或者商品所表现出来的具体的欲望；另一方面，人的本质具有社会性，人们在各种社会关系中从心理层面有被社会认同的需要，而这种认同在消费社会中主要是通过消费方式来表现的，体现为消费认同。

1. 消费需要

英国人类学家马林诺夫斯基曾经指出，“文化是包括一套工具及一套风俗——人体的或心灵的习惯，它们都直接地或间接地满足人类的需要”①。人们需要的满足直接受到社会文化的引导。需要是人类与生俱来的基本生理功能，任何社会组织不能创造人们的需要，但是却可以利用不同的方式去满足各种需要。福特主义和后福特主义生产方式的出现及其在全球的扩张使现代生活发生了重要改变，它不仅使得日常消费品的大规模生产成为可能，从而资本也能够进入消费品生产领域，社会的整体精神气质受到改变，也深刻地改造了大众的消费模式，使得大众不再以“需求”为尺度自然地进行自己的消费，而是以潜在的“欲望”为导向主动地建构自己的消费。现代社会的营销者正是通过影响消费者的欲望来满足他们的需要的。

消费需要是消费决策行为的驱动力。温勒认为个人与环境之间在特定情境中处于一种均衡状态，当这种平衡状态被打破就会出现个体的紧张，产生需要或动机。消费需要在外部消费文化因素作用下也会出现一种失衡现象，虽然文化不能制造需要但是文化能够支配人们满足欲望的方式。消费需要力场的失衡使消费者在社会消费文化的引导下为实现其不满足而采取行动，最终再达到新的均衡状态。消费需要的不均衡是一种需要匮乏的表现，正是需要的匮乏才产生了行为的动力。在人们的消费过程中会体现

① ［英］马林诺夫斯基：《文化论》，费孝通译，华夏出版社2002年版，第1页。

出对物在一定程度上的占有、追求和渴求，这种“物化”的表现形式是人们内在需要层面匮乏的表现。正如马尔库塞认为的一样，在现代社会，人们需要的匮乏会把物质需要当成了自己最基本的需要，这种“虚假需要”会给人们带来“额外压抑”。

王宁（2001）指出，需要是一种物质匮乏状态、社会匮乏状态及精神匮乏状态。人的需要构成人们活动的动力。需要具有二重性，即抽象性和具体性。抽象需要是由经济发展水平或收入水平决定的，而具体需要则是由社会文化等具体要素决定的。消费文化决定着人们的具体需要，有什么样的需要就会产生什么样的动机，消费需要的变化和实现会对消费观念产生积极或消极的作用，人们对需要的满意度是对商品效用和期望的评价过程，这种心理层面的感知（评价过程）正是消费者观念的重要构成部分。消费者通过对消费文化的学习、接受和反馈，产生各自的消费需要（具体需要），在意识层面形成自己的消费看法，在特定时期激发消费动机、形成消费态度，从而对消费决策行为产生决定作用。

2. 消费认同

人们对物质财富和精神财富的需求是随着生产力的提高而不断增长的。当经济发展到一定阶段，人们的消费活动就不再仅仅驻足在满足于商品的使用价值和实用性等物质需求上，取而代之的是去追求一种更高的精神需要的满足，追求情感及社会关系需求的满足，显然，这种表现是人的社会性的必然要求。

从20世纪60年代开始西方进入了认同社会，“认同是人们在社会互动过程中对自身角色以及与他人关系的一种动态的评估或判定”①。在某种意义上，认同是对自己在社会中的某种地位、形象和角色以及与他人关系的性质的接受程度。在消费社会中，认同便成为消费社会层次、关系建立的基础及影响消费者观念和行为的重要变量。消费与认同的关系十分密切，消费与认同是一个问题的两个方面，即人们从事消费，实质上不过是创造、维持或改变自己的认同。在消费社会阶级和群体对个体的影响逐步消退并由消费取而代之，“我们只能通过消费建立自我与客体、集体和世界之间的关系，从而获得身份和建构意义”②。消费认同简单来说就是通

① 姚放：《消费认同》，社会科学文献出版社2006年版，第109页。

② 同上。

过消费方式来确定人的社会关系。

人类学家费德曼（1994）认为，在世界系统范围内的消费总是对认同的消费。消费者不仅是一个社会人，而且是一个具有特定的社会位置和群体归属的人，消费在社会学意义上的重要性之一在于它既是用于构建认同的原材料，又是认同的体现和表达。从人的社会关系的角度看，人的认同可以看成由社会认同和个体认同所构成的连续统一。认同包括内在和外在两个方面，这里研究的重点在于人们认同的内在方面。简金斯认为，社会认同的内在方面是指群体认同，即群体成员在主观上所具有的群体归属感。个体认同的内在方面指的是个人在主观上的自我认同。个人的自我形象是个人的内在认同，个人对自己的社会形象会有某种意识，并会将社会对自己的态度内化为自我认同的一个方面。自我认同是通过消费文化而创造出来的，消费主体一方面会从心理层面考虑自己的群体归属，另一方面又会通过消费活动表现自己个性的独立。群体认同和自我认同都是通过一定消费方式来确定自己的身份和建立人与人之间关系的手段，二者具有较强的相关性。社会人的消费方式和消费观念在自觉和不自觉中会受到群体的认可或否定，个体会为了他们在社会中的位置而确立属于自己阶层的消费观念。

（四）消费文化观念的影响机制

动机行为理论认为，内在需要在外部刺激作用下会产生动机，而动机会引发人们的行为，行动的结果是目标的达成，如图4—1所示。需要是消费者动机产生的内部因素，在消费者购买行为中需要是通过购买物品的方式来最终满足消费者的欲望。现有文献中研究消费需要对消费行为的影响多是以社会学方法，依据演绎法来进行理论推理，更多的是从定性角度探讨某一种因素对行为的影响作用，而定量化的实证研究文献却非常少。在学术领域中价值观和动机概念的边界比较模糊，从而使学者们的研究也受到一定限制，Jolibert、Baumgartner（1997）强调指出，价值观和动机是一对非常相似的概念，二者都是消费者和消费群体的心理层面的概念。这一界定为消费需要影响消费者价值观提供了假设依据。这也是可以用量化的方法研究消费需要对消费者价值观影响的原因之一。

VMBBI模型（参见图4—2）是消费行为学研究中经常被运用到的理论模型，具体来说，VMBBI模型是指价值观（Values）——动机（Moti-

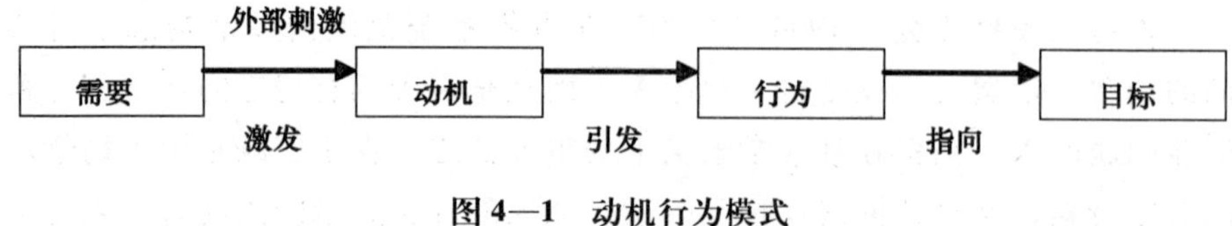

图 4—1　动机行为模式

vations）——行为倾向（Buying Behavoir Intent）而引起的消费者内在心理因素相互影响、前后继起的因果关系路线，它主要说明了价值观对行为具有的重要决定作用。对于此模型国内外研究者大多都是在理论上进行逻辑阐述。国内学者张梦霞（2008）以实证的方法利用 VMBBI 模型，通过研究海外教育服务产品选择的行为倾向验证了从价值观、心理动机到行为倾向的因果路线，用定量方法证明了 VMBBI 模型对实践活动的指导作用。VMBBI 理论具有普遍性，在图 4—2 所示的 VMBBI 模型中可以很清楚地看到价值观对动机具有决定作用。这里，可以结合行为动机理论，把消费价值观置于消费需要与消费动机之间关系的模型中。消费价值观一直是消费文化研究的重要内容，但文献中对于影响消费者价值观成因变量的研究比较少，在消费文化领域中究竟有哪些具体因素能够影响消费者的价值观念，影响程度如何等也都没有详细的文献参考，因此，这也是在文献综述基础上构建结构模型，利用建立的模型来尝试探讨消费文化对消费者价值观影响的又一原因。

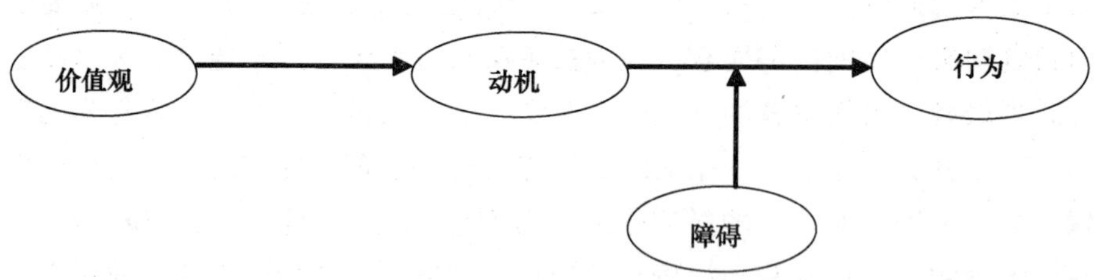

图 4—2　VMBBI 模型

John A. Howard（1965）和 Jagdish N. Sheth（1967）的研究显示，文化价值观提供了比社会阶层更加综合的社会框架，它包括行为方式、标志、思想和与其相关的价值标准，它是个体动机、决策的重要影响因素和阻碍因素。霍华德 - 谢思模式（Howard-Sheth Model）清楚地指出，消费者购买行为的决定因素包括内在心理因素和环境因素。环境因素包括外在环境因素和刺激投入因素两大方面，外在因素包括文化、个性、时间压力、财务状况等方面的条件，是消费者购买过程的外部条件。刺激投入因素包括与产品有关的内容和社会关系因素，是消费者行为决策的物质条件和社会刺激。这些因素共同作用将影响消费者心理活动（包括感知结构和学习结构），而心理活动对产出因素（态度、购买行为）产生决定作用。霍华德－谢思模式利用了心理学、社会学和管理学的知识，从多个方面解释了消费者行为的全过程，对消费者行为一般模式具有较大的参考价值，这个模型同样也是本书模型设计的理论来源。从消费领域来看，消费文化作为影响消费者购买行为的重要外在因素，也是消费者心理活动变化的前提条件，消费者价值观就是在心理层面接收到外部刺激后，通过感知、学习等活动过程所形成的对消费活动的最终评价和看法，消费者价值观形成后具有相对稳定性和持久性。

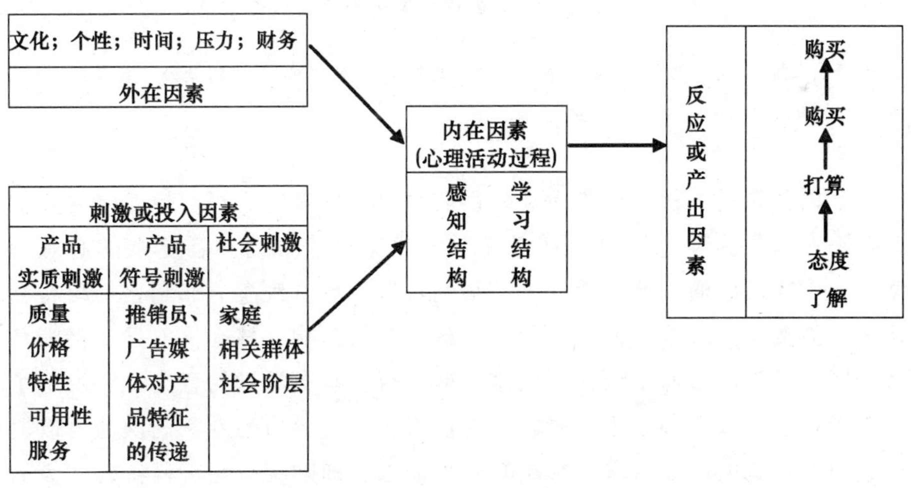

图 4—3　霍华德－谢思模式

菲利普·科特勒与凯勒（2007）的购买行为模式是一种刺激—反应模型，如图 4—4 所示。他们认为，整合的消费者心理过程受营销刺激和环境刺激影响，经过消费者心理过程与决策过程的处理，形成了最终的决策和购买决定。外部刺激包括营销和环境方面的刺激，二者共同作用于购买者，而外部刺激对购买者决策具有决定性影响。营销刺激是市场营销者在市场营销组合中以产品为核心的4P组合；其他刺激则包括政治、经济、文化和技术。其中来自文化的影响因素一直是社会学研究的重要范畴。消费文化作为社会文化的重要组成部分，是消费社会中的精神和物质文化的总和，对社会中的消费个体和群体的消费活动起着引导和指导作用，研究消费文化对消费心理与消费行为的刺激与影响力也是社会学和营销学的重要课题。

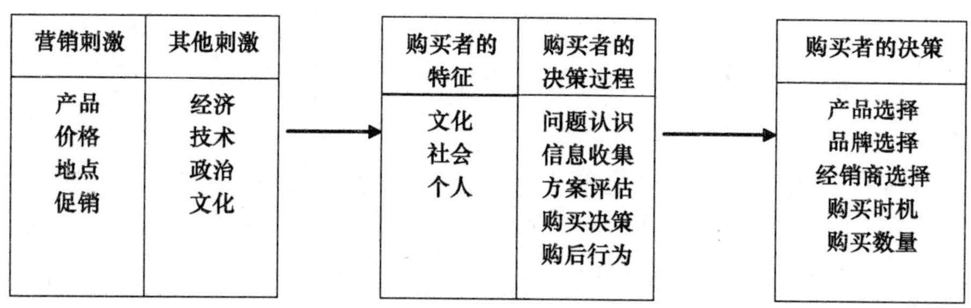

图4—4　消费者购买行为模式

资料来源：［美］菲利普·科特勒、凯文·凯勒：《营销管理》，梅清豪译，上海人民出版社2006年版（第十二版），第202页。

在消费者购买行为模式中，外部刺激对消费者的心理产生非常复杂的影响，在购买决策过程中，研究者不可能完全了解消费者复杂的心理活动，但是却可以通过调研活动来了解消费者的价值观念。菲利普·科特勒认为，消费者的决策行为也受消费者核心价值影响，核心价值是支持消费者态度和行为的信仰系统，要比态度或者行为有更深远的意义，它决定了消费者长远的选择和欲望。所以研究消费者核心价值的专家们认为可以通过吸引消费者的内在需求，影响其外部需求，即购买行为。科特勒认为的核心价值是一种信仰系统，它支持消费者的态度和行为。我们认为，消费价值观是消费者对消费活动的信念和看法，一经形成就具有稳定性，并且长期决定消费者的动机和行为，从这个意义上说二者具有一致性。所以，将上面的阐释可以总结为消费价值观决策模型，如图4—5所示。

本研究的消费价值观决策模型中的外部刺激，即包括了霍华德－谢思模式中的文化、个性、时间、压力、财务状况等方面的条件，也包括菲利普·科特勒与凯勒所提出的文化、政治、经济和技术等其他因素。在这些

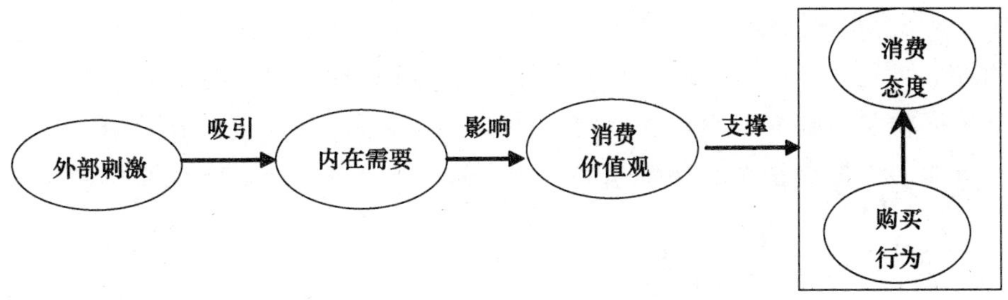

图4—5　消费价值观决策模式

外部因素中，文化是理解消费行为一般模式的重要概念，而基于消费文化角度，在消费文化的范畴内来探讨影响消费价值观的具体因素，可以抛开有关企业方面的营销因素以及其他外部刺激因素，这样设计就能够更清晰地看到消费文化的不同表现对消费价值观的影响效果。

二　研究模型设计与方法

这里将以消费者行为的一般模式为理论基础来建立研究模型。消费文化是一个抽象的范畴，属于影响消费者购买行为的外部因素之一，它具有文化的社会整合和社会导向的普遍性功能，具有符号化、时尚化、享受化和理性化的表现形式。内在要素是影响消费者行为的心理因素，可以从社会学研究领域中的消费需要和消费认同两个方面来理解。一方面，消费需要表现为人与物的关系，消费需要的产生是基于人的基本生理功能；另一方面，消费认同是人的社会性的表现形式，它体现了消费者对自我消费和自己所处消费圈子的看法；消费需要和消费认同是社会学研究领域的重要内容，从社会学理论的研究成果出发有利于对消费者内在要素的范畴进行深刻理解。上一章在“消费文化观念问卷”调研的基础上，提出当前中国社会具有传统、现代和发展三种典型消费文化观念。传统消费文化观念主要与中国消费者的中庸思想及家庭群体消费习惯有关联。现代消费文化观念是一种追求消费时尚，追求消费享受和高层次生活品位的消费态度，在很大程度上是对消费主义文化的继承，另外也受到当前社会大众文化的影响，更表现出一种娱乐化的倾向。发展型消费文化观念是消费者对个人、社会和自然等方面和谐消费追求的终极目标的思考，在追求自我发展消费的同时也重点考虑对社会和环境的贡献。

通过对以上理论的总结和吸收，可以归纳出影响消费价值观念的理论框架，如图4—6所示。建立模型旨在研究当前消费文化中的不同表现形式对不同消费观念是否产生一定影响效应，亦即探讨利用文献总结的这些变量是否是影响消费文化观念的主要因素，从而使本书的观点得到证实。

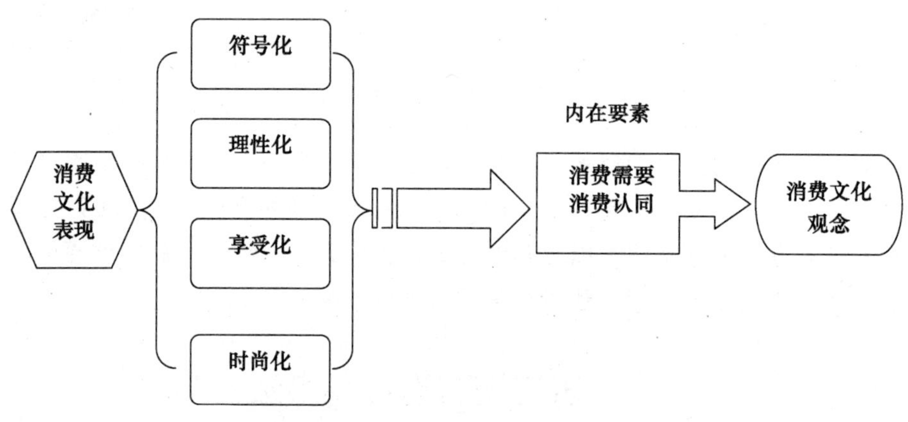

图4—6　理论框架

（一）研究假设

1. 研究的潜变量结构模型

从以上基于消费者行为的研究模型可以看出，文化是消费者行为的决定性因素，对消费者心理活动的变化过程有非常重要的影响作用。利用图4—6的理论框架，以消费文化所表现的符号化、时尚化、享受化和理性化作为外部文化刺激变量，以消费者的消费需要和消费认同作为研究消费者内部心理活动的中介变量，利用实际问卷所得到的三种消费文化观念作为结果变量，建立如图4—7所示的潜变量结构模型。

2. 假设命题

从图4—7的结构模型中，可以清楚地看到各个潜在变量之间的相互关系。因此，以前面理论综述为基础提出以下5个一级假设及相应的二级和三级假设命题，量化研究的重点是对33个较低层次假设的验证，只有较低层次假设通过了检验才会支持较高层次的命题。

（1）消费文化与消费价值观的关系

消费文化是消费者行为的重要外部影响变量之一。消费文化对消费者

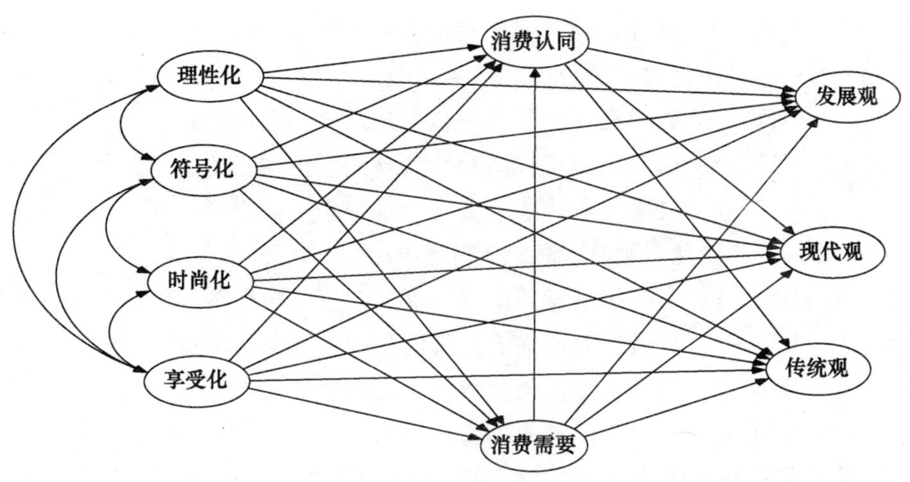

图 4—7　潜变量结构模型

观念具有导向作用，社会上普遍存在的消费领域的文化对消费者观念的改变和新观念的形成起到引导、规范以及限制作用。作为消费个体来说，不同的阶层对符号化的理念有不同看法，从中国古代到现代对于奢侈性的消费，社会上层阶级更多地理解为对自己身份、地位的符号价值的体现，并不认为是对物的过度浪费；消费文化倡导的理性化不仅体现在传统消费观念中，而且也是现代社会所倡导的“适度消费”和“绿色消费”的主要文化理念；时尚化是经济社会中商品快速发展的条件，商品快速地推陈出新加剧了消费者对时尚的追求和接受，旧的时尚的普遍流行也引起了新时尚的产生；享受主义是消费主义文化在消费社会的重要表现，这种理念也是消费者对商品“物化”的理解。在对以上理论理解的基础上提出下面的假设。

H1：消费文化对消费价值观产生影响。

H1a：符号化对消费价值观产生影响。

H1a－1：符号化对发展消费价值观产生正向影响；

H1a－2：符号化对现代消费价值观产生正向影响；

H1a－3：符号化对传统消费价值观产生正向影响。

H1b：理性化对消费价值观产生影响。

H1b－1：理性化对发展消费价值观产生正向影响；

H1b－2：理性化对现代消费价值观产生正向影响；

H1b－3：理性化对传统消费价值观产生正向影响。

H1c：时尚化对消费价值观产生影响。

H1b－1：时尚化对发展消费价值观产生正向影响；

H1b－2：时尚化对现代消费价值观产生正向影响；

H1b－3：时尚化对传统消费价值观产生正向影响。

H1d：享受化对消费价值观产生影响。

H1c－1：享受化对发展消费价值观产生正向影响；

H1c－2：享受化对现代消费价值观产生正向影响；

H1c－3：享受化对传统消费价值观产生正向影响。

（2）消费文化和内在因素的关系

消费需要和消费认同是社会学研究的重要范畴，也是消费者心理活动的重要变量。作为本研究重要的中介变量，它们起到连接消费文化和观念的作用。消费文化作为外界因素影响消费者内部心理变量的变化，可以尝试利用消费文化不同表现形式作为前因变量探讨对这两个中间变量的影响效果，所以提出下面的假设。

H2：消费文化对内在需要产生影响。

H2a－1：符号化对消费认同产生正向影响；

H2a－2：符号化对消费需要产生正向影响。

H2b－1：理性化对消费认同产生正向影响；

H2b－2：理性化对消费需要产生正向影响。

H2c－1：享受化对消费认同产生正向影响；

H2c－2：享受化对消费需要产生正向影响。

H2d－1：时尚化对消费认同产生正向影响；

H2d－2：时尚化对消费需要产生正向影响。

（3）内在因素和消费价值观的关系

本研究的理论落脚点是消费的行为动机理论。消费需要和消费认同都是消费者的心理层面需要，不同的是消费需要是从对物的匮乏角度来理解，而消费认同则是从人的社会属性角度来理解，并且认为消费价值观是与消费动机比较接近的一对概念，所以提出以下假设。

H3：内在需要的变化对消费价值观产生影响。

H3a：消费认同对消费价值观产生影响。

H3a－1：消费认同对发展消费价值观产生正向影响；

H3a－2：消费认同对现代消费价值观产生正向影响；

H3a－3：消费认同对传统消费价值观产生正向影响。

H3b：消费需要对消费价值观产生影响。

H3b－1：消费需要对发展消费价值观产生正向影响；

H3b－2：消费需要对现代消费价值观产生正向影响；

H3b－3：消费需要对传统消费价值观产生正向影响。

（4）消费文化表现形式之间的关系

符号化、理性化、享受化、时尚化是消费文化的四种表现形式，在现代中国消费社会中这些形式都属于消费领域的文化范畴。在利用结构方程进行理论研究时认为这些变量处于相同的阶层中，没有前后继起的因果关系，所以在假设中提出这些变量具有相关性。

H4：消费文化的表现形式之间具有相关性。

H4a：符号化与理性化负相关；

H4b：理性化与享受化负相关；

H4c：理性化与时尚化负相关；

H4d：享受化与符号化正相关；

H4e：符号化与时尚化正相关；

H4f：时尚化与享受化正相关。

（5）消费需要和消费认同的关系

消费需要属于人的低级生理功能，人们对物质的需要是所有需要的基础，根据马斯洛的需求层次理论，只有消费需要满足后才能引起其他更高层次需要的产生。本书认为需要是心理活动的内在变量，消费需要对消费认同起影响效应，故此提出如下假设。

H5：消费需要对消费认同产生正向影响。

3. 变量定义化操作

消费文化从可测量角度来说，是文化在消费领域的体现，具有四种具体表现形式。符号化是指倡导消费活动中对于符号价值的追求，看重的是身份、地位和威望等符号内容（鲍德里亚，2000；凡勃伦，1899）以及记号的消费理念（斯图尔特·霍尔）。时尚化是一个阶层和消费圈子通过这个消费特征相互联系与其他阶层和团体区分开的属性（齐奥尔格·齐美尔），物的时尚化是“求新”的社会具体表现（柯林·坎贝尔，1992）。

时尚文化没有固定的模式，而且其变化速度迅速而又难以捉摸（符·塔达基维奇，1990）。享受化的基本特征就是宣扬享乐主义，鼓励人们进行挥霍型、炫耀型消费，倡导消费就是快乐（郭立珍，2010）。享受化追求被文化形式所不断制造出来的欲望的满足，以主体的享受为主要目的。理性化所表现出来的基本特征是注重对商品或劳务本身的功能、质量等因素的满足，宣扬在消费活动中谋求最大的期望效用的消费思想，这种思想主张质量好、花钱省时间可以提高效率，充分利用自然资源，不断发展和完善自己，提倡环境保护和生态平衡的意识。如表 4—1 所示。

表 4—1　　消费文化的定义化操作

潜变量	理论参考来源	指标描述	问题设计
符号化	鲍德里亚（2000），凡勃伦（1899），霍尔（2003）	追求符号价值；看重身份、地位和威望等符号内容；“炫耀”，“面子”；象征性	q12 买东西时我会选择名牌产品，哪怕贵一点也没有关系 q13 婚丧嫁娶要办得风光、有档次，在亲友面前才有面子 q14 消费时“讲排场”才能够得到周围人的尊重和认可
时尚化	齐美尔，坎贝尔（1992），塔达基维奇（1990）	阶层区分的标准；“求新”；潮流；变化迅速	q11 购买商品时主要考虑能彰显自己的生活品位与个性 q22 经常购买新产品，让自己的生活能跟上潮流而不落伍 q32 喜欢购买新产品，让自己的生活不断增加新元素
享受化	郭立珍（2010），刘济良（2002），郑祥福（2007）	消费就是快乐；享受为主要目的；欲望的满足；挥霍性消费	q07 要通过住房、服装、家庭用品等物质的消费来显示自己的社会地位 q17 高档消费能够显示和证明个人的成就与地位 q18 人活着就应该尽情消费，充分享受生活 19 西方人注重的超前消费、贷款消费和信用卡消费更好

续表

潜变量	理论参考来源	指标描述	问题设计
理性化	本研究总结	适度消费；看重质量；"物超所值"；充分利用自然资源；发展和完善自己；环境和生态平衡	q16 要量入为出，适度消费 q26 消费应该有所节制，如果必须购买，也要物有所值 q28 过度消费就是一种浪费，应当尽量减少不必要的消费

消费需要是消费者需要匮乏及需要不均衡的表现（温勒；马尔库塞；王宁，2001），消费文化决定着人们的具体需要，有什么样的需要就会产生什么样的动机。消费认同是指个人的认同和个体身份的自我构建（王宁，2001；姚放，2006），也是群体成员的群体归属感认同，即社会认同（简金斯、王宁，2001；Mead、George Herbert，1934），如表4—2 所示。

表 4—2　　内在因素的定义化操作

潜变量	理论参考来源	指标描述	问题设计
消费需要	温勒， 马尔库塞， 王宁（2001）	生理功能、 物质匮乏	q6 收入一般要先考虑储蓄，再考虑消费 q8 消费应当主要满足衣、食、住、行等基本需求 q10 购买商品时应选择经济实用、物美价廉的产品
消费认同	简金斯，王宁（2001），Mead，Herbert（1934），姚放（2006）	个性的独立、自我意愿、个体及群体认可	q2 男性女性都可以追求个性，享受现代生活 q3 购买商品时按照自己的意愿购买 q4 购买商品时主要考虑个人和家庭的实际需要 q21 在日常消费中，一般会选择与自己身份相符的商品

消费文化观念，既包括消费者的消费价值观——消费观念，是消费者消费的指导思想、消费价值取向、消费目标追求和消费道德观念等的总和；又包括消费文化中的消费价值观，是消费群体对消费对象整体化的价

值取向或评价。从个体角度看消费观念就是指消费者对消费活动的整体性评价，反映了消费者的消费偏好和对消费活动的看法，是消费者的态度及其指导思想，对消费者行为起到决定作用。从消费群体而言，消费观念就是消费文化中的消费价值观。传统消费文化观念主要与中国消费者的中庸思想及家庭团体消费习惯有关联。现代消费文化观念是一种追求消费时尚、追求消费享受和高层次生活品位的消费态度，在很大程度上是对消费主义文化的继承，另外也受到当前社会大众文化的影响，更表现出一种娱乐化的倾向。发展消费文化观念是消费者对个人、社会和自然等方面和谐消费追求的最终目标的思考，在追求自我发展消费的同时也重点考虑对社会和环境的贡献。消费文化观念的定义化操作如表 4—3 所示。

表 4—3　　消费文化观念的定义化操作

潜变量	理论来源	指标描述	问题设计
发展观	研究总结	重视个人、社会和自然等方面和谐，自我发展，对社会和环境贡献的消费思想	q5 我很重视教育等能实现自我提升的消费 q27 购买商品时应当选择绿色、健康、环保的产品 q31 在教育和文化方面要舍得花钱，这可以提高人的素质和发展潜力
现代观	研究总结	追求消费时尚，追求物质享受和高层次生活品位	q9 我更注重休闲娱乐等方面的消费，比如旅游、保健、体育等 q25 花钱省时间是值得的 q29 购物是休闲和缓解压力的一种方法 q30 物质消费本身就是一种快乐和精神享受
传统观	研究总结	消费表现中看重“中庸思想”及“家亲思想”	q1 男主外女主内 q20 中国人注重的节俭储蓄，考虑自己养老和儿孙的未来更好 q23 消费要以习惯为主，不应有更多改变 q24 消费只要随大流就好，不要出风头

（二）数据收集及研究设计

1. 数据收集

“新消费文化观念构建研究”课题组在2010年1月至2010年3月调查期间总共发放正式问卷3000份，分别由甘肃和广东部分高校在校大学生在全国范围内进行随机抽样调查。本次问卷调查总共收回调查问卷2880份，问卷回收率为96%，其中有效问卷2620份，有效率占91%。本研究从2620份有效问卷中选取个人月收入大于等于1000元及家庭年收入大于等于10000元的样本，共计1092份，采用SPSS 17近似抽样方法（80%）抽取研究的样本数目为883份。

在设计中选取研究对象为月收入大于等于1000元及家庭年收入大于等于10000元的样本，这部分消费者和消费群体大部分属于社会的工薪阶层。一方面，他们具有自主支配消费的经济能力，能够反映消费结构的变化趋势；另一方面，他们的消费观念也反映了特定时期的社会主流消费意识倾向，更能够表现当前消费文化观念的发展方向。所以，这样设计样本的选取更具有社会研究价值。

易丹辉（2009）等学者认为结构方程模型的适合样本数据一般不少于150个，不大于500个。因此，这里将883份样本随机分为两部分，利用第一部分的440份样本进行信度、效度分析，建立结构方程模型，最后再利用第二部分的443份样本验证本研究建立的结构方程模型。黄芳铭（2005）认为每个变量测量最好有10个样本以上。Thompson（2000）认为应该从模型观察变量数来分析样本人数，样本数与观察变量数的比例至少为10:1至15:1之间。本研究中的可测变量数目为31个，则至少应该抽取310—465个样本。本研究使用的建模样本数量为440份，所选用的样本数量适合利用结构方程模型进行研究。

2. 测量分析方法与工具

本研究采用的是结构方程模型分析的方法。首先，利用第一部分的440个样本数据，针对本研究构建的测量模型进行模型效度、信度和拟合度的检验。其次再针对本研究所修正的结构方程模型，进行假设检验统计分析，利用模型的有效路径的各潜变量的直接效应和间接效应的大小来解释研究的结论。最后通过第二部分的443个样本数据对建立的结构方程模型进行普遍性验证。本研究模型所用的分析软件是AMOS 16，源数据输入和读取所使用的软件是 SPSS 17。

三　统计结果分析与检验

（一）问卷样本描述性统计

表 4—4　　样本人口统计特性（n = 883）

<table>
<tr><td rowspan="2">项目</td><td colspan="12">样本特性</td></tr>
<tr><td colspan="12">人数（百分比）</td></tr>
<tr><td rowspan="2">性别</td><td colspan="6">男</td><td colspan="6">女</td></tr>
<tr><td colspan="6">511（57.9）</td><td colspan="6">372（42.1）</td></tr>
<tr><td rowspan="2">年龄</td><td colspan="3">15 岁—25 岁</td><td colspan="3">26 岁—35 岁</td><td colspan="2">36 岁—45 岁</td><td colspan="2">46 岁—59 岁</td><td colspan="2">60 岁及以上</td></tr>
<tr><td colspan="3">200（22.7）</td><td colspan="3">261（29.6）</td><td colspan="2">263（29.8）</td><td colspan="2">145（16.4）</td><td colspan="2">14（1.6）</td></tr>
<tr><td rowspan="2">文化程度</td><td colspan="3">初中及以下</td><td colspan="3">高中、中专、技校</td><td colspan="3">大专或本科</td><td colspan="3">研究生及以上</td></tr>
<tr><td colspan="3">134（15.2）</td><td colspan="3">272（30.8）</td><td colspan="3">441（50.0）</td><td colspan="3">36（4.0）</td></tr>
<tr><td rowspan="2">婚姻状况</td><td colspan="3">未婚</td><td colspan="3">已婚</td><td colspan="3">丧偶</td><td colspan="3">离异</td></tr>
<tr><td colspan="3">268（30.4）</td><td colspan="3">598（67.7）</td><td colspan="3">5（0.6）</td><td colspan="3">12（1.4）</td></tr>
<tr><td rowspan="2">职业</td><td>机关干部</td><td>管理人员</td><td>专业技术人员</td><td>私营者</td><td>服务人员</td><td>职员</td><td>农民</td><td>军人</td><td>自由职业</td><td>家庭主妇</td><td>学生</td><td>其他</td></tr>
<tr><td>123（13.9）</td><td>63（7.1）</td><td>173（19.6）</td><td>140（15.9）</td><td>103（11.7）</td><td>74（8.4）</td><td>64（7.2）</td><td>7（0.8）</td><td>56（6.3）</td><td>11（1.2）</td><td>45（5.1）</td><td>24（2.7）</td></tr>
<tr><td rowspan="2">月收入</td><td colspan="3">1001—2000 元</td><td colspan="2">2001—3000 元</td><td colspan="3">3001—5000 元</td><td colspan="2">5001—10000 元</td><td colspan="2">10000 元以上</td></tr>
<tr><td colspan="3">358（40.5）</td><td colspan="2">274（31.0）</td><td colspan="3">134（15.2）</td><td colspan="2">45（5.1）</td><td colspan="2">72（8.2）</td></tr>
<tr><td rowspan="2">家庭年收入</td><td colspan="3">10001—30000 元</td><td colspan="3">30001—50000 元</td><td colspan="3">50001—100000 元</td><td colspan="3">100000 元以上</td></tr>
<tr><td colspan="3">335（37.9）</td><td colspan="3">244（27.6）</td><td colspan="3">193（21.9）</td><td colspan="3">111（12.6）</td></tr>
<tr><td rowspan="2">家庭状况</td><td colspan="3">单身</td><td colspan="2">两口之家</td><td colspan="3">父母 + 子女</td><td colspan="2">祖孙三代</td><td colspan="2">四世同堂</td></tr>
<tr><td colspan="3">123（13.9）</td><td colspan="2">104（11.8）</td><td colspan="3">483（54.7）</td><td colspan="2">145（16.4）</td><td colspan="2">28（3.2）</td></tr>
<tr><td rowspan="2">家庭居住地</td><td colspan="3">省会城市</td><td colspan="2">地级城市</td><td colspan="3">县级城市</td><td colspan="2">乡镇</td><td colspan="2">农村</td></tr>
<tr><td colspan="3">208（23.6）</td><td colspan="2">162（18.3）</td><td colspan="3">210（23.8）</td><td colspan="2">141（16.0）</td><td colspan="2">162（18.3）</td></tr>
</table>

从表 4—4 中可以看到，在 883 份有效问卷中，女性被调查者数量为 42.1%，男性被调查者数量为 57.9%，男性的比例偏高。从年龄统计变

量来看，45 岁以下的被调查者占绝大多数，为 82%；文化程度上看，大专以上学历的占 54%，超过被调查者数量的一半；被调查者中已婚人数最多，比例为 69.6%；个人月收入在 1000—3000 元的人数占 71.5%。

（二）测量模型检验

测量模型是结构模型建立的基础前提，一个好的测量模型不仅应该有效度（validity）保证，而且还应该可信，具有一定的信度（reliability）。所谓效度，是指该测量工具是否能够正确测量所研究问题的程度，信度就是指测量的结果应该具有一致性或稳定性。

1. 信度和效度分析

（1）信度分析

Hair 等人（1998）认为传统的 Cronbach α 系数通常必须在 0.70 以上。J P. Gilford 在其 *Psychometric Methods* 一书中指出应该按照下面的标准来判断 Cronbach α 信度值：当 Cronbach α 值≥0.70 时，属于高信度；当 0.35≤Cronbach α 值<0.70 时，可以接受；当 Cronbach α 值<0.35 时属于低信度。

在进行结构方程模型分析时，还应该检验潜变量的构造信度（Construct Reliability）。构造信度主要用来评价一组可测变量（指标）共同说明某一潜变量的程度，反映解释潜在因子的显变量间内部的一致性。其计算公式为

$$CR = \frac{(\sum \lambda)^2}{(\sum \lambda)^2 + \sum (\varepsilon)}$$

上式中 CR 代表构造信度，λ 是可测变量在潜变量上的标准化系数，ε 则为可测变量的测量误差。构造信度的大小反映可测变量能够测量潜在结构的程度，Hairs 等人（1998）认为传统的 Cronbach α 系数通常必须在 0.70 以上，工具信度才能被接受，所以他们认为结构信度也应该达到 0.70 才适合。但 Bagozzi & Yi（1988）则认为当 CR 值在 0.60 以上时，就表示结构信度相当良好。目前，对于 CR 系数的取值并没有一个统一认可的界限，一般认为 0.9 以上是最好的，0.8 左右非常好，0.7 是适中的，0.5 以上可以接受。本研究采用 0.5 以上作为 CR 的可以

接受标准。由表 4—5 可知变量的建构信度在 0.46 至 0.63 之间，内部一致性一般，但可以接受。

（2）结构效度分析

个别可测变量的项目信度（Individual Item Reliability）反映了可测变量在潜在变量上的信度，Bollen（1989）指出该指标可作为检验个别变量效度的指标。可测变量标准化系数值代表每一个可测变量在其所反映潜在变量上的因子负荷量，当系数检验显著时，也就说明这个可测变量可以用来反映相应的潜变量，这时所建立的测量模型是适宜的。Hair 等人（1998）认为所有可测变量的因子载荷标准化系的数值在 0.5 以上，就表示测量工具的内容具有能够推论或者衡量相应抽象概念的能力。将原始数据（Raw Data）导入 AMOS 16 后，采用极大似然估计（Maximum likelihood）程序，进行各潜变量一阶验证性因子分析，进行标准化后会自动生成相应的载荷系数。由后面的分析可知，31 个可测变量的标准化载荷系数大部分均大于 0.5，并且全部通过可测变量系数显著性检验，表明通过了可测变量标准化系数的检验。

在利用结构方程模型的研究过程中，可以采用测量模型验证性因子分析的因子载荷（factor loading）来研究数据的结构效度问题。易丹辉（2009）认为，在进行结构效度分析时，可以利用因子分析中的第一主成分方差的贡献率大小来反映可测变量对潜变量的贡献，贡献率越大说明与研究问题关系越密切，一般认为大于 0.4 较好。本研究中所有因子的方差贡献率均大于 0.4，说明结构效度检验可以接受。

2. 信度和效度分析结果

对信度和效度的分析可以参考上述标准来判断。从选取到的 883 份样本中选取 440 份样本作为模型的构建，剩下的 443 份样本用来进行建立模型的理论验证。

消费文化量表构成是由前面文献探讨中所总结出来的四种表现形式来建立的，内在需要量表由消费需要和消费认同两个因子构成，消费文化观念量表由当前所测定的三种消费文化观念来构成。所有分量表的 Cronbach α 值都大于 0.35，说明各个因子的信度在可以接受范围内；各因子的构造信度（Construct reliability）值都大于 0.45，各因子的第一主成分方差贡献率都大于 0.4，说明其结构效度可以接受。详细内容见表 4—5、表 4—6、表 4—7。

表 4—5　　消费文化信度、效度分析（总信度 α = 0.681）

变量项	信度（Cronbach α）	载荷系数	构造信度	第一主成分方差贡献率
因子 1：符号化	0.639		0.6328	58.26%
q12 买东西时我会选择名牌产品，哪怕贵一点也没有关系		0.44		
q13 婚丧嫁娶要办得风光、有档次，在亲友面前才有面子		0.65		
q14 消费时"讲排场"才能够得到周围人的尊重和认可		0.71		
因子 2：理性化	0.522		0.5271	51.28%
q16 要量入为出，适度消费		0.46		
q26 消费应该有所节制，如果必须购买，也要物有所值		0.56		
q28 过度消费就是一种浪费，应当尽量减少不必要的消费		0.54		
因子 3：时尚化	0.568		0.5726	54.01%
q11 购买商品时主要考虑能彰显自己的生活品位与个性		0.48		
q22 经常购买新产品，让自己的生活能跟上潮流而不落伍		0.50		
q32 喜欢购买新产品，让自己的生活不断增加新元素		0.68		
因子 4：享受化	0.597		0.5977	45.35%
q07 要通过住房、服装、家庭用品等物质的消费来显示自己的社会地位		0.53		
q17 高档消费能够显示和证明个人的成就与地位		0.58		
q18 人活着就应该尽情消费，充分享受生活		0.5		
q19 西方人注重的超前消费、贷款消费和信用卡消费更好		0.47		

表 4—6 内在因素信度、效度分析（总信度 α =0.555）

变量项	信度 (Cronbach α)	载荷系数	构造信度	第一主成分方差贡献率
因子：消费需要	0.432		0.4593	47.37%
q6 收入一般要先考虑储蓄，再考虑消费		0.33		
q8 消费应当主要满足衣、食、住、行等基本需求		0.46		
q10 购买商品时应选择经济实用、物美价廉的产品		0.61		
因子：消费认同	0.462		0.466	40.19
q2 男性女性都可以追求个性，享受现代生活		0.38		
q3 购买商品时按照自己的意愿购买		0.4		
q4 购买商品时主要考虑个人和家庭的实际需要		0.52		
q21 在日常消费中，一般会选择与自己身份相符的商品		0.39		

表 4—7 消费文化观念信度、效度分析（总信度 α =0.517）

变量项	信度 (Cronbach α)	载荷系数	构造信度	第一主成分方差贡献率
因子：发展消费文化观念	0.439		0.4708	47.17%
q5 我很重视教育等能实现自我提升的消费		0.35		
q27 购买商品时应当选择绿色、健康、环保的产品		0.65		
q31 在教育和文化方面要舍得花钱，这可以提高人的素质和发展潜力		0.5		
因子：现代消费文化观念	0.481		0.4966	40.38%
q9 我更注重休闲娱乐等方面的消费，比如旅游、保健、体育等		0.32		
q25 花钱省时间是值得的		0.31		
q29 购物是休闲和缓解压力的一种方法		0.56		
q30 物质消费本身就是一种快乐和精神享受		0.66		

续表

变量项	信度（Cronbach α）	载荷系数	构造信度	第一主成分方差贡献率
因子：传统消费文化观念	0.49		0.4939	40.12%
q1 男主外女主内		0.25		
q20 中国人注重的节俭储蓄，考虑自己养老和儿孙的未来更好		0.28		
q23 消费要以习惯为主，不应有更多改变		0.69		
q24 消费只要随大流就好，不要出风头		0.54		

四　结构方程模型构建与效果分析

（一）消费文化观念影响因素结构方程模型

本研究利用 SPSS 17 对整个研究框架的问题进行信度检验，整体信度值 Cronbach α =0.800，信度可以接受，说明整体研究量表的稳定性和一致性较好，见表 4—8。

表 4—8　　整体量表信度检验

Cronbach's Alpha	Cronbach's Alpha Based on Standardized Items	N of Items
0.800	0.792	31

通过上面信度和效度验证结果可知，各测量变量都可以较好解释相应的因子，可以利用各因子建立消费文化观念影响因素研究的结构方程模型，探讨相关因子的影响关系。本研究以测量模型的消费文化的四个表现形式，即“符号化”、“现代化”、“娱乐化”、“享受性”作为消费文化变量；用“消费需要”和“消费认同”两因子来作为内在因素的中介变量；用传统型消费文化观念、现代型消费文化观念和发展型消费文化观念三种消费文化观念作为潜在结果变量，建立的结构方程模型如图 4—8 所示。

（二）模型评价与修正

1. 模型估计

本研究的模型中各个潜在变量间路径系数估计的结果如表 4—9 所示，

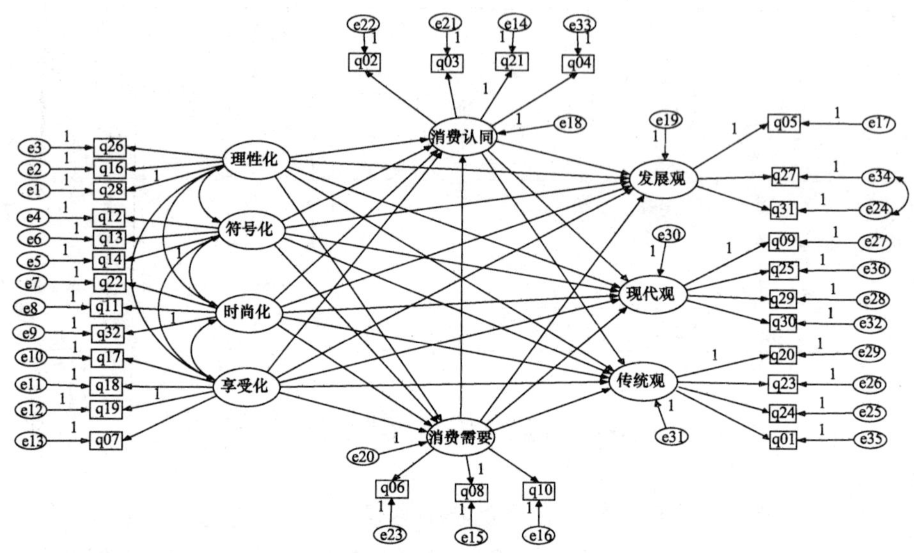

图 4—8　消费文化观念影响因素结构方程模型

模型协方差估计的结果见表 4—10 所示。在表 4—11 中列出了 AMOS 所输出的最大似然（Maximum Likelihood）参数估计值（Estimate）、估计标准误（S. E.）、T 值（C. R.）及相伴概率 P 值，表中的相关指标均是未标准化结果。Byrne（2001）和 Hair 等（1998）指出应该在进行模型拟合估计时先检验模型是否违反估计（Offend Estimate），查看参数估计值的合理性（feasibility）。常见的模型违反估计的情形有以下几种：出现过大的标准误（standard errors）或出现标准误极端小的数值，如标准误接近于 0 都认为出现了违反估计；出现负的误差方差及协方差；标准化系数超过或接近于 1。由表 4—6 可知所有参数的估计标准误均为正值，且都相当小，模型不存在违反估计问题。

AMOS 中的 T 值是指临界比（C. R.）可以检验参数估计值是否达到显著水平，它是判断因果模型内在品质的重要指标。临界比是参数估计值除以其标准误，可以用来检验参数估计值是否显著不等于 0，在显著性水平 $\alpha = 0.05$ 时，C. R. 的绝对值如果大于 1.96 则可以拒绝零假设（参数估计值等于 0），接受对立假设（表示参数估计值显著不等于 0）。由表 4—9 可知 27 条潜在变量间的路径系数估计中有 17 项显著，10 项不显著。在表 4—10 协方差估计检验中，各参数的估计标准误（S. E.）较小，不存在违反估计。同时，由 T 值可知只有 1 项没有通过显著性检验，其他各项目的 P 值都在 0.001 水平上达到显著。

表 4—9　　初始模型未标准化潜在变量间各路径系数估计

			Estimate	S. E.	C. R.	P	Label
消费需要	<—	理性化	0.684	0.157	4.349	***	par_ 10
消费需要	<—	符号化	0.017	0.088	0.199	0.842	par_ 13
消费需要	<—	时尚化	-0.079	0.176	-0.448	0.654	par_ 16
消费需要	<—	享受化	0.163	0.08	2.03	0.043*	par_ 48
消费认同	<—	理性化	0.41	0.166	2.47	0.013*	par_ 8
消费认同	<—	符号化	0.027	0.064	0.414	0.679	par_ 11
消费认同	<—	时尚化	0.17	0.083	2.04	0.042*	par_ 14
消费认同	<—	享受化	-0.14	0.176	-0.791	0.429	par_ 18
消费认同	<—	消费需要	0.205	0.098	2.082	0.038*	par_ 22
发展观	<—	理性化	0.184	0.086	2.152	0.032*	par_ 9
发展观	<—	符号化	-0.064	0.055	-1.17	0.242	par_ 12
发展观	<—	时尚化	0.226	0.104	2.165	0.031*	par_ 15
发展观	<—	享受化	-0.02	0.157	-0.126	0.9	par_ 17
发展观	<—	消费认同	0.564	0.25	2.25	0.025*	par_ 19
发展观	<—	消费需要	-0.233	0.089	-2.625	0.009**	par_ 20
现代观	<—	消费认同	0.402	0.189	2.127	0.034*	par_ 30
传统观	<—	消费认同	-0.27	0.286	-0.947	0.344	par_ 31
现代观	<—	消费需要	-0.07	0.121	-0.582	0.561	par_ 32
传统观	<—	消费需要	0.237	0.107	2.205	0.028*	par_ 33
现代观	<—	理性化	-0.028	0.169	-0.167	0.867	par_ 34
传统观	<—	理性化	0.264	0.128	2.06	0.04*	par_ 35
现代观	<—	符号化	-0.086	0.058	-1.495	0.135	par_ 36
传统观	<—	符号化	0.166	0.055	2.986	0.003**	par_ 37
现代观	<—	时尚化	0.268	0.124	2.152	0.032*	par_ 38
传统观	<—	时尚化	-0.143	0.721	-1.983	0.048*	par_ 39
现代观	<—	享受化	0.301	0.151	1.992	0.047*	par_ 40
传统观	<—	享受化	0.139	0.07	1.975	0.049*	par_ 41

注：*、**、***分别表示显著水平为 0.05、0.01 和 0.001。

表 4—10 初始模型外生潜变量协方差估计检验

			Estimate	S. E.	C. R.	P	Label
符号化	<—>	享受化	0. 374	0. 057	6. 575	***	par_ 42
理性化	<—>	时尚化	-0. 034	0. 032	-1. 066	0. 286	par_ 43
符号化	<—>	时尚化	0. 39	0. 055	7. 07	***	par_ 44
享受化	<—>	时尚化	0. 328	0. 049	6. 712	***	par_ 45
理性化	<—>	符号化	-0. 128	0. 039	-3. 243	0. 001	par_ 46
理性化	<—>	享受化	-0. 11	0. 03	-3. 604	***	par_ 50

注：*、**、***分别表示显著水平为 0. 05、0. 01 和 0. 001。

模型中可测变量与潜在变量间载荷系数估计的结果如表 4—11 所示，表 4—11 中列出了 AMOS 所输出的最大似然（Maximum Likelihood）参数估计值（Estimate）、估计标准误（S. E.）、T 值（C. R.）及相伴概率 P 值，表中的相关指标均是未标准化结果，可见表中所有载荷在显著性水平为 0. 001 下都通过了 T 检验。

表 4—11 初始模型未标准化载荷系数估计

			Estimate	S. E.	C. R.	P	Label
q28	<—	理性化	1				
q26	<—	理性化	0. 949	0. 123	7. 686	***	par_ 1
q14	<—	符号化	1				
q13	<—	符号化	0. 848	0. 086	9. 838	***	par_ 2
q12	<—	符号化	0. 62	0. 078	7. 99	***	par_ 3
q19	<—	享受化	1				
q18	<—	享受化	1. 117	0. 145	7. 694	***	par_ 4
q17	<—	享受化	1. 041	0. 141	7. 399	***	par_ 5
q16	<—	理性化	0. 796	0. 12	6. 632	***	par_ 6
q21	<—	消费认同	1				
q10	<—	消费需要	1. 201	0. 202	5. 943	***	par_ 7
q08	<—	消费需要	1				
q32	<—	时尚化	1				

续表

			Estimate	S. E.	C. R.	P	Label
q22	<—	时尚化	0. 743	0. 089	8. 349	***	par_ 21
q03	<—	消费认同	1. 015	0. 197	5. 155	***	par_ 23
q02	<—	消费认同	0. 931	0. 186	5. 009	***	par_ 24
q06	<—	消费需要	0. 739	0. 164	4. 517	***	par_ 25
q31	<—	发展观	1. 545	0. 359	4. 297	***	par_ 26
q05	<—	发展观	1				
q09	<—	现代观	1				
q29	<—	现代观	1. 846	0. 344	5. 366	***	par_ 27
q20	<—	传统观	1				
q24	<—	传统观	1. 937	0. 424	4. 566	***	par_ 28
q23	<—	传统观	2. 168	0. 477	4. 546	***	par_ 29
q30	<—	现代观	1. 998	0. 362	5. 527	***	par_ 47
q27	<—	发展观	1. 679	0. 366	4. 587	***	par_ 49
q01	<—	传统观	1. 053	0. 3	3. 515	***	par_ 51
q07	<—	享受化	1. 009	0. 141	7. 149	***	par_ 52
q25	<—	现代观	0. 978	0. 234	4. 176	***	par_ 53
q11	<—	时尚化	0. 827	0. 096	8. 654	***	par_ 54
q04	<—	消费认同	1. 14	0. 197	5. 789	***	par_ 55

注：*、**、***分别表示显著水平为 0. 05、0. 01 和 0. 001。

2. 模型评价

在构建模型并用软件求出初始解后，要进行模型的评价。模型的评价基本包括两个部分：

一是结构方程求解的结果是否符合统计学意义。Bogozzi 和 Yi（1988）提出的准则：估计参数中不能有负的误差方差；所有误差变异达到显著性水平（t 值 >1. 96），α = 0. 05 水平；潜变量与其指标之间的载荷应该介于 0. 5 至 0. 95 之间。包括迭代估计是否收敛（interated estimate converges），各参数估计值是否在合理范围内。本研究初始解是由 AMOS 16 软件经过 15 次迭代求得，是收敛的。同时由表 4—11 可知各项参数估计值处于合理范围内，不存在异常估计值。

二是进行模型外在质量的评估，即对多种不同类型的整体拟合指数进行的检验。一般包括绝对拟合检验、增值拟合检验和简约拟合检验（吴明隆，2010；侯杰泰、成子娟、钟财文，1996；Marsh，Balla & Hau，1996）。

绝对拟合统计量评估的是所提出的整体模型与样本数据相拟合的程度。常用的统计量包括 X^2 值，如果是问卷调查法，通常样本数要在 200 以上，Rigdon（1995）认为使用样本数据评价理论模型时 X^2 统计受样本数的影响较大，所以应该参考其他拟合指标。GFI（Goodness of fit index）为拟合度指数，GFI 值大于 0.9 说明模型路径图与实际数据有良好的拟合度。AGFI（adjusted GFI）为调整后的拟合指数，Hu 和 Bentler（1999）认为 AGFI 值大于 0.9 表示模型与实际有较好的适配度。RMR（root mean square residual）为残差均方和平方根，是由 Joreskog 和 Sorbom（1986）提出来的，RMR 的值下限为零，但没有上限。RMR 值越小表明样本残差越小，说明假设模型与真实模型越接近。RMSEA（RMR of approximation）渐进残差均方和平方根。Browne 和 Cudeck（1993）认为 RMSEA 是一种不需要基准线模型的绝对指标，其值越小表示模型的拟合度越佳，一般来说，当 RMSEA 值高于 0.10 时，则模型的拟合度欠佳（poor fit）；当在 0.08 至 0.10 之间则模型尚可，具有普通拟合（mediocre fit）；在 0.05 至 0.08 之间表示模型良好，具有合理拟合（reasonable fit），如果其值小于 0.05，表示模型拟合度非常好（good fit）。

增值拟合（incremental fit）统计量通常是将待检验的假设理论模型与基准模型的拟合度相互比较以判断模型的拟合度。常用的增值拟合统计量包括 NFI（normed fit index）标准拟合指数、TLI 或 NNFI（non-normed fit index）非标准拟合指数、CFI（comparative fit index）比较拟合指数、RFI（relative fit index）相对拟合指数、IFI（incremental fit index）增值拟合指数。一般而言，上述五个指标值用于判别模型路径图与实际数据是否拟合的标准均为 0.9 以上。

简约拟合（parsimonious fit）统计量。有些学者提出要在拟合指数中引入简约原则，以惩罚参数多的模型（Bentler & Moojaart，1989；McDonald & Marsh，1990；Mulaik eta1.，1989）。常用的精简拟合统计量包括 PNFI（parsimony-adjusted NFI）为简约调整后的标准拟合指数，PGFI（parsimony goodness-of-fit index）为简约拟合度指数，吴明隆（2010）认为一般 PNFI 和 PGFI 值大于 0.50 表示假设理论模型是可以接受的。CN (critical N) 为临界样本数，一般判别标准是 CN 值≥200，当 CN 指标在 200 以上时表示该理论模型可以适当反映实际样本的性质。Hu 和 Bentler (1995) 主张模型可以接受范围的 CN 最小值为 250。CN 值数据可以从 AMOS 中的 HOELTER 表中得到。NC 值为卡方与自由度的比值 (X^2/df)，一般要求此数值介于 1 至 2 或 1 至 3 之间。

本研究进行数据与模型拟合的初始标准化结构方程模型的路径系数及载荷系数如图 4—9 所示。

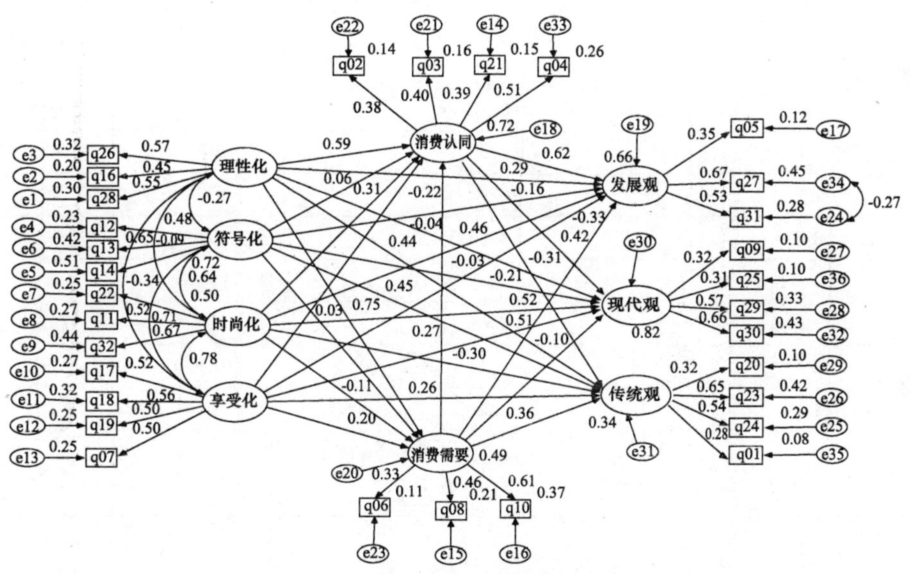

图 4—9　初始标准化模型变量间关系

从图 4—9 初始模型可以看到，所有的标准误没有出现负值的情况，标准化后的潜变量之间的路径系数没有出现大于 1 的情况，说明初始模型没有出现违反估计。各检验指标的拟合标准及本研究模型拟合结果评价如表 4—12 所示。

表 4—12　初始模型整体拟合指数的评价结果

统计检验量	拟合的标准	模型结果	结果评价
绝对拟合指数			
X^2	显著性概率值 P >0.05（未达显著水平）	717.95	—

续表

统计检验量	拟合的标准	模型结果	结果评价
Df		400	—
GFI	>0.90	0.906	良好
AGFI	>0.90	0.883	尚可
RMR	<0.08	0.065	良好
RMSEA	<0.05（拟合良好）； <0.08（拟合合理）	0.043	良好
增值拟合指数			
NFI	>0.90	0.704	—
CFI	>0.90	0.838	需修正
TLI（NNFI）	>0.90	0.812	需修正
IFI	>0.90	0.843	需修正
RFI	>0.90	0.656	—
简约拟合指数			
PGFI	>0.05	0.730	良好
PNFI	>0.05	0.606	良好
CN	>200	274（α=0.05）	良好
NC（X^2/df）	1<NC<3，表示模型有简约拟合度 NC>5，表示模型需要修正	1.795	良好

由表4—12可知，模型的绝对拟合指数和简约拟合指数比较良好，但是部分增值拟合指数较低，需要对模型进行修正。在表中卡方统计量为717.95，自由度为400，Carmines和Mclver（1981）认为卡方自由度比值小于2时表示假设模型的适配度较佳，本研究模型的X^2/df值为1.795，说明模型较好。GFI、RMR与RMSEA都通过了检验，取值适中，这说明X^2/df模型的绝对拟合状况较好，整体模型与选取样本数据的拟合度较高。CFI、TLI、IFI、NFI和RFI的值都较低，与拟合标准有一定差异，需要进行模型的修正工作。在简约拟合统计量中，本模型通过了PGFI、PNFI、CN及NC检验，说明本模型简约程度较好。通过以上三项的评估后可知，本模型与样本资料的拟合度基本可以接受，为了进一步提高增值拟合指数的拟合度应该进行模型修正。

3. 模型修正

在表 4—12 中研究的增值拟合指数的值都小于检验标准的要求，表示模型具有修正的必要。对于模型的修正 AMOS 提供了修正指标（modification indices）数据来判断。修正指标（MI）主要用于模型向扩展方面修正，即放松一些路径的限制从而可以提高模型的拟合程度。在模型修正时增加的参数关系不能违反结构方程模型理论的假定，如外生潜变量和内生潜变量的指标之间没有直接关系；外生潜变量的指标变量与内生潜变量的指标变量没有直接关系；各个测量模型中指标变量的残差项与内因潜变量无关；指标变量的残差项间可以有相关关系但不能够建立直接因果关系等。Bagozzi & Yi（1988）指出，若修正指数大于 3.84，就表示该参数有修正的必要。邱浩政（2005）认为修正指标值大于 5 才具有修正的必要。但同时学者们也指出，根据修正指数进行模型修正时，必须有理论或实证为基础，不能一味地根据修正指数随意更改模型，来增加模型的拟合程度。从模型评估的结果来看，本模型通过了多项整体拟合度指标检验，模型内部属性基本良好，但仍有 CFI、TLI 等指标较低，需要进行模型修正。故可以从修正指数具体的指标上来对本模型予以修正，并对检验未通过的路径进行删除，修正后的结构方程模型如图 4—10 所示。

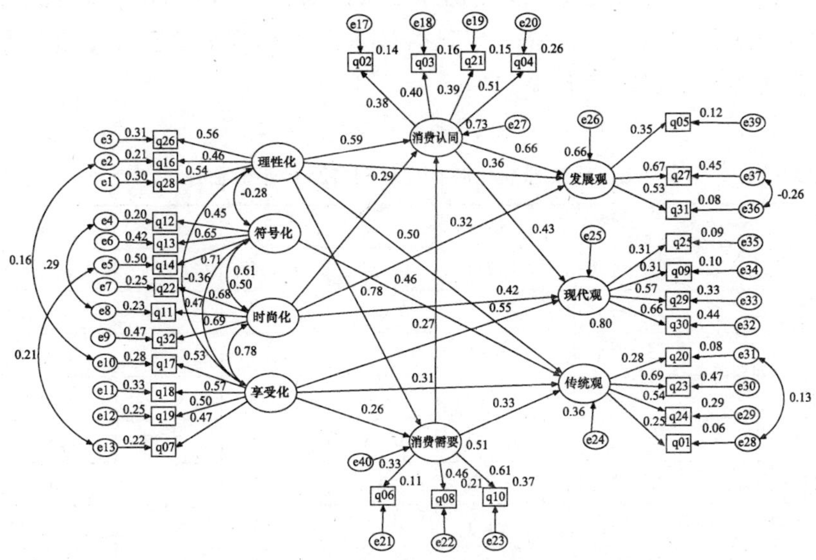

图 4—10　修正后的标准化结构方程模型

修正之后的模型拟合指数有大幅度提高，如图 4—13 所示。经过修正的卡方统计量为 657.69，自由度为 396，本研究模型的 X^2/df 值为 1.66，说明模型与数据拟合较好。GFI、RMR 与 RMSEA 都通过了检验，这说明模型的绝对拟合状况较好，整体模型与选取样本数据的拟合度较高。模型的 CFI、TLI 和 IFI 值都在 0.8 以上，较接近拟合标准要求。侯杰泰（2004）和易丹辉（2009）等学者认为 NFI 受样本容量的影响较大，一般不推荐使用 NFI（Hu & Bentler，1998，1999；温忠麟、侯杰泰、Marsh，2004），所以在拟合指数研究中推荐使用 NNFI 指标，在 AMOS 中为 TLI 指标。本模型通过了 PGFI、PNFI、CN 及 NC 检验，说明本模型简约程度较好。从以上修正后模型的评价结果来看，修正模型是较为理想的模型，模型与样本资料的拟合度较高，可以利用其结果对研究假设进行验证。

表 4—13　　修正后模型的拟合指标

指标	X^2	*df*	TLI	CFI	IFI	GFI	AGFI	RMR	RMSEA	PGFI	PNFI	CN
修正值	657.69	396	0.844	0.867	0.871	0.913	0.891	0.063	0.039	0.729	0.621	296
评价	-	-	尚可	尚可	尚可	良好	良好	良好	良好	良好	良好	良好

修正后的未标准化结构模型的路径系数如表 4—14 所示。剩余的路径系数都通过了 T 检验，并在一定显著性水平下达到显著。外生潜变量相关性协方差检验详细见表 4—15。

表 4—14　　修正后未标准化潜在变量间各路径系数估计

结果变量	关系	原因变量	Estimate	S. E.	C. R.	P	Label
消费需要	<—	理性化	0.711	0.167	4.256	***	par_ 10
消费需要	<—	符号化	0.016	0.081	0.193	0.847	par_ 13
消费需要	<—	时尚化	-0.094	0.17	-0.553	0.58	par_ 16
消费需要	<—	享受化	0.204	0.098	2.081	0.038*	par_ 48
消费认同	<—	理性化	0.421	0.18	2.338	0.019*	par_ 8
消费认同	<—	符号化	0.031	0.059	0.521	0.602	par_ 11
消费认同	<—	时尚化	0.151	0.075	2.001	0.046*	par_ 14
消费认同	<—	享受化	-0.117	0.175	-0.673	0.501	par_ 18

续表

结果变量	关系	原因变量	Estimate	S. E.	C. R.	P	Label
消费认同	<—	消费需要	0.21	0.099	2.104	0.036*	par_ 22
发展观	<—	理性化	0.232	0.099	2.115	0.035*	par_ 9
发展观	<—	符号化	-0.051	0.052	-0.979	0.328	par_ 12
发展观	<—	时尚化	0.152	0.073	2.06	0.04*	par_ 15
发展观	<—	享受化	0.051	0.153	0.336	0.737	par_ 17
发展观	<—	消费认同	0.6	0.27	2.219	0.027*	par_ 19
发展观	<—	消费需要	-0.283	0.163	-1.741	0.082	par_ 20
现代观	<—	消费认同	0.397	0.193	2.05	0.041*	par_ 30
传统观	<—	消费认同	-0.732	0.675	-1.085	0.278	par_ 31
现代观	<—	消费需要	-0.115	0.12	-0.955	0.34	par_ 32
传统观	<—	消费需要	0.51	0.234	2.178	0.03*	par_ 33
现代观	<—	理性化	0.029	0.171	0.17	0.865	par_ 34
传统观	<—	理性化	0.696	0.315	2.205	0.028*	par_ 35
现代观	<—	符号化	-0.053	0.05	-1.056	0.291	par_ 36
传统观	<—	符号化	0.394	0.131	3.016	0.003**	par_ 37
现代观	<—	时尚化	0.205	0.098	2.071	0.039*	par_ 38
传统观	<—	时尚化	-0.329	0.292	-1.127	0.26	par_ 39
现代观	<—	享受化	0.316	0.159	1.99	0.047*	par_ 40
传统观	<—	享受化	0.385	0.189	2.03	0.043*	par_ 41

注：*、**、***分别表示显著水平为0.05、0.01和0.001。

表4—15　　外生潜变量相关性协方差检验

			Estimate	S. E.	C. R.	P	Label
符号化	<—>	享受化	0.358	0.056	6.383	***	par_ 42
理性化	<—>	时尚化	-0.038	0.032	-1.173	0.241	par_ 43
符号化	<—>	时尚化	0.379	0.055	6.878	***	par_ 44
享受化	<—>	时尚化	0.34	0.05	6.795	***	par_ 45
理性化	<—>	符号化	-0.131	0.039	-3.349	***	par_ 46
理性化	<—>	享受化	-0.118	0.031	-3.777	***	par_ 50

注：*、**、***分别表示显著水平为0.05、0.01和0.001。

4. 模型结果

通过模型评估后，认为修正模型具有较好的拟合度，可以利用其得出的各项参数估计与相关指标对研究假设进行验证与结果解释。由表 4—14 可知，27 项潜在变量间因果关系系数有 15 项通过了 T 检验，外生潜变量相关关系中有 5 项通过了 T 检验。至此 31 项可测变量载荷系数均通过了 T 检验。去除模型中未通过检验的路径系数，将其余标准化潜变量有效路径进行整理，如表 4—16 所示。

表 4—16　　标准化潜变量间有效路径系数估计

假设编号	结果变量	关系	原因变量	标准化路径系数
H1a-3：符号化对传统消费观念产生正向影响	传统观	<—	符号化	0.457**
H1b-1：理性化对发展消费观念产生正向影响	发展观	<—	理性化	0.359*
H1b-3：理性化对传统消费观念产生正向影响	传统观	<—	理性化	0.497*
H1b-1：时尚化对发展消费观念产生正向影响	发展观	<—	时尚化	0.315*
H1b-2：时尚化对现代消费观念产生正向影响	现代观	<—	时尚化	0.42*
H1c-2：享受化对现代消费观念产生正向影响	现代观	<—	享受化	0.553*
H1c-3：享受化对传统消费观念产生正向影响	传统观	<—	享受化	0.314*
H2b-1：理性化对消费认同产生正向影响	消费认同	<—	理性化	0.595*
H2b-2：理性化对消费需要产生正向影响	消费需要	<—	理性化	0.778***
H2c-2：享受化对消费需要产生正向影响	消费需要	<—	享受化	0.255*
H2d-1：时尚化对消费认同产生正向影响	消费认同	<—	时尚化	0.286*
H3a-1：消费认同对发展消费观念产生正向影响	发展观	<—	消费认同	0.658*
H3a-2：消费认同对现代消费观念产生正向影响	现代观	<—	消费认同	0.43*
H3b-3：消费需要对传统消费观念产生正向影响	传统观	<—	消费需要	0.333*
H4a：符号化与理性化负相关	理性化	<—>	符号化	-0.284***
H4b：理性化与享受化负相关	理性化	<—>	享受化	-0.362***
H4d：享受化与符号化正相关	符号化	<—>	享受化	0.678***
H4e：符号化与时尚化正相关	符号化	<—>	时尚化	0.612***

续表

假设编号	结果变量	关系	原因变量	标准化路径系数
H4f：时尚化与享受化正相关	享受化	<—>	时尚化	0.777***
H5：消费需要对消费认同产生正向影响	消费认同	<—	消费需要	0.271*

注：*、**、***分别表示显著水平为0.05、0.01和0.001。

对于修正后的结构模型去除未通过检验的假设路径，经过整理的标准化有效路径结构模型如图4—11所示，从图中可以看到外生潜变量对内生潜变量的路径系数为正效应。

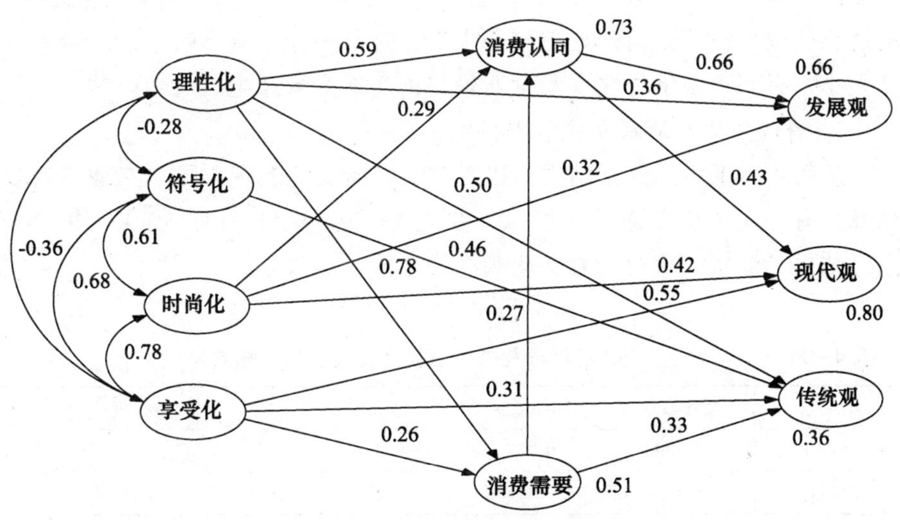

图4—11　标准化有效路径系数

（三）消费文化观念影响效果分析

结构方程模型的主要作用是揭示潜在变量之间、潜在变量与显变量之间的结构关系，这些关系在模型中通过潜变量之间的路径系数及可测变量与潜变量之间的载荷系数来体现。此外，效应分解也是结构方程模型结果解释中重要的一部分，特别是标准化的效应分解，对更好地了解各变量之间的关系与作用程度十分重要。在路径分析中，对于具有因果关系的变量在计算协方差时，通常将可测变量标准化，得到的协方差就是相关系数。

效应分解也称为相关系数分解，是将变量之间的相关系数分解为不同效应部分。包括直接效应（direct effect）、间接效应（indirect effect）和总效应（total effect）。

直接效应（direct effect）反映原因变量（外生或内生变量）对结果变量（内生变量）的直接影响，用原因变量到结果变量的标准化路径系数来衡量直接效应的大小。间接效应（indirect effect）是指原因变量通过影响一个或多个中介变量对结果变量的间接影响，当只有一个中介变量时，间接效应大小是两个路径系数的乘积。如果中介变量不止一个，则间接效应是所有从原因变量出发，通过一个或多个中介变量后结束于结果变量的“箭头链”上的路径系数乘积之和。而总效应（total effect）指的是由原因变量对结果变量的影响效应总和，它是直接效应和间接效应之和。通过总效应分析可以清楚地看到外生潜变量与中介变量影响结果变量的程度大小，有利于了解哪些变量会对最终内生潜变量产生决定性影响。

1. 消费文化对消费文化观念的影响效果

从图 4—11 中的验证结果可以看到，消费文化表现方式对三种消费观念都具有一定程度的影响。所以，在表 4—17、表 4—18、表 4—19 中分别总结出了消费文化对消费文化观念的不同影响效果。

表 4—17　　理性化、时尚化对发展型消费文化观念的影响效果

潜变量	直接效应	间接效应	总效应	影响程度
理性化	0.359	0.392	0.751	基本相同
时尚化	0.315	0.188	0.503	直接效应大于间接效应影响

注：①表中各参数是标准化结果；②13 条未通过 T 检验的路径已被剔除；③直接效应就是模型中的路径系数；④间接效应是从原因变量出发到达结果变量的多条箭头链上路径系数乘积之和；⑤总效应是直接效应与间接效应之和；⑥以下各表注释同此处。

从表 4—17 中可以看到，在有效路径中只有理性化和时尚化的消费文化表现方式影响发展型消费文化观念。理性化的间接效应和直接效应影响程度基本相同。理性化对发展消费观影响的直接效应理解为，当理性化变量每增加 1 个单位，则发展型消费文化观念将上升 0.359 个单位；消费认同是理性化影响发展观的中介变量，在消费认同调节条件下，当理性化每增加 1 个标准单位时发展消费观将上升 0.392 个标准单位。时尚化对发展消费观的直接影响较大，占总效应的62.6%，当时尚化每增加1个标准单位时，发展型消费文化观念将增加0.315个单位；消费认同也是时尚化影响发展型消费文化观念的中介变量，在消费认同变量条件下，时尚化每增加1个标准单位时，也会间接影响发展消费观增加0.188个标准单位。从总效应的结果上来看，理性化影响发展消费观的程度大于时尚化的影响。

表4—18　　时尚化、享受化对现代消费观念的影响效果

潜变量	直接效应	间接效应	总效应	影响程度
时尚化	0.42	0.123	0.543	绝大部分影响来自直接效应
享受化	0.553	0	0.553	全部影响来自直接效应

表4—18说明，时尚化对现代消费观的影响中直接效应占77.4%，消费认同作为中介变量起到间接影响，间接效应为0.123，说明消费认同对现代消费观影响程度较小。享受化对现代消费观的影响全部为直接效应，说明享受化对现代消费观的作用不受内在中介变量调节而发生变化。时尚化和享受化对现代消费观念影响效果基本相同，这也说明现代消费观对时尚化和享受化的消费文化接受程度相当。

表4—19　　理性化、符号化、享受化对传统消费观念的影响效果

潜变量	直接效应	间接效应	总效应	影响程度
理性化	0.497	0.259	0.756	直接效应较大
符号化	0.457	0	0.455	全部影响来自直接效应
享受化	0.314	0.085	0.399	直接效应影响为主

表4—19说明，符号化对传统消费文化观念只有直接效应，没有间接效应。传统消费文化观念的形成中理性化影响程度最大为0.756个标准单位，说明传统消费文化观念是非常认可理性的消费文化，消费者和消费群体的观念很大程度上受到理性化的驱使。享受化对传统消费文化观念的影响是以直接效应为主。符号化不受中介变量的调节，说明传统消费观直接追求的是符号化象征意义上的消费。

2. 内在因素对消费文化观念的影响效果

本书把消费认同和消费需要作为分析消费行为一般模式的内在因素，它们的变化是消费文化观念研究的中介变量，不同程度地影响着三种消费文化观念。

表 4—20 消费认同对发展消费观念的影响效果

潜变量	直接效应	间接效应	总效应	影响程度
消费认同	0.658	无	0.658	全部影响来自直接效应

表 4—20 说明，作为中介变量的消费认同每提升 1 个标准单位，那么发展消费观将会增加 0.658 个标准单位，消费认同的变化直接影响发展消费观。

表 4—21 消费认同对现代消费观念的影响效果

潜变量	直接效应	间接效应	总效应	影响程度
消费认同	0.43	无	0.43	全部影响来自直接效应

表 4—21 说明，作为中介变量的消费认同的变化影响现代消费观，消费认同每增加 1 个标准单位，现代消费观将增加 0.43 个标准单位。

表 4—22 消费需要对传统消费观念的影响效果

潜变量	直接效应	间接效应	总效应	影响程度
消费需要	0.333	无	0.333	全部影响来自直接效应

表 4—22 可以说明，消费需要是影响传统消费观的中间因素，每当消费需要提高 1 个标准单位，那么将影响传统消费观念提升 0.333 个标准单位。

3. 假设验证结果一览表

在前面所得出的数据基础上，将研究的检验假设的结果汇总如表 4—23 所示。在 AMOS 中一般利用 t 值来做判断标准。当置信度 $\alpha = 0.05$ 时，要求 t 值应该在 1.96 以上；置信度 $\alpha = 0.01$ 时，要求 t 值应该在 2.58 以上；置信度 α =0.001 时，要求 t 值应该在 3.32 以上。由表 4—23 可知，本书在前面进行了 33 项命题的假设，在经过统计检验后有 20 项假设成立，13 项不成立，大部分的假设都得到了验证。

表 4—23　　研究假设验证结果

编号	假设命题	t 值	通过与否
H1：消费文化对消费观念产生影响	H1a-1：符号化对发展消费观念产生正向影响	-0.979	否
	H1a-2：符号化对现代消费观念产生正向影响	-1.056	否
	H1a-3：符号化对传统消费观念产生正向影响	3.016 * *	是
	H1b-1：理性化对发展消费观念产生正向影响	2.115 *	是
	H1b-2：理性化对现代消费观念产生正向影响	0.17	否
	H1b-3：理性化对传统消费观念产生正向影响	2.205 *	是
	H1c-1：时尚化对发展消费观念产生正向影响	2.06 *	是
	H1c-2：时尚化对现代消费观念产生正向影响	2.071 *	是
	H1c-3：时尚化对传统消费观念产生正向影响	-1.127	否
	H1d-1：享受化对发展消费观念产生正向影响	0.336	否
	H1d-2：享受化对现代消费观念产生正向影响	1.99 *	是
	H1d-3：享受化对传统消费观念产生正向影响	2.03 *	是
H2：消费文化对内在需要产生影响	H2a-1：符号化对消费认同产生正向影响	0.521	否
	H2a-2：符号化对消费需要产生正向影响	0.193	否
	H2b-1：理性化对消费认同产生正向影响	2.338 *	是
	H2b-2：理性化对消费需要产生正向影响	4.256 * * *	是
	H2c-1：享受化对消费认同产生正向影响	-0.673	否
	H2c-2：享受化对消费需要产生正向影响	2.081 *	是
	H2d-1：时尚化对消费认同产生正向影响	2.001 *	是
	H2d-2：时尚化对消费需要产生正向影响	-0.553	否
H3：内在需要的变化对消费观念产生影响	H3a-1：消费认同对发展消费观念产生正向影响	2.219 *	是
	H3a-2：消费认同对现代消费观念产生正向影响	2.05 *	是
	H3a-3：消费认同对传统消费观念产生正向影响	-1.085	否
	H3b-1：消费需要对发展消费观念产生正向影响	-1.741	否
	H3b-2：消费需要对现代消费观念产生正向影响	-0.955	否
	H3b-3：消费需要对传统消费观念产生正向影响	2.178 *	是

续表

编号	假设命题	t 值	通过与否
H4：消费文化的表现形式之间具有相关性	H4a：符号化与理性化负相关	-3.349***	是
	H4b：理性化与享受化负相关	-3.777***	是
	H4c：理性化与时尚化负相关	-1.173	否
	H4d：享受化与符号化正相关	6.383***	是
	H4e：符号化与时尚化正相关	6.878***	是
	H4f：时尚化与享受化正相关	6.795***	是
H5：	消费需要对消费认同产生正向影响	2.104*	是

注：*、**、***分别表示显著水平为0.05、0.01和0.001。

4. 模型验证

本研究所选用的数据在建模前被分成了两部分，前面利用了第一部分的440个样本来进行结构模型的建立和假设的检验，但是建立的理论模型是否具有普遍性，能否用于实践之中则需要进行验证。所以，这里利用剩余443个样本数据来进行模型的数据拟合验证，从验证的结果可以看到，在所建立模型的假设检验通过的有效路径上，外生潜变量对内生潜变量路径系数都为正向影响效应，说明研究所建立的模型是合理的，如图4—12所示。

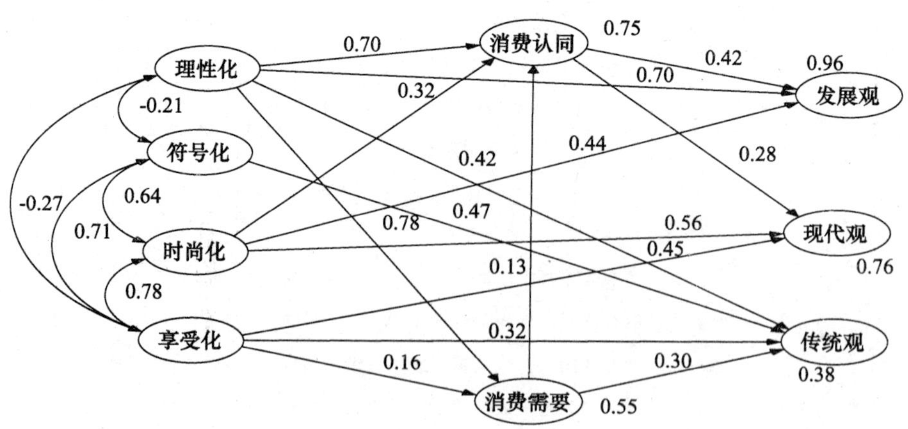

图4—12　模型验证

五　消费文化观念影响因素的研究结论

（一）传统消费文化观念的影响因素

传统消费文化观念影响因素是理性化、符号化、享受化和消费需要。当代中国的理性化、符号化和享受化的消费文化对传统消费文化观念的形成具有促进作用。消费社会中，特定时期消费文化产生和形成具有一定的社会条件，传统消费观念是传统文化在消费领域的表现。中国传统文化是以小农经济为基础，以宗法家族制度为背景，以儒家伦理道德为主线的传统农业文化、血缘文化和修养文化的统一，在消费领域表现为注重家庭和社会团体的消费习惯，是一种讲究人与人之间、人与家庭团体之间的“和合”观念，传统的儒家“中庸”思想贯穿于国人的日常生活行为之中。在本研究中传统消费文化在理性化、符号化和享受化中都有相当重要的表现，从本研究结论可以推断当代中国的传统消费观正是这三个主要因素共同作用的结果。传统的理性消费倡导“量入为出”节俭消费，在消费中注重商品经济实用和价廉物美，这些思想都直接对传统消费观念的形成起到促进作用。随着符号化的消费文化在社会各个阶层的渗透，文化的导向作用逐渐加强，在消费中考虑自己的“面子”问题，在物质消费的同时也看重象征性的消费，如炫耀自己的身份和地位等，这种注重消费符号价值的最终结果就会使传统消费观重新形成或对旧传统消费观进行改变。在本研究中符号化和理性化对传统消费观的影响作用不会通过中间因素来传递，即没有间接影响因素存在，这两类消费文化直接发挥文化的导向作用，实实在在地作用于消费者的观念层中，促进传统消费观的形成。享受化不仅直接影响传统消费观而且还通过中间变量——消费需要来影响。享受化在消费文化中表现出来的理念是“人活着就应该尽情消费，充分享受生活”，享受是消费的主要目的，传统消费观不仅受享受化直接影响而且还受到消费需要变化的间接影响，传统消费观主要以低层次的物质消费为内容，以物质消费带来的快感为目的，以人们日常生活对吃、穿、住、行的物质消费为主要形式，低收入的消费者受享受化消费文化影响较大。

（二）现代消费文化观念的影响因素

现代消费文化观念的影响因素是时尚化、享受化和消费认同。本研究验证了享受化和时尚化的消费文化对现代消费观具有显著影响。现代消费文化观念是一种追求消费时尚，追求消费享受和高层次生活品位的消费看法，在很大程度上是对消费主义文化的继承，另外也受到当前社会大众文化的影响，更表现出一种娱乐化的倾向。现代消费观念追求高品位的物质享受，认为消费就是快乐，以享受为主要目的。在发达的现代商品经济社会中，人们获得财富的渠道也比较广泛，随着社会整体收入的提高，人们对物质的追求和享受也会与日俱增，享受化的消费文化在被制造的同时也被大家所接受，同时也会被社会某些阶层所认同，这就是消费认同也对现代消费观起影响作用的原因所在。这种享受化的消费文化是消费主义文化在当代中国社会表现出来的新形式，是由特定中国社会条件决定的，与西方的享乐主义有一定的区别。同时现代消费观也受到时尚化的消费文化影响，追求时代的体验消费正是时尚化表现出来的基本特征，而且时尚化对现代消费观的影响是无条件的，即时尚化对现代消费观念是直接作用，不会受到任何中间因素的影响。现代消费观也受到个人和社会的认同，当个人或社会团体的消费认同受到外部刺激作用产生认同程度增加时，会有助于现代消费观的形成。总的来说，现代消费文化观念是当代社会商品经济的产物，随着商品经济的发展会出现不同的特点，但相应时代的消费文化所具有的享受化和时尚化的表现形式对这种观念的促进效应是不会改变的，只是在不同时代的消费文化中，所表现出来的享受化和时尚化的特征不同而已。

（三）发展型消费文化观念的影响因素

发展型消费文化观念是消费者对个人、社会和自然等方面和谐的消费追求的最终目标的思考，消费者追求自我发展消费的同时也会考虑对社会和环境的贡献。发展消费文化观念的影响因素是理性化、时尚化和消费认同三个变量。

发展型消费观念受到理性化和时尚化消费文化的直接和间接影响。发展消费观是一种追求绿色、和谐及人类社会与自然社会协调发展的消费文化观念，看重的是个人消费和环境的统一。消费文化表现出来的理性化倡导消费时应该充分利用自然资源，消费者的消费行为应该和所处的自然环境保持平衡，避免过度消费造成的浪费，消费者的消费活动应该是不断发展和完善自己的过程。所以理性化对发展消费观的形成具有促进作用。发展型消费文化观念是时代发展的要求，与传统消费文化观念和现代消费文化观念相比，要求消费者的消费素质更高，受时尚化“求新”标准的影响，这种观念更多地表现在收入较高的“白领阶层”。这一部分人对时尚的追求有利于在社会上形成发展型消费观。消费认同的正向变化对发展型消费文化观念的形成起到了重要作用，从社会角度来看，人具有社会属性，作为一个“社会人”，个人不是追求自身消费利益的最大化，具有发展消费观的个体和群体认可的消费方式是在消费的同时应该全面考虑个人消费、社会消费和环境消费，从而达到经济和社会效益的平衡。

总结以上研究结论，就可以得出这样的社会管理启示：当代主流消费文化是在消费领域体现出的符号象征性、时尚流行性、物质消费享受和消费理性等特征相互交叉融合的文化表现。当前中国社会处于从投入型社会向消费型社会转型的过渡期，社会的发展应该更多地依靠消费来拉动。不同时期的主流消费文化会对消费者观念的构建和引导起到决定作用。消费社会发达的高科技有助于生产出更先进、更时尚的商品，满足人们对物欲的需求。然而，现代文明社会并不是对物欲的无休止追逐，倡导理性消费文化不仅有利于当代人，而且也是为后代生存考虑的议题。享受高层次的物质生活是现代科技发展的结果，人们追求时尚和品位，体现自己对生活方式的不同看法和对人生意义的不同阐释，形成了五彩缤纷的社会并展示出对人的自由的终极目标的追求，但是无度的挥霍和奢侈却会给社会和自然资源造成不必要的浪费。因此，当前应该更多倡导符合我国社会实际的先进的主流消费文化，构建新的消费文化观念，并通过其引导整个社会的消费向着有利于人的物质和精神需求满足的两个方面去发展。

第五章

中国消费文化观念的区域比较与分析

随着经济快速发展和改革开放程度不断加深，我国处于不同地区的消费者的消费观念也随之发生了深刻的变化。由于中国具有特殊的地形特点和人文特征，西部地区多山，交通不便，受外界影响较小；中东部地区交通便利，改革开放深入，经济高速发展，居民收入水平较高。因此两地区消费者形成了不同的消费文化观念，而消费文化观念对消费行为也会产生特定影响。消费文化观念既有个体差异性，更体现为一定的区域性群体特征；不同消费文化观念最终通过消费行为表现出差异性。消费文化观念和消费行为一直是西方学者和企业界研究的重点，但是对我国区域消费文化观念的研究相对较少，由于区域消费文化观念会直接对企业的营销绩效产生影响，因而对区域消费文化观念差异性的研究不仅对消费文化研究具有重要的理论价值，而且对企业的营销活动也有着重要的实践意义。

广东省和甘肃省在自然、经济、文化等方面是我国东西部省份的典型代表，选取两省做消费文化观念比较研究更具有代表性。本研究以两省的消费者为研究对象，依据消费文化观念的 11 个构成维度，构建区域消费文化观念差异性研究理论模型，提出研究假设；根据所提出问题提炼研究概念，并使概念进一步量化，最终形成可测量的定义；在借鉴国内外成熟问卷的基础上，形成所需问卷，确定调查范围以及被试对象，对问卷进行回收、编码、录入并对数据进行信度、效度检验和初步描述性统计分析，然后对各维度进行验证性因子分析确定各个维度的合理性；最后运用方差分析对研究假设及模型进行检验，得出研究结论。因此，在消费文化理论基础上，以区域经济学理论、消费者行为学理论、区域营销学理论为背景，在已有的消费文化观念研究的基础上构建适合我国本土消费者实际情况的消费文化观念量表，并以量表为主要工具辅助以深度访谈，进一步系统地揭示区域消费者的消费文化观念差异特征，就是本部分探讨的重点。

一　消费文化观念区域差异化问题的提出

（一）消费文化观念的区域差异化研究

麦肯锡公司2008年对中国消费者进行的实地调查显示，中国消费行业的格局正伴随着整个经济的发展，产生重大变化。调查发现，在中国，由购买因素衍生的地区差异已日趋重要，高端市场需求在不断加速，制胜品牌因素正产生微妙倾斜，消费者信息沟通的渠道也日益多样化。长期以来，企业一直按照各城市的相对经济地位来划分市场，认为在一、二、三线城市，消费者有着更为鲜明的消费层次和消费需求差异。然而，最近调查却发现，随着中国财富向各地区的扩散和城市化的持续进展，中国消费者市场的"地区差异"较之"城市、农村等级别差异"，开始显得更为重要（Bernd Schmit，1997）；王长征（2003）指出中国的消费者市场是一个地域广阔且存在巨大区域差异的细分市场。研究发现，不但中国的城市和农村市场之间存在着消费差异，而且中国各个消费文化区域之间也存在着较大差异（Gallup公司，1994；Dentsu公司，1995；零点调查，2002）。盖洛普（Gallup）公司1994年通过对中国消费者的调查也发现，农村与城市的消费者在消费态度、消费取向、消费意向以及消费认同上存在着显著差异性，进而也表现为消费行为上的异质性。

国外对消费文化观念区域差异性的理论研究起源较早，但其研究领域主要局限于东西方文化的差异上，因为东西方文化的差异性更为显著，因此，对于西方与东方消费行为差异的研究文献就更为丰富，其成果也较多（例如：Geert Hofstede，1980；Francis Hsu，1981；Jennifer L. Aaker et al.，1998；Lynn R. Kahle，1986）①。而对于区域范围之内的研究具有突出贡献的莫过于美国人类学家Garreau Joel（1981），他采用了田野研究方法，假定美国不是一个统一的国家，而在美国和加拿大共同地界中存在九个独立的可认为"国家"的地区；发现每一个"国家"都有其独特认知世界的

---

① Lynn R. Kahle，Ruiming Liu，"Harry Watking. Psychographic Variation Across United States Geographic Regions，" Advances in *Consumer Research* Volume，1992，（19）：pp. 346 -352.

“棱镜”即文化，Garreau 将此称为“北美九国（Nine Nations of North Americe）”[①]。Kahle（1986）从价值观的视角反映区域消费文化的差异性，以 Lov（List of Value）量表为工具验证了美国四大地理区域之间以及 BOC 划分的区域之间的消费文化观念的明显差异性。Kahle 和 Ruming Liu、Harry Watkins（1988）认为，由于价值观念与态度、意见等心理变量以及消费者行为之间紧密相关，因此，价值观念的区域差异会引致与之相关心理和行为的区域差异性。美国学者 Roger D. Blackwell 等（2001）认为，文化观念主要是受后天文化的环境影响而形成的，具有一定的区域地理性，文化的形成与地理区域关联性最强，不同的地理区域会形成不同的文化观念，在消费上的表现就是区域消费文化观念。

国内关于区域消费差异的研究起步比较晚，主要是基于价值观的角度研究。卢泰宏和刘世雄（2004）是最早研究我国区域消费差异的两位学者，根据文化的相似性，他们把我国划分为东北、华北、西北、西南、华南、华东和华中 7 大区域，分析了我国消费文化价值观由 7 个维度构成并证实了我国各区域的消费者在其中的 6 个维度上存在着认识上的显著差异。由于卢泰宏和刘世雄的研究没有充分考虑到地区经济的差异对消费文化价值观的影响，主要依据中国传统地理进行划分，从而把我国区域消费分为 7 大板块。[②] 阳翼（2007）综合考虑了经济水平和区域文化两个维度，将我国区域细分为 10 个板块，并采用个人价值观作为切入点，结果表明十大区域的消费者在成就感、人情和面子 3 个消费文化观念维度上差异显著。[③] 然而，对于我国东西部区域的消费者由于受地理区域分割、民族、宗教等长期影响而产生的区域亚文化、民族亚文化，进而形成区域消费文化观念差异而引起消费行为的差异却没有引起学术界的普遍关注，由于我国学者对这一领域的研究起步较晚，在该方面的研究还显得不够，对理论发展的研究更少。

总结各学者对区域消费文化观念对消费行为的影响的研究理论，可以

① Garreau, Joel, *The Nine Nations of North America*, New York, Avon, 1981.

② 参见刘世雄《基于文化价值的中国消费区域差异实证研究》，《中山大学学报》2005 年第 5 期，第 99—103 页。

③ 参见阳翼《中国区域消费差异的实证研究》，《管理科学》2007 年第 20 卷第 5 期，第 60—68 页。

发现他们主要走两条路线：一个是基于经济学的研究路线，主要从国家宏观经济层面研究地区消费差异，宏观经济层面的影响因素主要是地区的经济发展水平、区域总收入及人均收入、GDP 总量及人均 GDP、消费品价格指数等。另外一个研究是基于心理学和管理学等，主要是从微观层面研究地区的消费行为差异，从观念、态度、兴趣、意向等角度研究其对消费行为的影响。

（二）消费文化观念区域差异化的研究价值

通过梳理相关文献可以发现，消费文化观念会对消费行为产生特定作用，不同区域的消费文化观念会对该区域消费者的消费行为产生影响；经济因素是影响消费行为的主要因素，得到众多学者和企业家更多的重视；然而，该区域消费文化观念是内含的、抽象的，很难准确地把握，不容易引起人们的关注。我国东西部地区的消费者在地理位置、气候条件、经济发展水平、民族以及宗教的共同作用下，会形成不同的文化观念，在消费上表现为消费文化观念的差异，进而会形成差异化的消费行为，然而，无论是理论界还是实践领域对东西部地区差异（尤其是消费文化观念的差异）的研究均没有得到重视。因此，本研究是站在消费者导向的视角，从消费文化观念层面分析东西部地区消费者的消费差异性、差异表现特征及差异的成因，从而突破了仅从经济、产品、技术等角度分析区域消费差异的局限性。而对消费文化观念进行区域差异化的实证研究既可弥补我国消费文化研究的概念化和一般理论研究的局限，又可以通过实证研究进一步拓展研究的内容和方法，弥补在区域消费文化观念差异性研究方面的不足。同时，以广东省和甘肃省作为我国发达地区和欠发达地区的典型代表，它们差异化的消费行为体现着我国东西部消费者的不同消费文化观念，也反映了区域经济及区域文化发展的差异，从而可从宏观上为区域发展政策的制定提供指导，从微观上为企业的差异化营销提供借鉴。

二　理论模型与研究假设

（一）理论模型

通过回顾和梳理以往相关文献对消费文化观念的界定以及本人对消费

文化观念的理解，将消费文化观念界定为消费者对消费的基本态度和看法，是一种价值判断，即在特定的时期和地点对消费对象的一种价值取向；这种价值取向会对消费者的行为产生暂时以及深远的影响。

文化价值观维度的确定一直是人类学家、社会心理学家和社会学家等学者长期以来的一个难题。Parsons 和 Shils（1951）指出人类的一切活动都是有五个方面的文化价值构成的，即情绪化与情绪中性、自我导向与集体导向、一视同仁与排他主义、归因导向与成果导向、特殊化与普遍化。Kluckhohn 和 Strodtbeck（1961）通过对美国五个社区的实地调查研究，提出了另一种测量文化价值观维度理论，他认为五种文化价值维度即人与宇宙导向、人与自己导向、关系导向、时间导向、活动导向，[①] 在美国五种亚文化中具有区分效力。我国学者卢泰宏、刘世雄（2004）根据区域文化的相似性将我国整体划分为 7 大文化区，在参考国外价值观维度的基础上结合我国消费者的实际情况将价值观确定为 10 个维度，然后通过调查研究分析提出了中国消费文化价值观 7 个维度构成的结论即长期与短期导向、人与宇宙、不确定回避、物质主义、时间导向、集体主义与个人主义、情绪化与情绪中性。

Oliver（1994）指出，中国的文化价值观主要是属于人际关系和社会导向的，中国的文化价值观注重人与人以及人与社会、自然的关系；Rokeach（1973）认为，文化观念是影响人类行为模式的最为核心的因素，且具有相对稳定性[②]；Lynn R. Kahle（1986）、Douglas 和 Wind（1987）、Hofstede（1991）、Hellmut Schutte 和 Deanna Ciarlante（1998）认为，不同国家和地区有着不同的文化，作为文化核心的价值观、信念、理念等不会轻易改变，它们将长期影响着该区域具有相似文化群体成员的态度和行为。

消费者行为领域的重要研究结果表明，不同地域的消费者在消费行为上确实存在差异（Lynn R. Kahle，1986；Hofstede，1991），如图 5—1 所示。

卢泰宏、刘世雄（2004）认为不同区域有不同的消费特征即表现为

① Kluckhohn，F. R. and Strodtbeck，F. L.（1961），*Variations in Value Orientations. Evanston*，Ill：Row-Peterson.

② Oliver H. M. Yau（1994），*Consumer Behavior in China：Customer Satisfaction and Cultural Values*，T. J. Press（Padstow）Ltd，Padstow Cornwall.

保守型、前卫型、乐天型、理财型四种消费类型，不同的类型所采用的营销方式也应不同[①]。

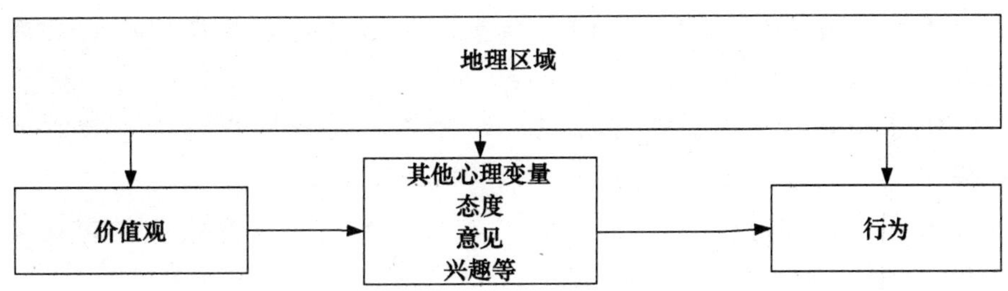

图 5—1　Kahle& Ruiming Liu，Harry Watkins 概念模型

资料来源：Lynn R. Kahle，Ruiming Liu，Harry Watkins（1992），"Psychographic Variation Across United States Geographic Gegions"，Advances in *Consumer Research* Volume 19，1992：pp. 346 -352。

依据本研究前期所构建的 11 个维度的消费文化观念测量量表，即社会角色、个人与群体、现期与未来、物质和精神、实用性和品牌性、仪式化、等级与平等、奢侈与节俭、开放与保守、理性与感性、和谐与对立，并基于图 5—1 的概念模型，提出本部分研究的基本假设。

（二）研究假设

H1：两省消费者在"社会角色"消费文化观念维度上存在着差异；

H2：两省消费者在"个人与群体"消费文化观念维度上存在着差异；

H3：两省消费者在"现期与未来"消费文化观念维度上存在着差异；

H4：两省消费者在"物质和精神"消费文化观念维度上存在着差异；

H5：两省消费者在"实用性和品牌性"消费文化观念维度上存在着差异；

① 参见刘世雄《中国消费区域差异特征分析——基于中国当代文化价值的实证研究》，上海三联书店 2007 年版。

H6：两省消费者在“仪式化”消费文化观念维度上存在着差异；

H7：两省消费者在“等级与平等”消费文化观念维度上存在着差异；

H8：两省消费者在“奢侈与节俭”消费文化观念维度上存在着差异；

H9：两省消费者在“开放与保守”消费文化观念维度上存在着差异；

H10：两省消费者在“理性与感性”消费文化观念维度上存在着差异；

H11：两省消费者在“和谐与对立”消费文化观念维度上存在着差异；

三 样本再选取与数据分析

（一）样本再选取

在前述问卷的基础上，由于广东省和甘肃省更符合东西部典型省份的特征，故以其分别作为东西部省份的代表。广东省地处沿海地带，交通便利，经济发达，在改革开放的最前沿；甘肃省地处西北偏远多山地带，交通落后，经济发展水平较低（广东省经济的GDP总量2010年为45472.83亿元，居全国第1位，甘肃省为4100亿元，居全国第27位），开放程度受限等。两地区多种因素的差异性必然会对两省的消费文化观念产生较大影响。所以调查目标总体为广东省和甘肃省所有消费者，因受调查经费、精力、人员等条件的限制，随机抽取具有部分代表性的消费者为研究对象。在样本框的选择上遵循通用的原则即样本量至少是问卷测项数量的10倍以上。Nunnally（1978）和Boomsma（1982）通过研究发现样本量越大越好。基于专家对样本量的要求，本研究量表的测项共有32个问题，根据这两条原则至少为320份以上；又由于本研究是关于两个省份的消费者，两省份人口总量相差悬殊（广东省人口7900万人，甘肃省2600万人），根据研究需要，在前期所述的已有调查问卷基础上，再次使用SPSS 17.0软件，从总样本（广东省939份、甘肃省944份）中随机抽取850份有效问卷，确定广东省为600份，70.6%；甘肃省250份样本，29.4%进行分析。被调查者的人口统计特征如表5—1所示。

表 5—1　　消费文化观念量表

样本分布＼省份	广东省		甘肃省	
性别	男性	47%	男性	51%
	女性	53%	女性	49%
年龄	15—25 岁	19%	15—25 岁	17%
	26—35 岁	42%	26—35 岁	43%
	36—45 岁	21%	36—45 岁	23%
	46—59 岁	15%	46—59 岁	13%
	60 岁及以上	3%	60 岁及以上	4%
学历	初中及以下	13%	初中及以下	11%
	高中、中专、技校	34%	高中、中专、技校	49%
	大专或本科	44%	大专或本科	39%
	硕士及以上	9%	硕士及以上	11%
职业	企业员工	41%	企业员工	32%
	政府/事业单位	34%	政府/事业单位	36%
	自由职业者	23%	自由职业者	28%
	其他	2%	其他	4%
个人月收入	1000 元以下	15%	1000 元以下	23%
	1001—2000 元	26%	1001—2000 元	39%
	2001—3500 元	35%	2001—3500 元	21%
	3500 元以上	24%	3500 元以上	7%

（二）量表的信度、效度检验

依据 Anderson 的两步分析方法，在模型验证以及假设检验之前应对模型中的变量再次进行必要的信度和效度验证。

1. 信度检验

信度（reliability）指测量结果（数据）一致性或稳定性的程度。一致性主要反映的是测验内部题目之间的关系，考察测验的各个题目是否测量了相同的内容或特质。稳定性是指用一种测量工具（譬如同一份问卷）对同一群受试者进行不同时间上的重复测量后结果间的可靠系数。在实证分析中，学术界一致普遍使用内部一致性系数（Cronbacha Coefficient）检验数据的可靠程度。本研究利用 SPSS 17.0 统计软件，再次对整体问卷量表的信度和效度进行检验，以验证量表设计的合理性和有效性，然后对各个潜变量进行信度分析。通过计算得出，问卷的信度（Cronbach'Alpha）为 0.771，问卷的 32 个观测变量构成的 11 个潜变量的 Cronbach'Alpha 值均在 0.65 以上，说明量表具有较好的内部一致性。①

2. 效度检验

效度（Validity）指测量工具能够正确测量出所要测量的特质的程度即问卷能够正确测量的特质程度。包括内容效度（content validity）、结构效度（construct validity）、效标效度（criterion validity）。由于本量表题项的设置参照国外成熟量表基础上形成，并且将形成的量表由兰州大学的几位管理学和新闻传播学教授多次就消费文化观念和消费方式各维度上进行讨论并通过检验，表明该量表具有一定的内容效度和效标效度。对结构效度的检验主要是采用惯用的对总体样本进行探索性因子分析（EFA）即主成分分析法（正交旋转，提取特征值大于 1 的因子）；在进行探索性因子分析之前，首先要对样本进行 KMO 样本测度和 Bartlett（巴特莱特）球体检验来验证是否适合做因子分析，结果如表 5—2 所示。

表 5—2　　KMO 样本测度和巴特莱特球体检验结果

KMO 样本测度		0.906
巴特莱特球体检验	Approx. Chi-Square	8173.340
	自由度	789
	显著性	0.000

从表 5—2 可以看出，样本的 KMO 值为 0.906，依据 Kaiser（1974）的观点，KMO 的值越接近 1，说明变量间的相关联程度越高，越适合进行因子分析；另外，Bartlett 的球体检验值为 0.000，小于 0.01，所以该样本适合进行因子分析。

通过对消费文化观念各维度进行探索性因子分析，结果显示，32 个测项共汇聚了 11 个特征值大于 1 的因子，累计解释方差达到 79.413%，

① 参见薛薇《SPSS 统计分析方法及应用》，电子工业出版社 2008 年版。

并且绝大多数的因子载荷都在0.5以上，由此，可以判断问卷测项之间具有较好的区别效度和收敛效度即表面各测量题项在所测量的变量上具有较高的结构效度。

（三）验证性因子分析

通过探索性因子分析，我们可以得出消费文化观念的11个维度构成，累计解释方差达到79.413%；但是在因子分析中，我们只能用来探索一种模型和对各维度的确定，但并不能直接得出因子之间的关系以及模型的合理性，所以为了进一步验证消费文化观念11个维度的合理性，还需要对模型进行验证性因子分析（CFA），验证性因子分析是对因子结构的合理性以及模型拟合程度优劣的检验。

结构方程模型中存在两种主要的模型——概念模型和结构关系模型，概念测量模型是结构方程模型统计分析的基础，因为它是构成研究命题的基本要素的概念，不论是进行何种类型的分析，首先都需要对概念的属性和构成作规范的定义，进而检验这种设定是否合理有效；而结构关系模型是涉及变量（潜变量）之间结构关系的检验即对结构关系的可靠性和有效性进行检验，由于本研究只涉及消费文化观念维度结构合理性检验，不涉及结构之间关系的检验，所以只需进行概念测量模型的检验。本研究所使用的结构方程式统计软件为与SPSS 17.0配套的AMOS 17.0，该软件只需设定变量之间的关系以及变量维度测项的构成，并不需要对结构方程模型分析编写软件。

本研究概念测量模型有11个维度（潜变量）即“社会角色”、“个人与群体”、“现期与未来”、“物质和精神”、“实用性和品牌性”、“仪式化”、“等级与平等”、“奢侈与节俭”、“开放与保守”、“理性与感性”、“和谐与对立”，另外，每一个潜变量都包含若干测项，11个维度总共有32个外生观测变量以及32个测量误差。所建立的消费文化观念概念模型如图5—2所示。

结构方程模型是依据所生成的再生矩阵与初始的样本协方差矩阵的整体相似程度，所以评价概念模型拟合效果指标都是针对这一评价问题设置的，有关模型总体拟合程度有多项指标衡量，主要有绝对拟合效果指标、相对拟合效果指标、替代性指标和简约性指标。使用AMOS 17.0软件得出的该概念测量模型拟合结果如表5—3所示。

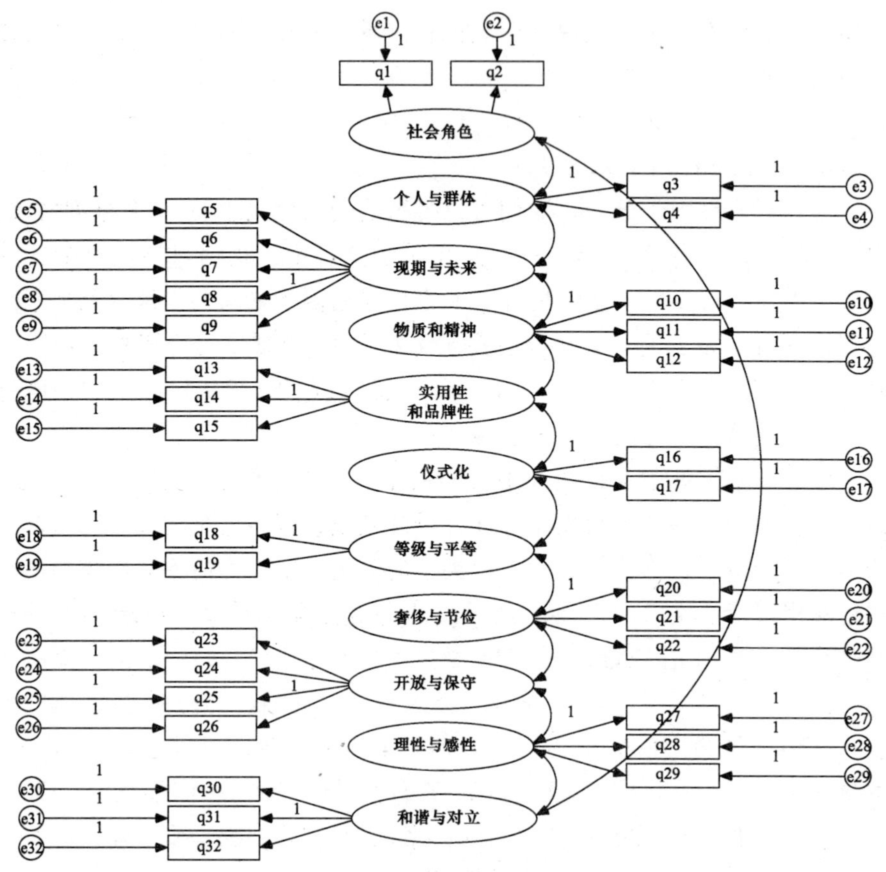

图 5—2　消费文化观念概念模型

表 5—3　模型拟合结果

测量项目	CMINDF	GFI	AGFI	NFI	RMSEA	CFI	HFIVE
模型接受标准	<2	>0.90	>0.90	>0.90	越小越好	>0.90	>200
模型检验值	1.872	0.843	0.801	0.794	0.065	0.901	850

CMINDF 为卡方自由度比即卡方值除以模型的自由度，通常 CMINDF 越小，说明模型的拟合效果越佳，当 CMINDF 小于 2 时，往往认为模型的拟合效果良好，本研究的 CMINDF 为 1.872，表明该模型拟合数据的效果良好。

GFI（goodness-of-fit index）和AGFI（adjusted GFI）分别是拟合优度指数和调整的拟合优度指数，这两个指标的值始终在0到1之间，越接近1，说明模型的拟合效果越好；模型的GFI为0.843，AGFI为0.801，说明在可接受的范围之内，数据的拟合效果较好。

NFI（normed fit index）指标反映了假设模型与独立模型（dependent model）之间的差异，通常又称为△1指标。所谓独立模型，指的是变量中不存在任何相关关系的一种模型，也被称为基准模型（baseline modle）。NFI的值越接近于1越好，0.7以上就可以接受，本研究结果为0.794，在可接受的范围，模型拟合效果良好。

RMSEA是替代性指标，指近似误差的均方根，它在模型拟合效果评价指标中的作用越来越受到重视，许多专家学者认为RMSEA小于0.08即可接受。本研究RMSEA结果为0.065，说明数据很好地拟合了模型。

CFI（comparative fit index）指标综合考虑了相对拟合效果和替代性效果，也就是说，既考虑了假设模型与独立模型之间的关系，同时也考虑了假设模型与理论预期的中央卡方分布的离散程度。CFI的值同样在0到1之间，且越接近1表明模型拟合效果越好，通常认为CFI大于0.90时，效果良好；本研究CFI结果为0.901，说明模型拟合效果良好。

HFIVE是一类特殊的指标，通常又称为CN（critical N），其含义是接受假设模型所需的样本数量。AMOS中提供了0.95和0.99显著水平下的CN值：Hoelter.05 index和Hoelter.01 index。通常CN大于200时，模型才是可以接受的，本研究样本数目为850，远远超过200，完全符合检验要求。

从多项数据拟合指标可以发现，设定的概念测量模型是合理的，在可接受的范围。

（四）方差分析

单因素方差分析（One-Way ANOVA）是检验由单一因素影响的一个（或多个相互独立的）因变量由因素各水平分组的均值之间的差异是否具有统计意义，即研究一个控制变量的不同水平是否对观察变量产生了显著性影响。在进行方差分析之前，首先需要对因变量的正态性和方差齐性进行检验，检验结果如表5—4所示。通过检验，所有因变量的偏度（Skewness）值在（-1，1）内，说明因变量基本符合正态分布，可以进行单因素方差分析。如果选定显著性水平 α 为 0.05，所有因变量的 P 值均大于显著性水平 α，表明各个维度的方差齐，满足方差分析的前提条件，可以应用单因素方差分析，分析结果如表 5—5 所示。如果选定显著性水平 α 为 0.05，检验统计量在各维度上的概率 P 值若小于显著性水平 α，则应拒绝零假设（H0：两区域在维度上得分均值无差异）。由表 5—5 可知，在“物质和精神”和“开放与保守”两个维度上的 Sig＜0.05，其他维度的 Sig 均大于 0.05，即结果支持了 H4 和 H9 假设，而否定了 H1，H2，H3，H5，H6，H7，H8，H9，H10，H11 假设，说明两区域在“物质和精神”和“开放与保守”两个维度存在显著性差异，而在其他 9 个维度上的差异性不显著。

表 5—4　　11 个维度的正态分布和方差齐性检验统计

	样本数（N）		偏斜度	偏斜度的标准误差	Levene Statistic	*df*1	*df*2	Sig
	有效样本	缺失样本						
社会角色	850	0	-0.507	084	2.126	1	848	0.145
个人与群体	850	0	-0.984	084	0.065	1	848	0.799
现期与未来	850	0	-0.112	084	0.301	1	848	0.583
物质和精神	850	0	-0.069	084	0.065	1	848	0.799
实用性和品牌性	850	0	0.014	084	0.012	1	848	0.914
仪式化	850	0	0.318	084	3.272	1	848	0.071
等级与平等	850	0	-0.067	084	1.256	1	848	0.263
奢侈与节俭	850	0	-0.079	084	0.004	1	848	0.949
开放与保守	850	0	0.241	084	1.798	1	848	0.180
理性与感性	850	0	0.027	084	1.091	1	848	0.297
和谐与对立	850	0	-0.341	084	0.002	1	848	0.965

表5—5　　两区域消费文化观念的单因素方差分析

		平方和	自由度（df）	平均方差	F值	Sig
社会角色	组间	0.091	1	0.091	0.171	0.680
	组内	450.569	848	0.531		
	总共	450.660	849			
个人与群体	组间	0.014	1	0.014	0.032	0.859
	组内	382.961	848	0.452		
	总共	382.975	849			
现期与未来	组间	0.008	1	0.008	0.021	0.885
	组内	318.933	848	0.376		
	总共	318.941	849			
物质和精神	组间	2.655	1	2.655	5.241	0.022
	组内	429.669	848	0.507		
	总共	432.324	849			
实用性和品牌性	组间	0.553	1	0.553	1.038	0.309
	组内	452.116	848	0.533		
	总共	452.669	849			
仪式化	组间	0.002	1	0.002	0.002	0.969
	组内	872.009	848	1.028		
	总共	872.011	849			
等级与平等	组间	2.569	1	2.569	3.683	0.055
	组内	591.629	848	.698		
	总共	594.199	849			
奢侈与节俭	组间	0.753	1	0.753	1.499	0.221
	组内	426.217	848	0.503		
	总共	426.970	849			
开放与保守	组间	2.084	1	2.084	4.121	0.043
	组内	428.797	848	0.506		
	总共	430.881	849			
理性与感性	组间	0.628	1	0.628	1.317	0.251
	组内	404.582	848	0.477		
	总共	405.210	849			

续表

		平方和	自由度（df）	平均方差	F值	Sig
和谐与对立	组间	0.064 435.141 435.205	1 848 849	0.064 0.513	0.124	0.725

四　消费文化观念区域差异化状况及原因分析

以具有代表性的广东省和甘肃省的消费者为研究对象进行的区域消费文化观念差异性实证研究，以构建的消费文化观念量表为研究工具，对消费者进行实地调查并收集问卷，运用统计分析软件 SPSS 17.0 和 AMOS 17.0 对两区域在 11 个维度上的差异性进行统计分析，得出了本部分的研究结论。

（一）消费文化观念的显著区域差异性表现

分析结果表明，东西部区域的消费者在“物质和精神”、“开放与保守”维度上表现出明显差异。

因为方差分析中的 H0 假设为：两区域消费者在各维度上得分均值无差异。因此，当 Sig < 0.05（显著性水平为 0.05）时，应该拒绝 H0 假设，本研究的“物质和精神”、“开放与保守”两个维度的得分分别为 Sig = 0.022 和 Sig = 0.043，从而肯定了本研究的 H4 和 H9 假设即认为两区域的消费者在“物质和精神”、“开放与保守”维度上差异显著。

差异的原因分析。我国改革开放已 30 多年，受地理位置的影响，东西部区域的开放程度差异较大。东部地区受西方外来文化和经济的影响较早、较多、较深；东部地区的消费者思想比较开放，容易并喜欢接触新奇事物，注重自己及家庭的长远发展，消费时讲究的是娱乐性、消遣性和发展性、智力性等享受生活的乐趣，在消费行为上表现为对精神消费有过多的关注，比如，购买产品不是关注价格的高低而是购买过程及产品能为精神带来多大程度的满足。而与东部地区相比，西部地区处于我国边远落后地带，交通不便，经济发展水平较低，受外来思想影响相对较小，人们的思想大多偏向保守、内敛。西部地区的消费者具有艰苦奋斗、吃苦耐劳、勤俭节约的传统消费习惯，体会到生活的艰难；消费时更多地关注产品的实用性，追求产品的物美价廉，消费的目的是满足基本的吃、穿、住、用、行等低端的消费，其中饮食消费在消费结构中仍占有较大比例，也更加关注物质层面的需求的满足。同时，东西部地区收入增加幅度的不同，也影响了各自的消费能力和消费倾向。依据凯恩斯的绝对收入假设理论，人的消费行为受边际消费倾向递减的心理规律支配，在这个规律支配下，消费随着收入的增加而增加，但消费增加的幅度不如收入增加的那么多；同时，消费的结构与类型也会不同。

另外，东部地区的消费者表现出的开放性和重精神性与历史上长期以来形成的商业文化及商业氛围不无关系；鸦片战争打开了中国的大门，中国的商人与国外有更多的经济和文化交流，广东省是我国的东大门，外国侵略者对该地区造成破坏的同时，也带来了西方先进的商业文化和经济思想，开辟了“海上丝绸之路”。然而这种交流只是局限在我国的东部及南部沿海省份，西部省份几乎没有交往，这样在经济与文化交流碰撞的大潮中，西部观念逐渐落后，形成保守型的消费文化形态。

（二）消费文化观念的不显著区域差异性

两区域的消费者在“实用性和品牌性”、“等级与平等”、“奢侈与节俭”、“理性与感性”维度上的表现差异不显著。

在方差分析结果中可以发现，消费文化观念中的四个维度即“实用性和品牌性”、“等级与平等”、“奢侈与节俭”、“理性与感性”上的Sig值分别为0.309、0.05、0.221、0.251，略大于显著水平0.05，从而在一定程度上否定了本研究中的H5、H7、H8、H10假设，即认为两区域的消费者在“实用性和品牌性”、“等级与平等”、“奢侈与节俭”、“理性与感性”维度上存在细微差异。

不显著差异的原因分析：我国是古代文明的发源地，有上下五千年文明历史，传统文化对我国居民影响根深蒂固，尤其受传统儒家文化和封建残余思想的影响；无论是东部地区还是西部地区的消费者都是从小就接受我国传统文化的教育，接受孝敬父母、崇拜祖先、尊敬师长，做事情要多些理性的思考，从而认为感性的东西不可靠以及在生活上认为奢侈有罪，提倡节俭的优秀文化。但是，又由于东西部地区改革开放的时间和深度不同以及经济发展水平有较大差异，相比西部地区的消费者，东部地区的消费思想较为活跃、超前，消费行为上更加注重品牌以及购买时感性多于理性。而在经济利益的驱使下，比较而言东部地区的人与人关系较为淡薄，等级制度也较西部淡化。

（三）消费文化观念的无区域差异性表现

两区域的消费者在“社会角色”、“个人与群体”、“现期与未来”、“仪式化”、“和谐与对立”维度上的表现无差异。

从表5—5的两区域消费文化观念的单因素方差分析表中可以发现，两区域消费者在“社会角色”、“个人与群体”、“现期与未来”、“仪式化”、“和谐与对立”维度上得分均值无差异，其Sig值比较大，分别为0.680、0.859、0.885、0.969、0.725，明显大于显著性水平0.05，从而完全否定了本研究中的H1、H2、H3、H6、H11假设，即认为两区域的消费者在“社会角色”、“个人与群体”、“现期与未来”、“仪式化”、“和谐与对立”维度上无差异。

无差异化的原因分析：新中国成立后，提倡男女平等，女性走向独立的观念深入人心；但是，外向、崇尚成就、获取财富和对女性的支配仍然是当前社会的主要特征；男性主导的社会很难在短期内改变，所以东西部地区的人们在社会角色上没有显著差异。归属感是马斯洛需求层次理论中的主要内容，人们在社会交往过程中，在心理上对安全感和归属感的需要，使人们会普遍考虑自己的社会归属，属于哪个组织、哪个团体，不仅会使人获得相应的身份认同，更能获得一种心理上的满足。当前，我国虽然是经济大国但还不是经济强国，消费者的预期收入不稳定，导致消费者的消费信心不足，注重储蓄以解决后顾之忧，这是多数中国消费者的典型特征，但社会信用消费的兴起，以及与之相关的对各种物品的易得性，如贷款买房、买车等政策的实施，又使各个地方可以维持相同的消费模式和保持基本一致的消费文化观念，因此，这一点对东西部地区的消费者来说，消费观念又具有共同性。同时，人们在使用仪式化物品的过程中，一方面，通过这些物品或仪式化过程，可以维持或建立人与人之间的相互关系，获得相互认同；另一方面，也可以在仪式中寻求情感寄托，以平衡心灵，显示地位，注重面子消费，从而获得赞誉、声望及自我满足的体验，这正是中国文化特点的体现，也是在中国消费者中普遍存在的现象，所以，在仪式化方面东西部的消费者并没有什么差别。

“天人合一”是我国传统文化的基本精神之一，它强调万事万物的和谐，既包括人与自然关系的和谐，也包括人与人的和谐、人与社会关系的和谐，所以，东西部地区在人与自然、人与社会、人与自身的关系中均提倡和谐的文化，强调节省资源和能源、绿色消费、可持续消费，在谋求人类的长期生存和发展方面，由于受到共同的文化价值观的影响，也体现出了更多的相似性特征。

（四）消费文化观念差异化研究对企业的启示

现代管理学之父彼得·德鲁克（Peter F. Drucker）曾这样说：企业的宗旨就是创造顾客。从某种意义上说创造顾客就是创造差异，企业应该从差异的市场中形成自己差异性的永久核心竞争力，使企业立于不败之地。

营销策略的制定应从消费者购买决策过程出发，这是基于消费者的视角来讨论问题，消费者的消费心理是购买决策的先导；如何能抓住消费者的心理是当前许多企业不得不研究的问题。针对东西部消费者相同的消费文化观念，因为消费者具有同样的购买心理，企业可以采用大营销策略，这样既可以节约营销成本，也可获得预期的营销效果。然而，针对两地区不同的消费文化观念企业应该采取差异化的营销策略，这样才能实现营销目标。

美国营销学学者麦卡锡教授在20世纪60年代提出4P营销组合策略，即产品（product）、价格（price）、渠道（place）、促销（promotion），在营销管理界引起了极大的轰动，它能够有效地减小企业内、外部不可控的因素给企业带来的损失以及抓住企业外部存在的机会。在麦卡锡之后，有很多营销专家相继提出4C、4R和4V等策略，但是这些策略只是一种理念、目标，而4P策略却是一种手段，真正实现这些理念和目标还需要4P策略。4P涉及企业所经营的方方面面，创造差异化还需要从4P策略上加以运用，而企业在寻找机会点的时候总是着眼于满足消费者的不同需求，所以本研究从4P的视角并考虑到两地区消费者消费文化观念不同的现实为企业提出营销建议。

1. 产品策略

针对东部消费者重精神及品牌而西部消费者重物质和实用性方面的消费特点，在产品上，企业应提出差异化的产品和服务。在东部地区，消费者比较重视品牌的知名度，因此企业应做好品牌的宣传与维护，通过多种媒体传播品牌形象，树立好的品牌形象。西部地区的消费者由于受经济条件的限制重视物质性消费，可以提供经济实用、耐用产品，重视产品的质量，突出产品的高品质特点，满足他们的需求。东部地区消费者受西方思想影响较多，表现出明显的开放性特征，企业可以提供新奇、独特产品，尝试采用体验式影响，满足他们的好奇心理；而西部地区企业应在产品的传统功能以及产品稳定性方面下功夫。

2. 价格策略

价格也是影响消费者购买决策的主要因素之一，价格的高低一定程度上反映了产品品位、品质等特征。针对东西部地区在“等级与平等”、“奢侈与节俭”、“理性与感性”维度上的细微差异性，为能满足东部地区消费者身份炫耀性以及自尊心、虚荣心和成就感等心理需求，企业可以在东部地区适当提高产品的价格，以使他们获得心理上的满足。而针对西部地区的消费者的求廉心理以及西部广阔的市场空间，则应通过适当降低价格、扩大销售量的方式来赢得利润。

3. 渠道策略

渠道是消费者如何获得产品的一种方式，也是影响消费者购买的主要因素。渠道建设合理与否也是决定企业能否成功的关键。针对东部地区消费者注重品牌形象的特点，企业应选择高档的商场和专卖店进行产品销售，在这类渠道中，消费者对企业的服务有更高的要求，同时也可提高产品的价格。为满足西部地区消费者注重物质性、实用性的消费需求，企业应尽可能地压缩渠道成本，降低产品价格，提供经济实惠的产品，比如便利店、廉价商店或购物场所以及打折减价超市等，为了买便宜的产品，距离对他们来说不是问题，他们乐于走较远的路去购买便宜的产品。

4. 促销策略

促销组合是指企业利用各种信息载体与目标市场进行沟通的传播活动，包括广告、人员推销、营业推广与公共关系。针对东部地区消费者的品牌炫耀性消费的特征，企业应主要采用人员推销与公共关系的方式进行促销活动，使消费者感到自己被足够重视；在促销过程中，重点介绍产品的差异性与高档性来显示他们的身份与众不同。西部地区的消费者求廉、实用性和物质性消费特征突出，所以大面积的广告与营业推广比较适合，因为这样可以降低促销成本，降低产品价格，这种手段对西部地区的消费者比较有吸引力。另外，在西部地区进行广告促销活动时应注意与当地文化、宗教信仰等符合，否则会导致事倍功半的结果。

第六章

中国消费文化观念实态特征与发展重构

以上对中国消费文化观念的实态及其影响因素做了实证分析，试图要发现两方面的问题，一方面，转型时期我国消费文化（观念）的实态究竟怎样，大众消费文化（观念）实态与社会发展要求是否“合适”。另一方面，影响消费文化（观念）形成的因素有哪些？消费文化对各种消费观念的形成发挥着怎样的作用？在做了系统的实证研究之后，我们将对我国当前消费文化观念的表现形态及其存在做出归纳和概括，进而重构消费文化观念发展的新形态。

一　中国消费文化观念的总体特征

随着社会的发展，消费已经由单纯的经济活动向社会各领域延伸，从而成为一种社会现象和文化现象。通过对我国居民大众消费文化观念的考察以及城乡与东西部地区消费文化观念的对比，可以清晰地看到我国当前社会大众消费文化观念所呈现出的一些特征，从这些特征中，我们不仅可以清楚地了解中国消费文化观念的实态，更能够从中把握未来消费文化及消费文化观念的发展趋势。

对中国消费文化总体特征的把握，将依据我们前面所建构的消费文化理论框架，基于两个不同的视角去分析，即消费文化发展论与消费需要论两个视角。而消费文化发展论植根于西方批判学派理论，其将消费文化及其观念的发展概括为传统、现代与后现代三种形式或阶段，三个阶段之间虽体现出较强的历史传承性，但又可以跳跃式发展。消费需要论则是基于马克思主义消费需求理论视角的分析，其核心是消费需要包括生存消费、享受消费与发展消费三个层面或阶段，三个层面既层层递进又互相共存。

消费需要论已成为学者们对消费阶段进行定位的基本理论，它概括了人类消费的基本形态，更着眼于消费的发展过程。消费文化发展论则试图从对消费的评判及审视中让人们认识到消费的本质，其视角更具批判性，善于审视和分析。因此，批判视角重“破”而轻“立”，有利于我们分析和发现存在的问题，但要客观描述和提出切实的解决方略还需结合消费需要论的建构视角。因此，以下将从这两个视角对研究结果予以呈现，以揭示我国大众消费文化观念的实态特征。

（一）传统消费文化观念渐受冷遇，现代消费文化观念激增

1. 当前我国大众消费文化观念的现代性特征明显

从消费文化（观念）历史发展的视角来看，我国居民已渐渐扬弃了以先储蓄、后消费，有了足够的钱再购买等观点为代表的传统消费文化观念，取而代之的是对超前消费、品牌消费与信用卡及借贷消费的热衷（这在城市与东部地区尤为明显）。在居民日常消费中住房、汽车等大型家庭财产与消费品购买所占比例增加，而且，由于经济形势、宏观政策及利率调整等的刺激与影响，一方面对人们的购买行为产生了强大的刺激作用，激发出了更多的消费需求，另一方面，信贷消费等也使这些购买与消费成为可能，特别是在现代西方消费文化的强烈影响下，享受、攀比的心理又使人们有更大的购买热情与欲望来购买与自己的消费能力或需求并不完全匹配的商品。而随着人们生活水平的提高与消费品种类的日益增多，突出个性、标榜自我也成了越来越多城乡居民尤其是年轻人接受的消费观念。他们试图通过寻找新的消费方式、消费内容和与众不同的消费产品来标榜自我，凸显自己的与众不同，因而，对时尚、潮流与新元素等的追逐，就使个性消费这种现代消费观念日渐成为主流大众消费观念的一种表现，无论是在城乡或是东西部地区的年轻人中，这种消费观念均占有一定的市场与地位。同时，即使以家庭为单位的消费品的选择与购买，如在大件家庭用品的购买方面，也不再以“实用”为唯一的参考依据，而是表现出对于品牌的热衷，对信贷消费的追求，以及对各类物质用品的强烈渴望，这都表明我国居民的消费行为与大众消费观念已经脱离了中国传统消费观念的影响，而逐渐呈现出现代消费文化观念的特征。

2. 适度消费观念仍占主流

尽管当前大众的消费欲望明显，传统消费文化观念渐受冷遇，但这并不意味着所有的传统消费文化观念都为大众所抛弃，由传统到现代与后现代其实是一个扬弃——取其精华弃其糟粕——的过程。从调查与实证分析中我们看到，虽然品牌与身份已经充斥居民的消费过程，尽管先储蓄后消费的传统消费观念也受到冷落，但“消费应该有所节制，如果必须购买，也要物有所值”、“过度消费就是一种浪费、应当尽量减少不必要的浪费”等适度消费观念仍然得到我国绝大多数居民的赞成，在居民的消费观念中应占有主流地位。

同时，消费欲望的增强和消费观念的保守似乎并不是完全矛盾，这两者协调的结果就是消费者的消费观念和行为日趋理性，一方面，人们有强烈的购买需求，另一方面，凭借现代社会发达的信息系统和信息获得的方便以及降低成本的要求，人们能够主动地收集信息，并依据自己所掌握的信息及价值观等对商品进行评判。特别是随着消费者的主体性意识日渐增强，他们的消费维权意识被唤醒，在追求商品质量的同时，开始注重消费的感受和体验，要求获得更热情、周到的服务，并希望企业能诚实守信；消费者的消费、投资、理财观念也逐渐成熟，形成了收支平衡略有结余、标准适中、实惠为主的理性消费观。适度消费与传统的节俭消费观最大的不同是在消费上视具体情况而定，而并非一味地追求节俭。因此，可以说，这是在现代消费文化影响下，中国消费者在扬弃中国传统消费文化观念基础上所形成的新的现代消费文化观念。

3. 精神性消费需求明显增加

随着人们收入水平的提高，加之外来文化的影响，一部分人更为注重精神文化方面的消费，文化教育、休闲度假、旅游观光、体育健身、保险消费逐渐升温。人们开始越来越注重精神生活的品质，除教育文化消费在人们消费支出中占有的比例不断上升外，网络教育、成人教育、国外自费留学也成为人们更新知识、增强自身竞争力的重要选择。随着竞争压力的增大，人们对各种能使人轻松休闲、放松身心的精神文化消费也投入了较多的关注和期望，追求心情的愉悦与放松，带动了各种休闲消费、旅游消费、审美消费等新型消费形式的不断兴起；而对于新产品与环境保护的关注，在追求生活方便、舒适的同时，注重环境的保护，倡导节约资源能源，实现可持续消费，追求自然、健康、环保的消费方式，崇尚节俭、合理消费、适度消费的绿色消费观念也已占据重要地位。因此，坚持可持续发展，实现人与自然、人与社会以及人自身的协调发展的生态消费观念又使发展型消费观念或称之为后现代的消费思想开始出现，并受到各个群体的赞同。但要成为一种普遍的及广泛被接受的消费文化观念可能还需要一个过程，因为，就其实态呈现来看，这还仅仅是部分城市高收入阶层或东部发达地区出现的观念，而在西部地区和广大的农村地区还不具有显著特点，暂时还无法成为中国消费者的主流意识和主导性的消费文化观念。

总之，我国当前消费文化兼具传统与现代的某些特征，消费文化观念方面则现代消费文化观念的影响更为强烈，由现代消费文化（消费主义）所促发的人们对物质占有上的强烈需求与最终在消费行为倾向上的保守与中庸，可以说是较具中国特色的一种消费文化观念形态。因此，作为对传统消费文化观念的扬弃和现代消费文化观念的兼容与并存的这种消费文化观念还是目前我国大众消费文化观念的一种主流形态。

（二）生存型消费逐渐式微，享受与发展型消费比重不断增大

对于我国居民消费观念的所处阶段，学者们众说纷纭。消费经济学家尹世杰认为我国居民生活水平提高的最直接证据就是生存型消费的比重越来越低，现代人的消费层次已经从生存型消费向享受型转向了。[①] 郑志刚指出，进入21世纪，我国居民的消费领域不断扩大，消费实现了由量向质的转变，由生存型逐步向发展型和享受型的转变，他认为这种转向的最显著特征也是生存型消费比例的逐渐缩小与享受和发展消费的不断扩大。[②] 由此可见，理论界普遍认为我国目前已经进入了享受型与发展型消费占主导、生存型消费式微的消费阶段。在理论归纳的同时，更需要数据的呈现和验证。数据研究表明，当前中国的消费文化处于享受与发展之间的转换阶段，追求享受与发展将成为今后一个时期消费文化观念形态的又一种表现。从消费需求的角度看，我国居民的日常消费中，食品支出低于收入的平均值，在食品消费方面也不局限于吃饱就行的传统观念，对于营养健康与生活品位及满足新奇生活方式的追求说明我国居民的消费文化观念已经脱离了生存型的消费阶段；而对于新产品、新元素的热衷以及对于自我提升与子女教育的重视，也显示出我国居民的消费水平已经进入了享受与发展阶段。就目前大众对产品的需求类别来看，普通的饮食、服装及

① 参见 http：//ly. gdcc. edu. cn/default. aspx。

② 参见郑志刚《我国旅游市场总体供需态势分析》，《中国软科学》2002 年第 8 期。

其他日常消费品的比例在持续降低；汽车、住房类和通信及电子产品类商品需求的比重不断增大；互联网相关产品及服务的比重在不断上升；消费结构的变化表明食品、衣着等消费弹性较低的商品早已不是人们消费的重点，消费核心正逐步向弹性越来越高的非生活必需品转移，向享受型以及发展型商品或服务需求转移。这与我国恩格尔系数的变化也基本保持一致。恩格尔系数通过确定居民食品消费占全部消费的比例，可以明确标示生存型消费结构向享受型消费结构发展的界线，也在一定程度上可以反映社会的富裕程度。2010 年中国社会科学院发布的《社会蓝皮书》显示，到 2009 年我国城乡居民恩格尔系数分别降低到 37% 和 43% 左右，总体上已经进入小康社会的消费阶段。在这个阶段，大额的消费产品，像汽车、住房开始进入千家万户，并进入一个普及阶段，整个消费当中教育、医疗、旅游、文化等新型的消费支出在快速增长，中国进入大众消费的新成长阶段。[①] 从最新的恩格尔系数和样本资料数据来看，我国目前已经超越生存型消费阶段，正在向更高层次的消费需求阶段转换和发展。

二 中国消费文化观念实态存在的问题

通过实证研究，除对我国大众消费文化观念特征形成以上认识外，我们还发现了消费文化（观念）发展中一些值得注意的问题，这些问题不仅将有助于我们全面地了解我国居民的消费文化观念的现实，更有助于我们进行深入的反思，并对新消费文化观念的建构起到一定的指导作用。

（一）现代消费文化的冲击和影响日益明显

现代消费文化给我国带来的冲击和影响主要表现在攀比消费与炫耀性消费日益滋长，不健康消费或过度消费观念呈现出较大的影响力。调查显示，“婚丧嫁娶要办得风光、有档次，在亲友面前才有面子”、“要通过住房、汽车、服装等物质的消费来显示自己的社会地位”与“高档消费能够显示和证明个人的成就与地位”等消费观念受到追捧，攀比性消费与炫耀性消费受到一些人的赞同，特别是以各种形式出现的网络炫富，虽然为数不多，但日益流行和猖獗，媒体广泛关注和传播的一些消费主义化的

① 参见《2010 年中国社会形势分析与预测》，社会科学文献出版社 2009 年版。

现象也在不断冲击着社会生活的方方面面，而一旦这种不健康的消费习惯成为风气，不仅会影响个人的消费观念和行为，更可能影响整个社会的消费环境，甚至其所带来的仇富心理和不公平感已经在社会上露出苗头。而社会消费环境及舆论导向对个人消费行为乃至整个社会经济发展都会产生巨大影响，并具有导向作用。健康向上的社会消费环境有利于引导人们形成合理的消费观念和积极的消费生活方式，而消极不良的消费环境不仅对个人的消费行为形成错误导向，同时也影响社会生活的正常运行。攀比性与炫耀性的消费文化观念的形成会使人们消费的期望值越来越高，使人们脱离现实的经济状况，脱离自身的家庭收入，并造成家庭经济支出的极端不合理[①]，甚至会危及社会的安全与稳定。因此，对于这种消费倾向我们必须保持警惕。

（二）注重物质性消费而忽视精神性消费

我国的主流消费文化观念尽管已经进入享受和发展期，但由于各种原因，使享受还更多地停留在物质享受方面，与物质享受相对应的精神享受的追求还远远没有受到关注或仅仅处于精神消费的较低层次。如东西部地区在物质消费与精神消费方面的差距，城乡居民在物质与精神消费方面支出的不同以及不同收入与文化程度之间在消费方面巨大的差别都使精神性消费远远落后于西方发达国家。已有的所谓精神消费也还停留在消遣娱乐的较低层面。调查表明，我国城乡居民普遍都有了更多的闲暇时间，但绝大多数居民选择看电视或上网（63.8%）作为自己打发闲暇时间的方式，而进行琴棋书画、体育健身、读书、旅游等活动的居民均不足两成。这说明，虽然有了一定的闲暇时间，有了精神消费的需求，但我国居民在精神消费方面的层次还很低，精神消费的目的仅仅是一般性地放松与休闲，而不是为了实现自身发展与自我完善。即使是城市居民，他们相比农村居民有更优越的条件，但也几乎很少有人去图书馆或博物馆，农村文化设施的贫乏更是制约农村居民精神消费的主要原因。而发展型消费尽管已经注重对于个人的未来发展与未来美好生活的追求，但更多的也还是在个人层面的发展，以社会、人类的未来发展为目标，为更为宽广的人类社会的发展

---

① 参见郑红娥《社会转型与消费革命——中国城镇消费观念的变迁》，北京大学出版社2006年版，第288页。

需要准备资源基础和自然条件等方面还没有引起人们的足够关注。

（三）各种消费文化观念杂糅并存

我国尚处于消费文化观念的杂糅期，各种消费文化观念并存共生，但缺乏系统化的具有先进性的消费文化观念来指导人们的消费意识与行为。虽然我国居民的消费已经进入了享受与发展期，具有现代与后现代消费的特征，但当前我国消费文化观念中物质与精神、开放与保守、和谐与对立等观念的并生共存态势，表明消费文化观念的多元化仍是目前消费文化的主要特点，从社会层面尚缺乏一种能够系统指导人们进行合理消费的主流文化观念。这种社会文化层面的主流消费观念的缺失，就使得不论是消费者个体、大众传媒还是整个社会，都只能从传统的道德判断的角度和已有价值观的角度来对消费进行评价，但是，随着现代消费形式的不断更新，已有的价值观念和道德标准已难以满足社会与大众传媒对于消费行为与观念的认知和评判，迷茫中的人们也只能是依据个人经验，自行寻找判断标准，或以传统观念为依傍，或以西方经验为师，而年轻人由于缺乏中国传统文化的熏陶，则只能依据感性认知，日益崇尚西方的消费文化及其观念，并对其大加膜拜和宣扬，各个不同的社会阶层，甚至于政府官员，由于缺少基本的价值观念及正确消费观的指导，对物质产品的过分追求，对享受型生活的盲目崇拜，也使之成为享乐主义和奢靡生活的俘虏，甚至于使整个中国陷入了消费主义的窠臼之中。为了超越西方消费文化的影响，扭转现代消费者消费行为中的不合理现象，我们迫切需要构建能够适应当前现代社会需要的新的消费文化观念来指导我国大众的消费与生活。

综上所述，我国现阶段的消费文化观念既有符合时代发展的积极性特征，也存在许多与中国社会当前发展不适应的问题与不合理的方面。而合理消费文化观念的确立，应该建立在对现时代分析的基础之上，只能依据时代发展的特征去构建合理的消费文化及观念。

三　中国消费文化观念重构的动因

以上对我国城乡居民消费文化观念实态的调研与分析，已经十分清晰地呈现出当前我国消费文化观念正处在急剧的变迁和重构过程之中。特别是随着我国现代化与社会转型进程的加快，经济、政治、文化以及生活方式的全球化进程的不断推进，我国传统的主流消费文化观念和消费价值取向还将面临更严重的冲击，诸如中华民族优秀传统中合理健康的消费文化观念难以有效传承和发扬；城乡二元结构下消费文化观念的两极化冲突日益加剧；消费文化转型中消费主义化倾向愈发凸显，消费文化观念中的“西化”现象日益严重；大众消费的消费主义化趋势不断加剧；生态、健康、适度和可持续的“绿色消费”观念的普及面临重重障碍；大众传媒呈现并引导的消费主义化倾向与社会阶层两极化矛盾之间的冲突与危机日益严峻……这一切都表明，原有的消费文化观念和价值体系的确已经不再适应我国目前经济社会和文化发展的现实需要，并且已经被无情的现实所打破，新的消费文化观念和价值体系正在形成和重构的过程之中，然而这种重构却存在着日益突出的现实问题和未来发展的巨大风险，这不仅不利于我国消费文化观念的顺利转型和健康发展，更不符合中国的基本国情和当前建设社会主义和谐社会的战略需要。因此，这就要求我们必须清晰地把握导致当前我国消费文化观念急剧变迁、转型和重构的内在动因与外部条件。

（一）社会转型推动着中国当代消费文化观念的重构

自20世纪70年代末以来，随着改革在经济、政治、文化等各个领域的不断推进，以及现代化事业快速发展，中国社会开始进入一个新的和全面的转型时期。简而言之，所谓社会转型（Social Transformation），就是社会经济结构、政治体制、社会形态、文化形态和价值观念等发生深刻的变化。而关于中国的社会转型，目前人们主要有三方面的理解：一是指体制转型，即从计划经济体制向市场经济体制的转变。二是指社会结构变动，持这一观点的学者认为，社会转型的主体是社会结构，它是指一种整体的和全面的结构状态过渡，而不仅仅是某些单项发展指标的实现。社会转型的具体内容是结构转换、机制转轨、利益调整和观念转变。在社会转型时期，人们的行为方式、生活方式、价值体系都会发生明显的变化。三是指社会形态变迁，即“指中国社会从传统社会向现代社会、从农业社会向工业社会、从封闭性社会向开放性社会的社会变迁和发展”①。

经济体制的转轨带动了利益调整、价值观念的转变等诸多方面的变

① 李培林：《处在社会转型时期的中国》，《国际社会科学杂志》1993年第10期。

迁。社会转型时期是价值观念的活跃时期，这一时期各种价值观念的嬗变、冲突和碰撞较之常态社会中要激烈、复杂得多。当然，价值观念的嬗变有其的内在动因。这就是新旧体制的转轨在我国现阶段具有变动率大、规范性差、透明度小等个性特征，从而增加了人们观察事物的复杂性和社会宏观调控的难度；体制转轨从根本上说是社会利益格局重新调整的过程，日渐形成的多样化的利益格局必然使得不同利益主体在价值观念上具有鲜明的差异性乃至发生激烈冲撞；中国的现代化历史进程与体制转轨交织并行更进一步强化了价值观念的嬗变。价值观念嬗变的外部条件则是西方文化，西方文化价值观念凭借其独特的个性特征——功利性、个体性、竞争性、多元性等，在当代中国特殊的社会历史时期和环境中获得了为人们所接纳、改造的一席之地，进而对中国传统价值观念产生了深刻的影响与冲击。

价值观念的转变直接影响了我国社会消费文化观念的转变。社会转型是社会发展变化的一种状态、一种趋势，它是一个动态的过程。社会转型是人类社会向前发展的必经之路，它不以人的意志为转移，具有历史的客观必然性，在历史的长河中，每一次社会转型都是一次历史性的飞跃，每一次社会转型都促进了人类的全面进步和社会的全面发展。从本质上来说，社会转型是社会的现代化过程，可以促进人的全面发展和社会的全面进步。当前，我国正处于社会转型时期。在我国社会全面转型的过程中，伴随着改革开放和社会主义市场经济体制的建立，所有制结构、分配方式、生活方式等日益多样化，人们的主体意识和独立性不断增强，人们的消费观念也发生了重大变化。

（二）社会转型带来的社会文化价值体系的危机与挑战

处在全球化背景下的中国社会转型，同时也会带来双重的社会文化危机与挑战，一方面是传统文化和价值体系被打破而新的文化价值体系又有待建构期间的文化失范所带来的危机与挑战，另一方面则是给我国的文化价值体系带来了许多破坏性的后果，从而引起并加深了各种更为复杂的文化矛盾和危机。概括来说，这主要包括意识形态危机、道德危机、价值危机、生活方式危机和生态危机等，而且正是这种整体的社会文化危机深刻地影响着我国社会转型期消费文化观念变迁与重构的性质和方向。

意识形态危机主要表现为大众文化给我国主流意识形态带来的挑战和

消费主义文化给我国意识形态带来的挑战。英国文化批评学者汤林森指出："资本主义文化的扩散，实质就是消费主义文化的张扬，而这样一种文化，会使所有文化体验都卷入到商品化的旋涡之中。"① 消费主义文化对人们的影响会从物质层面进而深入观念和行为之中。消费主义文化通过大众文化的形式在日常生活领域中的渗透，会对社会主义意识形态造成强烈的冲击和严峻的挑战。

道德危机主要表现为整个社会的道德失范与道德滑坡现象，20世纪80年代以来，消费主义文化作为一种全球性的生活方式日益渗透中国社会大众的日常生活领域，对人们的生活方式产生广泛而深刻的影响。消费时代的金钱和物质战胜了伦理和精神，从消费伦理的角度来看，人们的消费观念正逐步与市场经济相适应，讲求实惠、追求生活质量以及我为人人、人人为我等观念逐步得以确立，但相当一部分人则被消费主义捆绑和挟持。由于过分关注金钱和物质利益，个人主义、拜金主义、享乐主义盛行，并渗透于社会的各个阶层，使整个社会处在利益至上、人情冷漠的氛围之中，进而引发严重的社会信任危机。

价值危机主要表现为功利主义思想得到助长，人生价值和评价标准越来越趋于实用化、功利化，人生价值目标和价值体验也日益趋于短期化、感性化。金钱成为衡量和评价人生价值的唯一尺度，从而致使现实生活中利己主义、拜金主义、享乐主义等现象泛滥成灾。这就进一步加剧和助长了消费主义文化观念的蔓延和盛行。

生活方式危机主要表现为日常生活方式的日趋西方化，给传统优良生活方式的传承带来了巨大的挑战。随着经济改革的深化和全球化趋势的加强，我国在进一步融入世界经济体系的同时，也逐步迈入消费社会的门槛。"在席卷全球的消费主义的影响下，人们开始从'生活所需要的'消费，向'生活得好所需要的'消费发展。"② 目前有相当一部分人，由于受西方消费主义文化的影响支配，一味效仿西方的生活方式，追逐对物质的享受，形成重物质利益、轻精神追求的价值观念。这就对中华民族向来以节俭勤劳著称于世的优良传统构成了根本上的动摇和颠覆。

而生态危机则主要表现在消费主义化的生活方式盛行，使自然资源不

---

① 汤林森：《文化帝国主义》，上海人民出版社1996年版，第6页。

② 尹继佐主编：《当代文化论稿》，上海社会科学院出版社2006年版，第5页。

堪重负，给人类的生存和可持续发展带来了严重威胁和挑战。消费主义在全球的迅速扩散意味着全球大规模消费时代的到来，而人类生活方式的改变，特别是无节制的消费，是导致生态危机的重要根源。正如杨雪英所认为的那样："正是在人类消费增长的过程中，人类赖以生存的土地正在遭到破坏，陆地上最大的生态系统——森林的面积正在迅速缩小，地球上生物的多样性正在逐渐减少，海洋生态系统也在水体污染和人类的过度捕捞中不断恶化……全球性的生态危机已经成为威胁人类生存的严重问题。"[①]

（三）全球化影响着中国消费文化观念重构的进程和取向

"全球化"（globalization）一词，目前已经被广泛地引用到各个领域，但对全球化的理解还存在争议，归结起来主要有以下几种观点：（1）全球化主要指世界经济一体化，也就是各个国家的经济相互交织，相互融合，以至形成了全球经济整体。（2）全球化是指全世界范围内不同国家和地区之间在经济、政治、文化和生活方式上的全球化或一体化。（3）全球化在经济学家、政治学家、社会学家和文化学者那里有各自的解释和定义。而文化学者一般将全球化理解为商业文化、大众文化以及消费主义文化全面侵蚀和占领文化市场的世界现象。（4）有一种观点认为应当从更深层次上理解全球化的概念，并且认为，全球化描述的是一种全球范围的深刻变化，这样的变化并不是新现象。从西欧资本主义在全球的扩张开始，国际分工与世界经济的形成，各种知识体系的形成，意识形态和宗教的世界范围的影响，到今天货物、服务、技术、资本、信息、人员的跨国流动与资源配置，都是全球化的表现。[②]（5）还有一种观点认为，只有经济和科技全球化是一种现实趋势，其他如文化、宗教、政治制度、生活方式等虽有相互影响和吸收，但不可能实现全球化。[③]

事实上，全球化是20世纪80年代以来在世界范围日益凸显的一种新现象，是一种客观的世界历史进程，也是当今时代最为显著的特征之一。我们认为，所谓的经济全球化只是全球化的最初形态，而随着经济全球化进程的不断推进，就会出现文化、生活方式、价值观念、意识形态等精神

---

① 杨雪英：《论功利主义价值观的生态学后果》，《青海社会科学》2002年第4期。

② 参见中国社科院世界经济与政治研究所学术动态课题组《世界经济全球化研究现状》，《人民日报》1998年8月22日。

③ 参见张宝珍《经济全球化要研究的十大问题》，《世界经济》1998年第9期。

力量的跨国交流、碰撞、冲突与融合。因此，我们主张，全球化是一个以经济全球化为核心，包含各国各民族各地区在政治、文化、科技、军事、安全、意识形态、生活方式、价值观念等多层次、多领域的相互联系、相互影响和相互制约的包容性概念。

全球化的影响与作用具有双重性，因此拥护者往往憧憬它会给整个世界带来空前的进步和繁荣；而批评者则断言它会给世界特别是发展中国家带来贫困、战争甚至文化灭绝。其实，这恰恰是全球化给世界带来的“创造性破坏”的双重后果。的确，全球化在促进世界科技进步与经济繁荣的同时，也带来了全球范围内贫富的两极分化，文化帝国主义的猖獗，消费主义生活方式的蔓延，文化多样性的减少和文化同质化的加强，甚至造成恐怖主义在全球范围内的泛滥……因此，文化全球化对处于现代化进程之中和社会转型关键时期的中国而言，对于消费文化观念急剧变迁和重构之中的中国而言，既是一种难得的历史机遇，也是需要面临的严峻挑战。

尽管目前在学术界仍有不同看法，我们认为，无论从学理的角度抑或现实的层面来看，全球化都必然地包含着文化的全球化过程，因为在现实当中并不存在完全孤立的经济全球化过程，它一定是与特定的政治、文化、科技、军事、安全、意识形态、生活方式、价值观念等紧密联系在一起的全球化过程。而所不同的只是，文化全球化带有更加强烈的民族文化与政治意识形态的竞争性甚至对抗性。其实，所谓文化全球化，是指世界上的一切文化以各种方式，在相互交流、竞争、碰撞和融合等共同作用下，在全球范围内的流动和重构过程。在这一过程中往往会形成某种所谓主流的世界文化体系或共同体，也就是所谓的“全球化文化”（globlized cultures），这要么表现为一种文化趋同化趋势，或者说是文化的同质化过程；要么表现为一种文化对另外一种“文化的殖民化”，或者会带来“民族文化”的消融。

同经济全球化一样，文化全球化是一种世界发展的趋势。因为通信技术的发展，使人们之间文化的交流变得更加容易，为了实现自身的经济利益，人们就需要认同自己的文化，因此文化为经济打头阵，经济为文化发展注入新动力，文化的全球化也就成为经济扩张的必然。特别是以商业和娱乐为主要形式的商业化大众文化消费热潮的兴起和流行，裹挟着西方消费主义的价值取向和生活方式，在全球范围内所到之处无不对各种民族文化、精英文化和高雅文化实现解构与消融，从而就出现了文化的同质性和大众文化消费的同质性。其实，以西方资本主义经济体系和模式为主导的经济全球化，恰恰是以消费主义文化的全球推广为先导的。消费主义文化作为一种生活方式不仅仅是消费本身，而是一种价值观念，作为一种价值观念，是一种以商品文化为核心的消费主义，通过全球化成为人们生活当中不可或缺的一部分，主宰着人们的生活，构成了人们的生活方式、实践领域和日常活动。究其本质而言，消费主义文化就是一种文化的霸权。正如马克思和恩格斯所指出的那样，“资产阶级商品低廉的价格，是它用来摧毁一切万里长城、征服野蛮人最顽强的仇外心理的重炮。它迫使一切民族——如果它们不想灭亡的话——采用资产阶级的生产方式——它迫使它们在自己那里推行所谓文明制度，即变成资产者。一句话，它要按照自己的面貌为自己创造出一个世界”①。因此，面对全球化背景下西方消费主义文化意识形态和价值观念日益强大的影响与渗透，如何防范和抵制西方消费主义文化，正确把握中国消费文化观念变迁与重构的进程和取向，也就成为当前我们亟待解决的重大课题。

（四）全球化背景下多元消费文化的影响和冲击

费瑟斯通在《消解文化——全球化、后现代主义与认同》一书中指出，随着经济全球化的深化，消费文化正在世界范围内传播与扩张。他提出：“快餐店的原则正在控制美国社会越来越多的街区以及世界上其他地方的过程”，这是一种“麦当劳化”的过程。汉堡包不仅以物质的形式被物理地消费，同时也作为一种代表着美国生活方式的符号被文化地消费。它与可口可乐、好莱坞、橄榄球等一样代表着一个美国梦，它和年轻、自由、漂亮、奢侈等话题联系，同时也与消费文化传播与扩张的过程相一致。后现代消费文化的传播与扩张，是政治、经济等权力因素角逐的过程。正是依靠着经济上强大的实力，美国才有能力将这些商品与符号在世界范围内输出，民族国家的传统文化也因此面临着被消费文化所取代的危险。

全球化不仅是把商品、影像、符号等流动简单看作从西方中心世界向别的地方输出其文化形式与意识形态，并由此而导致后现代的全球化，而

① 《马克思恩格斯选集》第1卷，人民出版社1995年版，第255页。

且是各个民族国家、政党团体和利益集团间的权力角逐与依赖关系的再平衡。它不仅仅是传播资源的竞争，也不仅仅是信息的收集、存储的竞争，而是全球融合与去全球化的多样性反映，在这个层面上讲，全球化并非单一的全球文化。[①]

后现代主义代表着全球化范围内西方世界文化的破碎化与象征等级坍塌的过程，对于因为现代性的发展而享受了一段统治时期的西方世界来讲，为了维系优越感而将他者描述为处于象征等级阶梯的底层、努力通过教育向上攀爬的做法已不适用，它们越来越被迫去聆听。"全球化到了现阶段，西方的民族国家不得不学习容忍自己边界之内愈发繁杂的多样性，这些多样性自身则呈现出更明显的多元文化主义和多元族群性的特征"。[②]后现代主义的去中心化将带来多样化，随着"他者"的发展，尤其是东亚国家的发展，它们不仅希望自己的声音被听到，而且也拥有了可以确保这一点的经济与技术权力资源。因此，费瑟斯通在全球化背景下对后现代消费文化的影响作出了积极的评价。一方面，传统的固守疆界的地方文化，无论是主动还是被动，都需要在全球化浪潮中展现出开放的竞争姿态，这有利于文化的多样化发展；另一方面，新兴的传播媒介，尤其是网络媒介，有利于地方文化的创新与维护。他还将自己的"新百科全书计划"与网络结合，为地方文化争取平等的传播机会。他认为，中世纪以来的共同文化是维护资产阶级统治的手段，是教化大众的工具。它致使西方价值观在世界范围内扩散，侵蚀其他民族与国家的文化话语权。但是，后现代社会中传统价值观念瓦解，人们对"教条权威、偏见和父权统治的专制体系进行合理的批判"[③]。尤其是全球化背景下，由于信息流通能力的增强，艺术风格与作品能快速地在不同文化的民众中传播，新型文化媒介人将充满异域色彩的信息传递给受众，从而强化了这一点。可以说，多元文化的传播"进一步削弱了已确立的西方文化品位之等级秩序的权威"[④]。后现代的消费文化"撕开了全球共同知识的假面，动摇了有序的

① Mike Featherstone, *Genealogies of the Global*, Sage Publication (2008), p. 387.

② ［英］迈克·费瑟斯通：《消解文化——全球化、后现代主义与认同》，杨渝东译，北京大学出版社2009年版，第126页。

③ ［英］迈克·费瑟斯通：《消费文化中的身体》，龙冰译，吉林人民出版社2003年版，第328页。

④ ［英］迈克·费瑟斯通：《消费文化与后现代主义》，刘精明译，译林出版社2000年版，第137页。

整体和平衡的系统，使民主和融合的精神得到更大的认同”[①]，“世界城市场域中不断出现的全球化过程，提供了新的文化资本形式和更广泛的符号体验，这就是说，通过金融、运输及信息，这些文化资本形式和符号体验更为容易获得”[②]，它促使不同文化间平等交流、为经济上相对弱势的地方文化发展提供了机遇。

总之，全球化进程提供了一个舞台，不仅可以敞开一个“各种文化的万国博览会”，也提供了一个种种文化更加抵牾冲突的场所，因此消费文化的全球化，不会导致一种共同的文化，而是差异、权力争斗和文化声望竞争的过程。

四　中国新消费文化观念的构建

（一）新消费文化观念构建的目标——解决消费社会的价值伦理困境

中国正处于向消费社会的转型过程之中，而在消费社会，人人都是消费者，每个人都被裹挟进来并感受着消费的“狂欢”。一方面，几乎全世界所有国家的政府都在为摆脱消费疲软和刺激消费而殚精竭虑，另一方面，越来越多的人开始从当下人们因为过度消费导致的生存危机状态出发审视消费带来的“创造性破坏”的真正后果，诸如消费引起的生态危机、社会及个人的价值观念危机与伦理危机等。人类与以往任何时候相比，都已经陷入一次更大的全面性价值危机与伦理困境之中，新消费文化观念从社会层面来说，应该以解决消费社会的伦理困境为终极目标。消费社会的伦理困境主要体现在以下几个方面。

1. 个人价值的伦理困境

丹尼尔·贝尔曾明确指出：“等到 20 世纪中期，资本主义不是设法以工作或财产而是以物质占有的地位标志和鼓励享乐来证明自身的正确。”[③] 随着社会保障制度、分期付款消费的出现，人们花钱的方式越来

① 李闻思：《浅谈费瑟斯通和他的新百科全书工程》，《雁北师范学院学报》2007 年 6 月第 23 卷第 3 期。

② ［英］迈克·费瑟斯通：《消费文化与后现代主义》，刘精明译，译林出版社 2000 年版，第 160 页。

③ ［美］丹尼尔·贝尔：《资本主义的文化矛盾》，严蓓雯译，江苏人民出版社 2007 年版，第 45 页。

越便捷。超前消费、及时行乐和享受成为大众主流的价值观念和生活方式，而广告在其中推波助澜，极大地刺激着人们的消费欲望，推动着所谓的“时尚”潮流一浪高过一浪。时尚又反过来助长了纵欲、享乐和奢华的社会风气。消费在一定程度上已经成为很多人的寄托。正如马尔库塞所说：“人们似乎是为商品而生活。小轿车、高清晰度的传真装置、复式家庭住宅以及厨房设备成了人们生活的灵魂。”① 因而，在以消费为基础的社会里，消费是工作和生活的最终目的，成为人们存在的意义。消费原本是满足人的需要和达到幸福的手段，然而，由于片面强调物质的消费和占有，消费非但没有给我们带来心理和精神需求的满足以及有意义的幸福生活，反而使人们沉溺于这个物质世界，失去了自己的主人地位，并给人们带来“额外的压抑”——人们已经很难体会到真正的快乐和幸福。整日为了更好的生活（其实就是更好的消费）疲于奔命，但是欲望却永远得不到满足。这种满足已经不是过去物质的满足，而是人们对虚荣的满足，变成了为购物而购物。所以正如弗洛姆所说的，人们在技术、利润和市场的支配下，失去了主动性、创造性和自由，把贪婪地占有和使用新物品作为自己的唯一目标。消费社会的消费化导向使人们在无尽的消费中导致了精神麻木和自我的迷失。

2. 社会价值的伦理困境

消费主义者推崇消费至上，把物欲的满足、感官的享受作为人生追求的主要目标和最高价值，把节俭、节制等美德则视为落后、封闭的代名词横加鄙视。普通大众受消费主义的影响在消费的狂欢中不再反思，有的只是无尽的欲望。这使社会成员对物质财富的占有欲极度膨胀，享乐主义、物质主义成为全部生活的轴心。社会各阶层成员之间相互攀比，上层努力保持其独特的高消费，不断引领消费新潮流，下层则拼命效仿上层的消费。这种恶性消费竞赛引发的是过度消费、奢侈消费以及炫耀性消费的滥觞。尽管在大众消费社会中，人们进行消费时选择权利是平等的，然而阶级地位、财富能力的差异还是决定了消费的不平等。而消费社会，消费成为社会等级划分标准和社会不公正、不公平的见证，消费的背后是一系列社会资源、权利秩序和政治结构的比拼，它们掌握着消费文化价值的基本

① ［美］马尔库塞：《单向度的人：发达工业社会意识形态研究》，刘继译，上海译文出版社2006年版，第89页。

存在形式。因此，人们不禁要质问：在这种社会中，社会资源的分配是否公平合理？不公平的社会资源分配又会导致什么样的社会后果？

3. 生态价值的伦理困境

超前消费、过度消费给人类赖以生存的地球自然生态环境带来巨大的威胁和破坏。“我们为消费者供应的像汽车、一次性物品和包装、高脂饮食以及空调等东西——只有付出巨大的环境代价才能被供给。我们的生活方式所依赖的正是巨大和源源不断的商品输入。这些商品——能源、化学制品、金属和纸的生产对地球将造成严重的损害。”① 资料显示，20 世纪末，平均每个德国、荷兰或美国人，每年要消耗 45—85 吨自然资源——等于每个星期买 300 袋东西，这些东西大多数变成了工业垃圾或污染源。据预计，到 2030 年全球能源需求量将增长 45%，石油价格将上涨到每桶 180 美元，温室气体的排放量将增加 45%，从而会导致全球平均温度上升 6 摄氏度。“我们快把地球供应的资源用光了，连倒垃圾的地方都没有。”② 1992 年，1500 位科学家——包括 99 位诺贝尔奖获得者和世界上享有最高声望的学术团体的代表签署了一份题为《世界科学家对人类的警告》的文件，这份文件发出了警告，声称“人类和自然界正处于冲突状态……也许会改变这个有生命的世界，使它不能再按照我们知道的方式来维持生命”。

针对我国即将到来的消费社会的各种伦理困境，我们认为，只能通过构建一种新消费文化观念来予以解决，而试图通过对一种新型消费文化及其观念的倡导来解决现实中国及世界范围内存在的问题也是我们的研究想要达到的目标。从这个意义上说，新消费文化观念应该是适应人类社会发展现状与人类发展目标，适应时代发展与社会状况，并具有一定的超前性，可以引导社会文化，特别是消费文化观念发展趋势的一种社会消费文化观念。就个人层面来说，这种消费文化观念应该是对理性消费、节约消费、可持续消费、绿色消费等消费理念的概括和升华；就社会层面来说，它一方面要能够通过倡导合理消费引导社会经济的发展，另一方面，又要减轻消费环节对于环境的损害。因此，新消费文化观念应该是一种既能最大限度地满足人的物质与精神需要，又能促进人的全面与自由发展的消费

① ［美］约翰·格拉夫、大卫·瓦恩、托马斯·内勒：《流行性物欲症》，闾佳译，中国人民大学出版社 2006 年版，第 241 页。

② 同上。

文化观念。

（二）新消费文化观念构建的原则——适应、价值导向与可持续

1. 适应性原则

新消费文化观念应该是与时代相适应，与社会经济发展水平相适应的一种合理的消费文化观念。纵观历史，我国由于长期受封建小农经济意识的束缚，满足于自给自足的生产方式和生活方式，逐步形成了根深蒂固的抑奢崇俭思想传统，从孔子主张“君子食无求饱，居无求安”开始，老子、墨子、荀子等前秦诸家直到近代魏源，崇俭黜奢观念一脉相承。而崇俭的消费观念恰恰是中国传统文化自抑性的典型体现。明清时期，尽管有人反崇尚节俭的传统观念，肯定奢靡的正面价值，认为奢靡有助于解决劳动就业问题，在一定程度上使社会财富的分配趋向均衡，而且认为奢靡有助于促进资本流动，但由于资本主义并未在中国得到发展，因而，直到19世纪前，中国社会在自成一体的封闭系统下按照自己特定的轨道运行，基本上保持了与西方文明独立存在的也是封闭的自给自足的传统消费文化观念。鸦片战争以后，随着进口商品增长和出口商品市场份额下跌，中国的物质文明第一次在不知不觉中被进口商品普遍而深入地渗透，传统的消费意识才陡然被打破，才使人们认识了商品的重要，盲目崇洋和炫耀性消费的倾向日益明显，并开始了西方消费文化对中国历史上的第一次观念冲击。改革开放后，尤其是近些年，随着我国社会物质财富的不断增加，小富起来的中国人不仅有条件走出国门去亲身感受西方社会的各种文明，而且各种观念的风起云涌，也直接撞击着中国的消费观念，从而使一个尚未完全脱离农耕文明的社会，竟然在消费文化的负效应上比那些已经进化到后现代社会的资本主义国家更具有突进性。当然，在现代社会中，过度倡导节俭的消费观念会导致经济的停滞或倒退，正如中国传统社会及西方中世纪那样；但过度倡导物质消费，又势必导致消费主义观念的盛行，正如有文章指出的那样，“物质主义的过度消费并不能给人带来精神的享受和乐趣，相反，在消费者阶层中，精神上的空虚和心理上的紧张是一个普遍存在的问题。实际上，过度消费并不能给人带来快乐。因为人类对物质的需要是有限度的，当消费水平达到一定程度时，会呈现出边际效应递减”①。

---

① 曹明德：《论消费方式的变革》，《哲学研究》2002年第5期。

只有达到了物质与精神、利益与价值的和谐发展，才能称得上人的真正发展，才是人与自身的一种和谐统一。

2. 价值导向原则

新消费文化观念应该成为一种社会价值体系和伦理体系的重要构成部分，不仅影响人们的消费行为，也会对整个社会价值体系的重构和社会道德体系的建设起到重要的导向作用。迈克·费瑟斯通认为，消费文化与价值应包含两个层面：一是消费文化与经济、价格和价值创造之间的关系；二是消费文化与一般价值问题的关系，即与那些被认为是具有社会和文化价值的事物（价值和“需求”）以及与美好生活的基础之间的关系。当下消费文化正与全球经济“纠缠”在一起，并对地球造成了破坏性的后果，“若从现存的价值模式返回将不仅牵涉到对价值的重新思考，而且关乎对习惯/习性以及惯常的社会习俗的重大修正”。这正是消费伦理涉及的“各式各样的两难处境”。消费文化中的消费价值观，是消费群体对消费对象整体化的价值取向或评价，它决定着消费行为的性质与方向，是整体消费文化构成的核心要素和灵魂，也是消费文化研究的理论核心。因此，当我们把“消费”从经济现象纳入社会现象或文化现象之后，它就自然而然具有伦理学上的意蕴。因为消费作为一个动态和发展的满足主体需要的过程，在这个过程中必然产生人与人、人与自身、人与自然等各种各样的与“消费”相关的关系，如何处理这些关系涉及伦理价值观。一方面，消费者根据什么提出消费需要，又怎样获得消费资料，并按何种方式实现消费，就贯穿着消费者的道德价值观念。而作为主体的人，总是自觉不自觉地受着一定道德价值观念的指导，不同的道德价值观就会产生不同的消费动机和消费行为。另一方面，人的消费行为必然受到社会普遍认同并具有约束力的道德价值观念的评价和约束。这些道德价值观通过社会舆论、传统习惯和内心情感调节着人们的消费内容、消费方式与消费行为。因此，消费已超出了单纯的经济行为的范围，而成为社会伦理与价值观的构成部分。新消费文化观念应具有消费伦理与道德规范的导向作用。

3. 可持续性原则

新消费文化观念还应该是倡导合理使用、节约资源，主张可持续的消费，促进人与自然和谐共存的消费观念。

马克思主义经典作家认为，未来理想社会是社会生产力高度发达和人的精神生活高度发展的社会，是人与人和谐相处、人与自然和谐共生的社会。马克思指出："社会化的人，联合起来的生产者，将合理地调节他们和自然之间的物质变换，把它置于他们的共同控制之下，而不让它作为盲目的力量来统治自己；靠消耗最小的力量，在最无愧于和最适合于他们的人类本性的条件下来进行这种物质变换。"①当人的行为违背自然界的发展规律，自然界的生态平衡就会被破坏，这将导致人与自然关系的失衡，最终遭到自然界的惩罚。新的消费文化观念就是要使绿色环保型消费理念贯穿在研发、生产、销售与消费的全过程中。即在产品的研发过程中，应该把在生产和使用环节是否节约资源作为衡量商品优劣的一项重要指标；在销售过程中，对超过国家资源消耗标准的商品要采取适当的方式进行限制；而在消费领域或消费过程中，则更要大力提倡节约资源的生活方式与消费方式，抵制直接浪费资源和过度包装等间接浪费行为，把节能、节水、节材、节粮、节地等逐步变成公民的自觉行动。西方经济突飞猛进发展的同时导致的全球资源短缺、环境污染以及金融危机等社会后果，应该成为值得我们吸取的教训，绿色、循环和可持续应该成为现代新消费文化观念构建的基本原则。

总之，建构与市场经济发展相适应，既有对传统消费文化与消费伦理的扬弃及对西方后现代消费文化的批判，又具有与可持续发展相协调的科学、文明、健康、和谐、合理、适度的消费文化价值观和消费伦理评价标准，对当前中国的消费文化具有正确导向的消费文化观念应该成为我们的最终目标。

（三）构建新消费文化观念——可持续消费文化观念的确立

1994年在奥斯陆专题研讨会上"可持续消费"一词被正式提出。UNEP在内罗毕发表《可持续消费的政策因素》报告，首次将"可持续消费"定义为"提供服务以及相关的产品以满足人类的基本需求，提高生活质量，同时使自然资源和有毒材料的使用量最少，使服务或产品的生命周期中所产生的废物和污染物最少，从而不危及后代的需求"②。可持续消费对消费观念、消费习惯、消费结构、消费方式提出了新的要求：既要

① 转引自中共中央宣传部《科学发展观读本》，学习出版社2008年版。

② 转引自 http://www.hudong.com/wiki/%E5%8F%AF%E6%8C%81%E7%BB%AD%E6%B6%88%E8%B4%B9。

反对过分节俭，只满足温饱而忽视消费的“发展性”；又要反对奢侈消费，特别是反对不加节制地只注重物质享受，忽视生态环境，忽视社会公正，忽视消费的“可持续性”。

根据马克思主义的消费需要理论和关于消费需要发展的“三大型态”的科学论断，我们认为，所谓可持续消费文化观念，就是要树立以人的自由全面发展为消费目标，通过不断发展生产和有效提供相关产品和服务，以满足人类不断发展的基本消费需求，保障满足人的生存型消费，加快满足人们日益迫切的更高层次的享受型消费和发展型消费，达到人与自然、人与社会以及人与自身的和谐相处，最终在实现人类的可持续性消费的基础上实现人的自由全面发展。

而要真正确立可持续消费文化观念，除了全面系统地理解马克思主义的消费需要理论，以及关于消费需要发展的“三大型态”及其辩证关系外，关键就是要把握“可持续消费”的现代内涵，其核心理念主要是适度消费观念、绿色消费观念和健康消费观念。

1. 适度消费观念

适度消费是同过度消费和被迫消费不足相比较而言的。换言之，人们的消费总是受到一定的“限度”的限制。

关于个人消费，恩格斯指出：一是生存，二是享受，三是发展和表现自己。因为生存不只是活着，还要过健康的生活；而且，人们在基本生活需要满足之后，希望提高生活水平，提高消费档次，改进消费方式，追求更多的享受。这种“享受”是发展和表现个人个性和才能的条件，因而当达到一定的消费水平时，它是完全必要的。但是，个人生活消费不能是“自由放任”的，它随时随地都应该受到道德的制约——个人内心的道德意识和外界的道德环境的制约。美国学者艾伦·杜宁指出：“通过道德的接纳来降低消费者社会的消费水平，减少其他方面的物质欲望，是一个理想主义的建议，尽管它与几百年的潮流相抵触，然而它可能又是唯一选择。”①

适度消费观念主张过简朴的生活，这是以提高生活质量为中心的更高层次的生活结构。简朴的生活是方便和自在的，它以获得基本需要的满足

① ［美］艾伦·杜宁：《多少算够——消费社会与地球的未来》，毕聿译，吉林人民出版社1997年版。

为标准，并在经济发展的条件下不断提高生活质量，满足享受和发展的需要。对于高消费社会的人们，期望他们自愿地降低生活标准，降低生活水平，这是不现实的，也是不合理的；但是，要求他们减少挥霍和浪费，尽可能提高资源利用效率，从而降低资源消费，这是合理的。著名历史学家汤因比则一针见血地指出：现代人的贪婪将会把珍贵的资源消耗殆尽，从而剥夺了后代人的生存权。而且贪欲本身就是一个罪恶。它是隐藏于人性内部的动物性的一面。不过，人类身为动物又高于动物，若一味沉溺于贪婪，就失掉了做人的尊严。因此，人类如果要治理污染，继续生存，那就不但不应刺激贪欲，还要抑制贪欲。

2. 绿色消费观念

所谓绿色消费，是指以简朴和健康的生活为目标，在物质消费中注重"绿色产品"的消费方式。所谓绿色产品，是指它的生产和使用对环境和人体健康无害、符合环境保护的要求。绿色消费是现代消费生活的一种新趋势，区别于物质第一主义的过度消费，是俭朴生活的一种表现。其主要特点是：公众在决定是否购买某种商品时，越来越多地增加环境考虑，甚至宁肯多花一点钱也愿意购买绿色产品。

世界上许多地方正在掀起一场绿色消费运动。绿色消费运动以"崇尚自然，保护环境"为主题，使无以计数的人融入了绿色消费者的行列。绿色消费者要求企业生产没有受到污染也不会污染环境的"绿色产品"；要求企业生产的产品必须使用不会污染环境和浪费资源的"绿色包装材料"；要求建筑必须是按照生态平衡原理设计制造，能够体现人与自然和谐相融的"绿色建筑"；要求旅游必须是不污染环境，能够使人真正与大自然融为一体的"绿色旅游"；要求饮食必须是有利于健康和保护环境的"绿色饮食"；要求交通工具必须是不会产生废气污染和节约能源的"绿色交通工具"……

3. 健康消费观念

简朴生活崇尚精神生活需求，精神上得到享受和乐趣，在新的消费文化中，这是比物质消费层次更高的消费目标。生态学家奈斯曾指出："人们对当今社会能否满足诸如爱、安全和接近自然的权利这样一些人类的基本需求提出疑问，在提出这种质疑的时候，也就是对社会的基本职能提出了质疑——物质生活标准应该急剧降低，而生活质量，在满足人深层的精神方面，应该保持或增加。”① 当以适度消费代替过度消费时，人们不必为赚钱疲于奔命，而有了较多的闲暇。它从两个方面为提高生活水平创造条件：一是放慢生活节奏；二是有时间丰富自己的社会生活、心理生活和精神生活。放慢生活节奏，有了较多的时间和精力，可以在丰富多彩的生活中，追求和完善健康的心理生活，参加各种有益的社会活动和社会交往。

丰富的精神生活，不仅可以体验自己的创造能力、想象能力和鉴赏能力，还可以激发人的思想、意志和丰富的情感，启迪人的智慧、潜能和崇高的精神，并在这个过程中实现个性的全面自由发展。简朴、健康的生活符合自然的本性，符合保护生态的要求，同时也更符合人的本性和需要，有助于人的个性全面自由的发展，因而它是一种有更高生活质量的新生活。

① http：//hi. baidu. com/% D0% A1% E7% E2% B8% E7/blog/item/3aba063b3e5121e014cecb74. html.

主要参考文献

1. ［英］西莉亚·卢瑞：《消费文化》，张萍译，南京大学出版社 2003 年版。

2. ［英］迈克·费瑟斯通：《消费文化与后现代主义》，刘精明译，译林出版社 2000 年版。

3. ［英］迈克·费瑟斯通：《消解文化——全球化、后现代主义与认同》，杨渝东译，北京大学出版社 2009 年版。

4. ［英］迈克·费瑟斯通：《消费文化中的身体》，龙冰译，吉林人民出版社 2003 年版。

5. ［美］詹明信：《晚期资本主义的文化逻辑》，陈清桥等译，三联书店 2013 年版。

6. ［美］斯蒂芬·贝斯特、道格拉斯·凯尔纳：《后现代转向》，陈刚译，南京大学出版社 2002 年版。

7. ［美］丹尼尔·贝尔：《资本主义文化矛盾》，赵一凡译，三联书店 1989 年版。

8. ［美］丹尼尔·贝尔：《后工业社会的来临——对社会预测的一项探索》，高铦等译，商务印书馆 1984 年版。

9. ［法］鲍德里亚：《消费社会》，刘成富、金志钢译，南京大学出版社 2000 年版。

10. ［美］戴维·哈维：《后现代的状况（对文化变迁之缘起的研究）》，阎嘉译，商务印书馆 2003 年版。

11. ［德］马克斯·韦伯：《新教伦理与资本主义精神》，黄晓京、彭强译，陕西师范大学出版社 2002 年版。

12. ［日］星野美克：《新消费文化剖析》，彭德中译，远流出版事业股份有限公司 1992 年版。
13. ［美］凯尔纳：《媒体文化：介于现代与后现代之间的文化研究、认同性与政治》，丁宁译，商务印书馆 2013 年版。
14. ［美］道格拉斯·凯尔纳、斯蒂文·贝斯特：《后现代理论：批判性的质疑》，张志斌译，中央编译出版社 2011 年版。
15. ［美］道格拉斯·凯尔纳：《一个批判性读本》，陈维振等译，江苏人民出版社 2008 年版。
16. ［美］凡勃伦：《有闲阶级论——关于制度的经济研究》，蔡受百译，商务印书馆 1964 年版。
17. ［美］艾伦·杜宁：《多少算够——消费社会与地球的未来》，毕聿译，吉林人民出版社 1997 年版。
18. ［英］斯图尔特·霍尔：《表征——文化表象与意指实践》，徐亮、陆兴华译，商务印书馆 2003 年版。
19. ［英］马林诺夫斯基：《文化论》，费孝通译，华夏出版社 2002 年版。
20. 《马克思恩格斯全集》第 3 卷，人民出版社 1965 年版。
21. 《马克思恩格斯全集》第 42 卷，人民出版社 1979 年版。
22. ［美］马尔库塞：《单向度的人：发达工业社会意识形态研究》，刘继译，上海译文出版社 2006 年版。
23. ［美］罗兰·罗伯森：《全球化：社会理论和全球文化》，梁光严译，上海人民出版社 2000 年版。
24. ［美］安格斯·迪顿：《理解消费》，胡景北、鲁昌译，上海财经大学出版社 2003 年版。
25. ［美］罗兰·罗伯森：《全球化：社会理论和全球文化》，梁光严译，上海人民出版社 2000 年版。
26. ［瑞士］乔纳森·加纳：《中国消费力的崛起——理论和证据》，郭丽虹译，世纪出版集团（上海人民出版社）2006 年版。
27. ［美］约翰·格拉夫、大卫·瓦恩、托马斯·内勒：《流行性物欲症》，闾佳译，中国人民大学出版社 2006 年版。
28. ［英］安东尼·吉登斯：《现代性的后果》，田禾译，译林出版社 2000 年版。
29. ［美］菲利普·科特勒、凯文·凯勒：《营销管理》，梅清豪译，上海人民出版社 2007 年版。

30. [美] 艾尔·巴比：《社会学研究方法基础》，邱泽奇译，华夏出版社 2002 年版。
31. 李通屏：《中国消费制度变迁研究》，经济科学出版社 2005 年版。
32. 吴绍中、林玳玳、易然：《中国消费研究》，上海社会科学院出版社 1990 年版。
33. 李爽：《消费的陷阱——中国当前消费问题》，珠海出版社 1998 年版。
34. 黄平：《迈向和谐——当代中国人生活方式的反思与重构》，天津科学技术出版社 2004 年版。
35. 苏洪涛：《走出节俭的误区：一种全新的观念、一个大胆的质疑》，中国城市出版社 1999 年版。
36. 陈坤宏：《消费文化理论》，台湾扬智文化事业股份公司 1998 年版。
37. 杨魁、董雅丽：《消费文化——从现代到后现代》，中国社会科学出版社 2003 年版。
38. 尹世杰：《当代消费经济词典》，西南财经大学出版社 1991 年版。
39. 郑红娥：《社会转型与消费革命——中国城市消费观念的变迁》，北京大学出版社 2006 年版。
40. 王宁：《消费社会学——一个分析的视角》，社会科学文献出版社 2001 年版。
41. 王宁：《从苦行者社会到消费者社会——中国城市消费制度、劳动激励与主体结构转型》，社会科学文献出版社 2009 年版。
42. 邹时荣：《消费经济学》，中国商业出版社 1994 年版。
43. 罗钢、王中忱主编：《消费文化读本》，中国社会科学院出版社 2003 年版。
44. 莫少群：《20 世纪西方消费社会理论研究》，社会科学文献出版社 2006 年版。
45. 袁方等：《中国社会结构转型》，中国社会科学出版社 1998 年版。
46. 卢泰宏等：《中国消费者行为报告》，中国社会科学出版社 2005 年版。
47. 戴慧思、卢汉龙编译：《中国城市的消费革命》，上海社会科学出版社 2003 年版。
48. 郑也夫：《后物欲时代的来临》，上海人民出版社 2007 年版。
49. 尹世杰：《闲暇消费论》，中国财政经济出版社 2007 年版。
50. 董福荣：《中国家庭消费结构透视》，经济管理出版社 1999 年版。

51. 刘毅：《转型期中产阶层消费特征——以珠江三角洲为例》，社会科学文献出版社 2008 年版。
52. 聂华林、李秀红：《中国西部农民收入与消费实证研究》，中国社会科学出版社 2007 年版。
53. 刘世雄：《中国消费区域差异特征分析——基于中国当代文化价值的实证研究》，三联书店 2007 年版。
54. 许荣：《中国中间阶层文化品位与地位恐慌》，中国大百科全书出版社 2007 年版。
55. 尹世杰：《消费文化学》，湖北人民出版社 2000 年版。
56. 黄苇町、李凡编著：《当代中国的消费之谜——困惑与思考》，中国商业出版社 1990 年版。
57. 赵卫华：《地位与消费——当代中国社会各阶层消费状况研究》，社会科学文献出版社 2007 年版。
58. 夏莹：《消费社会理论及其方法论研究》，中国社会科学出版社 2007 年版。
59. 姚建平：《消费认同》，社会科学文献出版社 2006 年版。
60. 罗子明：《消费者心理学》，清华大学出版社 2002 年版。
61. 吴健安：《市场营销学》，高等教育出版社 2005 年版。
62. 孙英春：《大众文化：全球传播的范式》，中国传媒大学出版社 2005 年版。
63. 卢泰宏：《中国消费者行为报告》，中国社会科学出版社 2005 年版。
64. 李怀组：《管理研究方法论》，西安交通大学出版社 2007 年版。
65. 易丹辉：《结构方程模型方法与应用》，中国人民大学出版社 2009 年版。
66. 吴明隆：《结构方程模型——AMOS 的操作与应用》，重庆大学出版社 2010 年版。
67. 荣泰生：《AMOS 与研究方法》，重庆大学出版社 2009 年版。
68. 侯杰泰、温忠麟、成子娟：《结构方程模式及其应用》，教育科学出版社 2004 年版。
69. Roberta Sassatelli, *Consumer Culture: History, Theory and Politics*, SAGE Publications Ltd., 2007.
70. *The Theories of Society, Foundations of Modern Sociological Theory*, The

Free Press of Glencoe, Inc. , 1961.

71. Don Slater, *Consumer Culture & Modernity*, Polity Press 2008.

72. Roger Rosenblatt, *Consuming Desires: Consumption, Culture, and the Pursuit of Happiness*, Island Press, 1999.

73. Grant David McCracken, *Culture and Consumption* Ⅱ: *Markets, Meaning, and Brand Management*, Indiana University Press, 2005.

74. John C. Mowen, *Consumer Behavior* , New York: Macmillan Publishing Company, 1993.

75. Jean Baudrillard, Le Miroirde la Production, 1973; The Mirror of Production, 1975.

76. Mike Feathertone, *Consumer Culture: Globalization, Postmodernism and Ide*, Nity, London, Sage, 1995.

77. Mead, George Herbert, *Mind, Self, and Society*, Chicago: The University of Chicago Press, 1934.

78. John V. Pavlik, *New Media Technology—Cultural and Commercial Perspectives*, Allyn & Bacon, 1998.

79. Henri Lefebvre, *Everyday Life in the Modern World*, 1971 by Allen Lane The Penguin Press.

80. Goodman, Douglas J. , *Consumer Culture: A Reference Handbook*, Douglas J. Goodman and Mirelle Cohen. Santa Barbara, Calif. : ABC-CLIO, c2004.

81. Lee, *The consumer society reader/*edited by Martyn J. Lee. Malden, Mass. : Blackwell, 2000.

82. Miller, Vincent Jude, *Consuming religion: Christian faith and practice in a consumer culture/*Vincent J. Miller. New York: Continuum, 2004.

83. Theodor W. Adorno, *The Culture Industry: Selected Essays On Mass Culture*, edited by J. M. Bernstern, Routledge Published, 1991.

84. Walter Benjamin, *Arcades Project*, translated by Howard Eliland and Kevin Mclaughlin, the Belknap Press of Harvard University Press, 2002.

85. Pierre Bourdieu. *Distinction: A Social Critique of the Judgement of Taste*, Harvard University Press, 1984.

86. Pierre Bourdieu, Translated by Caroline Beattie and Nick Merriman, *The*

Love of Art: *European Art Museums and Their Public*, Polity Press, 1991.

87. Pierre Bourdieu, *Outline of a Theory of Art Perception*, Polity Press, 1993.
88. Jean Baudrillard, *The Mirror of Production.* Telos Press, 1975.
89. Jean Baudrillard, translated by Lain Hamiltion Grant, *Symbolic Exchange and Death*, London: Sage Publications, 1993.
90. Mark Poster, Jean Baudrillard, *Selected Writings*, Stanford: Stanford University Press, 1988.
91. Roger Rosenblatt, *Consuming Desires*: *Consumption*, *Culture*, *and the Pursuit of Happiness*, Island Press, 1999.
92. Oliver H. M. Yau (1994), *Consumer Behavior in China*: *Customer Satisfaction and Cultural Values.* T. J. Press (Padstow) Ltd, Padstow Cornwall.
93. Leigh McAlister "A Dynamic Attribute Satiation Model of Variety-Seeking Behavior", *Journal of Consumer Research*, 1982.
94. Mead, George Herbert 1934, *Mind*, *Self*, *and Society*, Chicago: The University of Chicago Press.
95. Mark Gottdiener, *New Forms of Consumption*: *Consumers*, *Culture*, *and Commodification*, Rowman & Littlefield Publishers, inc. 2000.
96. Grant David McCracken, *Culture and Consumption* Ⅱ: *Markets*, *Meaning*, *and Brand Management*, Indiana University Press, 2005.
97. 杨伯溆、李凌凌：《资本主义消费文化的演变、媒体的作用和全球化》,《新闻与传播研究》2001 年第 1 期。
98. 司林胜：《对我国消费者绿色消费观念和行为的实证研究》,《消费经济》2002 年第 5 期。
99. 罗钢：《西方消费文化理论述评》,《国外理论动态》2003 年第 5 期。
100. 邹广文、夏莹：《消费伦理的现实性质疑》,《理论学刊》2004 年第 4 期。
101. 蒋建国：《西方消费文化理论研究的发展、演变与反思》,《消费经济》2005 年第 12 期。
102. 王宁：《后现代社会的消费文化及其审美特征》,《学术月刊》2006 年第 5 期。
103. 王宁：《传统消费行为与消费方式的转型——关于扩大内需的一个社会学视角》,《广东社会科学》2003 年第 2 期。

104. 王宁：《消费与认同——对消费社会学的一个分析框架的探索》，《社会学研究》2001 年第 1 期。
105. 赵卫华：《消费社会的议题——消费社会学的研究视角及其流变》，《人文杂志》2006 年第 5 期。
106. 郑红娥：《从媒体的变迁看青年消费观念的演进》，《中国青年研究》2006 年第 1 期。
107. 曾杨、杨雪：《后现代主义影响下的消费文化评析》，《华东经济管理》2006 年第 10 期。
108. 赵丽丽：《消费社会的后现代视角分析》，《山东师范大学学报》（人文社会科学版）2008 年第 3 期。
109. 董天策：《我们如何看待消费文化》，《文汇报》，2008 年 10 月 6 日。
110. 杨魁、谢瑞：《后现代媒体对消费文化的影响》，《科学·经济·社会》2008 年第 1 期。
111. 李勇：《作为消费社会资本平台的当代传媒》，《北方论丛》2009 年第 1 期。
112. 蒋建国：《媒介消费文化：学科视野与研究进路》，《消费经济》2009 年第 1 期。
113. 强以华：《时尚消费的伦理反思》，《哲学动态》2008 年第 9 期。
114. 郭立珍：《20 世纪初期美国消费文化转型考察》，《北方论丛》2010 年第 1 期。
115. 陈来仪、郑祥福：《消费文化的功能分析》，《黑龙江社会科学》2007 年第 3 期。
116. 陈庆德：《文化视野中的消费分析》，《社会科学》2006 年第 2 期。
117. 赵玲：《消费的人本意蕴及其价值回归》，《哲学研究》2006 年第 9 期。
118. 田学斌：《理性认识节约型社会的消费观》，《消费经济》2006 年第 6 期。
119. 夏莹：《“消费”概念的嬗变与“消费社会”的构建机制》，《国外社会科学》2009 年第 2 期。
120. 张卫良：《20 世纪西方关于消费社会的讨论》，《国外社会科学》2004 年第 5 期。

121. 强以华：《时尚消费的伦理反思》，《哲学动态》2008 年第 9 期。

122. 康宇：《从符号价值到物的社会意义——当代西方消费文化范式的转变》，《理论与现代化》2007 年第 6 期。

123. 董雅丽、葛庆等：《区域消费文化观念差异性研究——基于广东省和甘肃省的实证分析》，《软科学》2010 年第 12 期。

124. 蒋建国：《开放、多元与主体重塑：当代中国消费文化的路向》，《贵州社会科学》2012 年第 3 期。

125. André Jansson, The Mediatization of Consumption, *Journal of consumer culture*, 2002. 5.

126. Eric J. Arnould & Craig J. Thompson, Consumer Culture Theory (CCT): Twenty Years of Research, *Journal of consumer research*, 2005. 3.

127. Alan Warde, Consumption and Theories of Practice, *Journal of consumer culture*, 2005. 2.

128. Lynn R. Kahle, Sharon E. Beatty, Pamela Homer, Alternative Measurement Approaches to Consumer Values: The List of Values (LOV) and Values and Life Style (VALS), *The Journal of Consumer Research*, 1986, 13 (December): pp. 405 – 409.

129. Belk Russell W., "Materialism: Traits Aspects of Living in the Material World," *Journal of Consumer Research*, 1985 December.

130. Rebecca K. Ratner and Barbara E. Kahn, "The Impact of Private versus Public Consumption Variety-Seeking Behavior", *Journal of Consumer Research*, 2002 September.

131. Dhar, Ravi and Klaus Wertenbroch, "Consumer Choice Between Hedonic and Utilitarian Good", *Journal of Marketing Research*, 2000 February.

132. Jacoby. J, and Kaplan L. B. "The Components of Perceived Risk", in M. Venkatesan, (ed.), *Third Annual Conference of the Association for Consumer Research*, 1972.

133. Jolibert. A. & Baumgartner. G. Values, "Motivations and Personal Goals: Revisited", *Psychology and Marketing*, 1997. 7.

134. John A. Howard, "Marketing Theory", Boston, *Mass*: *Allyn and Bacon*, 1965.

135. Jagdish N. Sheth. A Review of Buyer Behavior, *Management Science*, 1967. 13.

136. John A. Howard, Jagdish N. Sheth. "A Theory of Buyer Behavior", 1969. 10.

137. Lynn R. Kahle, Ruiming Liu, Harry Watking, "Psychographic Variation Across United States Geographic Regions", *Advances in Consumer Research Volume*, 1992. 19.

138. Lynn R. Kahle, "The Nine Nations of North America and the Value Basis of Geographic Segmentation", *Journal of Marketing*, 1986. 50.

139. 新浪网：http：//www. sina. com. cn。

140. 新华网：http：//www. xinhuanet. com。

141. 千龙网：http：//www. qianlong. com。

142. 百度百科：http：//baike. baidu. com。

143. 维基百科：http：//www. wiki. com. cn。

144. 中华传媒网：http：//www. mediachina. net。

145. 中国新闻评论网：http：//www. crj. com. cn。

146. 论文天下：http：//www. lunwentianxia. com/lwkey_ new_ 21913/。

147. 中文社会科学引文索引：http：//www. cssci. com. cn/cssci_ qk. htm。

148. 互联网实验室：http：//www. chinalabs. com/。

149. 中国互联网信息中心：http：//www. cnnic. net. cn/。

150. Sociology of Consumption：Outlines of Consumer Culture.

151. http：//uk. geocities. com/balihar_ sanghera/conoutlines. html.

152. Buy, Buy Baby：How Consumer Culture Manipulates Parents and Harms Young Minds（Hardcover），http：//www. amazon. com.

153. Global Consumer Culture, http：//www. indiana. edu/ ~ wanthro/consum. htm.

154. I shop therefore I am.

155. http：//davidreport. com/the-report/issue – 9 – 2008 – i-shop-therefo-re-i/.

156. Douglas Kellner. Oppositional Politics and the Internet：A Critical/Reconstructive Approach, http：//www. gseis. ucla. edu/faculty/kellner/kellner. html.

157. Douglas Kellner. Globalization, Technopolitics and Revolution, http: // www. gseis. ucla. edu/faculty/kellner/kellner. html.

159. Douglas Kellner. Techno-Politics, New Technologies, and the New Public-Spheres, http: //www. gseis. ucla. edu/faculty/kellner/kellner. html.

附录一

消费文化观念类目构建表
——11 个维度测项表

1. 物质与精神：

维度	测项
物质	对具体物品的消费，包括吃穿住用行等方面的消费； 满足吃穿住用行方面的低端消费； 汽车、楼房、美容等高端的物质消费
精神	与物质消费相对，它是指居民及社会集团为满足自身的精神文化生活需要而采取不同的方式来消耗和享受精神文化产品和文化服务活动； 在内容上包括以下几个方面：教育消费、文化消费、娱乐消费、体育消费、医疗保健消费。从结构层次上来看，精神消费可以分为娱乐性、消遣性的消费和发展性、智力性的文化消费

2. 个体与群体：

维度	测项
个体	个性独立； 擅长理性分析，不轻易受舆论左右和潮流影响； 对铺天盖地的广告轰炸具有相当强的免疫力； 个性的张扬是通过“我买故我在”来实现； 通过个性化的商品来体现自身独特的形象； 主动地参与产品的设计，自己定制符合自身个性的设计； 形象和需求的产品，以此获得更大的成就感、满足感； 反从众动机消费，即个体通过获取、使用和处置消费产品来追求与众不同，从而建立和强化其个性身份，包含的3个行为维度：创意选择、非大众化选择和避免雷同，通过差异试图引起别人更多的关注和承认； 作为群体（包括宗教、民族、组织、家庭、伙伴等）中的一员进行消费，寻找一种归属感与认同感； 有时表现出过于自我，不考虑消费过程中与周围环境的关系，走入伦理误区
群体	选择群体认同的消费方式和生活方式，形成从众消费； 从众在营销领域中是指消费者接受他人的产品评价、购买意愿或购买行为的信息后，改变了自己对产品的评价、购买意愿或购买行为，并与其他人保持一致； 通过榜样群体、群体规范和压力以及信息沟通等方式实现； 消费过程中会在群体内商讨意见； 消费行为中有时表现出同质现象； 群体中个体有时会受集体无意识影响产生冲动购买或消费行为； 团购现象以及拼房、拼车等新群体消费形式出现

3. 现期与未来：

维度	测项
现期	注重及时行乐； 有钱就花； 超前消费、信贷消费； 花明天的钱圆今天的梦，充分享受生活。
未来	务实型消费崇尚节俭； 先积累后消费； 通过省吃俭用的方式购买房子、冰箱等耐用品； 重视教育等能实现自我提升的消费。

4. 日常化与仪式化：

维度	测项
日常的仪式化	日常行为一般就是日常的生活行为，而日常仪式化行为则必须具有以下五个方面的特征： (1) 最基本的特征是一种行为或一组行为，它们与观念和信仰等不同； (2) 在日常生活中重复进行，因而具有日常性、例行性，各日常仪式化行为的实施频率可能会有所不同，或者每日必行，也可间隔一定的时间举行，但它们必须是行为人正常的日常生活不可或缺的内容； (3) 日常仪式化行为在操作过程中一般会遵循一定的程式，从如何着手、如何逐步进行到如何结束都会按照特定的方式和次序进行，在日常的重复中程式化不断得到加强，从而使行为显示不同程度的标准化倾向，并在不同的程度上显示一定的正规性； (4) 具有社会性，它可能由多人完成，也可能以个人形式完成，但是无论是集体还是个人的形式，日常仪式化行为均具有社会性。这一特征强调了日常仪式化行为的来源是社会的，其意义也是特定的社会文化环境所赋予的，是人们在与他人交往过程中获得的； (5) 日常仪式化行为具有象征的意义，这一象征的意义与日常仪式化行为的社会性密切相关，也与行为人对日常仪式化行为的认知有关

5. 实用性消费和品牌性消费：

维度	测项
实用	购买经济实用的消费品； 能够满足消费者的基本需求，实现自我发展等
品牌	品牌消费品质量、性能好，售后有保障，安全系数相对高； 品牌消费品针对特定消费群体开发风格化和个性化的产品； 品牌消费品体现消费者的身份和地位

6. 奢侈与节俭：

维度	测项
奢侈	消费超过自身阶层和实际经济收入的标准； 炫耀财富； 体现出自身的社会地位； 体现出个人成就和努力； 展示与众不同的生活方式； 保持领先——走在潮流的顶端，不能输给其他人； 追求品位； 挥霍浪费，追求过度的享受
节俭	满足个人的基本需求； 反对奢华、虚荣的消费； 能省则省，节约资源； 精打细算，量入为出； 合理消费，够用就好

7. 中国与西方：

维度	测项
中国	提倡生活必需品用中国制造； 崇尚节俭，量入为出，根据收入的实际情况，制订消费计划； 注重储蓄，提倡万事不求人； 重视对教育的投资
西方	提倡国际品牌和奢侈品； 提倡信贷消费、超前消费； 注重信用消费； 追求个性化消费，在消费中实现自我； 追求省时间的产品； 注重购买新科技产品； 注重从消费中获得更多的精神满足

8. 等级与平等：

维度	测项
等级	按差异而定出的高下级别； 同一等级成员具有同质性，具有相同或类似的社会地位、经济水平、价值观、兴趣等； 每一等级由相对持久的群体构成，但也会发生流动和变化； 不同时期可以理解为阶级和阶层 现代社会等级划分： 社会上层：由高层领导干部、大企业经理人员、高级专业人员、大私营企业主等组成。拥有巨额财富，进行投资和高档消费。经济、社会和政治上都有很高的地位。追求尊严、品味、奢华、高档、享受、面子、身份 中上层和中层：中上层由中低层领导干部、大企业中层领导人员、中小企业经理人员、中级专业技术人员、中等企业主组成。中层由初级专业技术人员、小企业主、办案人员、个体工商户等组成。住宅、教育、旅游是这个群体的消费主题，注重高质量、品牌、个性、时尚。消费成为一种手段，追求商品符号价值 中层：个体劳动者、一般商业服务人员、工人、农民等组成。注重物美价廉、实用、中等档次或中低档次的商品，“大减价”是激起他们消费欲的主要原因，消费具有从众性 底层：生活处于贫困状态并缺乏就业保障的工人、农民和无业、失业、半失业者。消费能力很小或没有消费能力，多是基本的生存型消费，食品消费占很大比重，不讲究质量，需要扶助
平等	平等是人和人之间的一种关系、人对人的一种态度，体现民主性，是人类的终极理想之一； 指人们在社会、政治、经济、法律等方面享有相等待遇； 泛指地位平等； 不仅指物质上的平等，还包括精神上的平等； 社会物品丰富，收入水平提高，大众消费出现

9. 和谐与对立：

维度	测项
和谐与对立	消费对自然资源和能源的消耗程度； 消费对自然环境的污染程度； 消费对生态平衡的破坏程度； 消费是对社会资源的消耗还是促进经济发展的必要条件； 消费是否是奢侈和罪恶； 消费有等级的划分还是向消费民主转变； 消费的目的以及对消费多少的态度

10. 理性与感性：

维度	测项
理性	注重对“物”即商品或劳务本身的功能、质量、价格等因素的满足； 提倡节制欲望； 工具理性是在认知和驾驭客观对象方面的无可匹敌的技术优势才取得的，指的是人们通过什么手段、方式去实现目标；追求数量化、标准化逻辑、技术控制、最高效率，以及人类物质需求相对于其他需求的绝对优先性； 价值理性是指人们从学理上论证一个事物应不应该去追求
感性	消费者购买商品或利用服务的目的在于通过消费而满足某种心理倾向，注重感性满足 注重消费时感官的享受、情感的体验、风格的展示、精神的愉悦和个性的张扬等

11. 开放与保守：

维度	测项
开放	生活上追求丰厚物质利益； 穿着追求新颖、时尚； 购买商品时追求品牌，崇尚权威； 消费时主张个性； 爱好信用卡消费； 习惯网上购物； 时常更新换代产品； 不断体验新的产品，让自己的生活不断增加新的元素
保守	生活上崇尚节俭、量入为出； 因循守旧的消费方式、消费习惯，不肯轻易放弃传统的消费对象，对新产品抱拒绝或消极的态度； 只有在大多数人都消费时才考虑，不愿出风头； 在迫于环境压力时才消费，保存“面子”，不愿承担任何风险，对价格极为敏感，对产品非常挑剔，但是他们相信专家和好朋友的推荐； 崇尚“收支相抵、略有结余”，忌讳“寅吃卯粮”，宁愿省吃俭用，也不愿意“负债”消费或“超前消费”； 不愿意把明天的钱提前到今天来用； 有计划地购买商品，首先考虑商品的实用性； 倾向于购买低价产品

附录二

消费文化观念调查问卷

尊敬的女士/先生：

您好！我们正在从事国家社会科学基金项目研究，很荣幸能够邀请您参与我们的研究工作。问卷只用于研究统计分析，我们对您提供的资料和答案将保密，希望能得到您的支持与合作。谢谢！

"新消费文化观念构建研究"课题组

一、单项选择：请就下列说法选择您认可的数值。每项数值含义分别为："5" = "完全同意"，"4" = "基本同意"，"3" = "一定程度上同意"，"2" = "基本不同意"，"1" = "完全不同意"。

题项	问题	选项
q1	男主外女主内	5 4 3 2 1
q2	男性、女性都可以追求个性，享受现代生活	5 4 3 2 1
q3	购买商品时按照自己的意愿购买	5 4 3 2 1
q4	购买商品时主要考虑个人和家庭的实际需要	5 4 3 2 1
q5	我很重视教育等能实现自我提升的消费	5 4 3 2 1
q6	收入一般要先考虑储蓄，再考虑消费	5 4 3 2 1
q7	要通过住房、服装、家庭用品等物质的消费来显示自己的社会地位	5 4 3 2 1
q8	消费应当主要满足衣、食、住、行等基本需求	5 4 3 2 1
q9	我更注重休闲娱乐等方面的消费，如旅游、保健、体育等	5 4 3 2 1
q10	购买商品时应选择经济实用、物美价廉的产品	5 4 3 2 1

q11	购买商品时主要考虑能彰显自己的生活品位与个性	5	4	3	2	1
q12	买东西时我会选择名牌产品，哪怕贵一点也没有关系	5	4	3	2	1
q13	婚丧嫁娶要办得风光、有档次，在亲友面前才有面子	5	4	3	2	1
q14	消费时"讲排场"才能够得到周围人的尊重和认可	5	4	3	2	1
q15	只要有钱就可以买到任何东西，消费上没有高低贵贱之分	5	4	3	2	1
q16	要量入为出，适度消费	5	4	3	2	1
q17	高档消费能够显示和证明个人的成就与地位	5	4	3	2	1
q18	人活着就应该尽情消费，充分享受生活	5	4	3	2	1
q19	西方人注重的超前消费、贷款消费和信用卡消费更好	5	4	3	2	1
q20	中国人注重的节俭储蓄，考虑自己的养老和儿孙的未来更好	5	4	3	2	1
q21	在日常消费中，一般会选择与自己身份相符的商品	5	4	3	2	1
q22	经常购买新产品，让自己的生活能跟上潮流而不落伍	5	4	3	2	1
q23	消费要以习惯为主，不应有更多改变	5	4	3	2	1
q24	消费只要随大流就好，不要出风头	5	4	3	2	1
q25	花钱省时间是值得的	5	4	3	2	1
q26	消费应该有所节制，如果必须购买，也要物有所值	5	4	3	2	1
q27	购买商品时应当选择绿色、健康、环保的产品	5	4	3	2	1
q28	过度消费就是一种浪费，应当尽量减少不必要的消费	5	4	3	2	1
q29	购物是休闲和缓解压力的一种方法	5	4	3	2	1
q30	物质消费本身就是一种快乐和精神享受	5	4	3	2	1
q31	在教育和文化方面要舍得花钱，这可以提高人的					

素质和发展潜力　5　4　3　2　1

q32　喜欢购买新产品，让自己的生活不断增加新元素　5　4　3　2　1

二、您的个人资料：

T01 您的性别：□男　□女

T02 您的年龄：□15—25 岁　□26—35 岁　□36—45 岁　□46—59 岁　□60 岁及以上

T03 您的文化程度：□初中及以下　□高中、中专、技校　□大专或本科　□研究生及以上

T04 您的婚姻状况：□未婚　□已婚　□丧偶　□离婚

T05 您的职业：

□机关/事业单位干部　□企业领导或管理人员　□专业技术人员/教师/医生

□私营或个体劳动者　□工人/商业服务业人员　□一般职员/文员/秘书

□农民或农民工　□军人/武警　□自由职业者　□家庭主妇　□学生　□其他

T06 您的个人月收入大概属于下列哪个范围：

□500 元及以下　□501—1000 元　□1001—2000 元　□2001—3000 元

□3001—5000 元　□5001—10000 元　□10000 元以上

T07 您的家庭年收入大概属于下列哪个范围：

□3000 元及以下　□3001—5000 元　□5001—10000 元　□10001—30000 元

□30001—50000 元　□50001 元—100000 元　□100000 元以上

T08 您现在的家庭状况：□单身　□两口之家　□父母 + 子女　□祖孙三代　□四世同堂

T09 您的家庭居住在：□省会城市　□地级城市　□县级城市　□乡镇　□农村

T10 您现在的居住地是：______省______市______县（或区）______乡镇（或街道）

访员：______时间：______地点：______被访人电话：______

附录三

中国城乡居民消费状况调查问卷

尊敬的女士/先生：

您好！我们正在从事国家社会科学基金项目研究，很荣幸能够邀请您参与我们的研究工作。问卷只用于研究统计分析，我们对您提供的资料和答案将保密，希望能得到您的支持与合作。谢谢！

“新消费文化观念构建研究”课题组

一　选择题（单选或多选）

Q1. 各项支出在您总收入的大约比例如何，请在“□”中打“√”

比例 类别	30%以下	40%—49%	50%—59%	60%—69%	70%—80%	80%以上
食品	□	□	□	□	□	□
衣着	□	□	□	□	□	□
家庭设备用品及服务	□	□	□	□	□	□
医疗保健	□	□	□	□	□	□
交通和通信	□	□	□	□	□	□
教育文化娱乐服务	□	□	□	□	□	□
居住以及杂项商品	□	□	□	□	□	□
服务	□	□	□	□	□	□

Q2. 您是否吃过麦当劳，肯德基等西式快餐？

（1）吃过（请回答 C11 题）（2）没有吃过（请回答 C12 题）

Q3. 请问您吃的主要原因是什么？

（1）方便省时（2）一种时尚（3）换换口味（4）环境优雅（5）陪

孩子（6）其他（请说明原因）____

Q4. 请问您不去吃的主要原因是什么？

（1）价格太高（2）不利健康（3）不喜欢（4）其他（请说明原因）_

Q5. 您对名牌的主要看法是什么？

（1）名牌显示身份和地位（2）名牌质量高（3）名牌时髦，引人注目（4）无所谓（5）其他（请说明原因）____

Q6. 现在社会上有些人借款买房子和汽车，对于这种消费现象您的看法是什么？

（1）赞成，应有储蓄作保证（2）赞成，无论有无保障（3）赞成，应有稳定的收入作保证（4）不赞成（5）说不清

Q7. 在日常生活中，您倾向于投资那些方面？（最多选三项，并按重要性排序）

（1）身体健康（2）打造个人形象（3）自身教育投资（4）改善家庭生活条件（5）营造良好人际关系（6）子女教育（7）赡养老人（8）（请说明原因）____排序：1 ____2 ____3 ____

Q8. 您在购买商品时最注重：

（1）品牌（2）样式或效果（3）质量（4）价格

Q9. 您经常光顾西式快餐店吗？

（1）经常（2）偶尔（3）从不

Q10. 您经常选择在电影院看电影吗？

（1）经常（2）偶尔（3）从不

Q11. 您购买服装的主要目的是什么？

（1）日常穿戴（2）追赶时尚（3）显示身份

Q12. 您一般选择在哪里购买服装？

（1）大型购物中心（2）批发市场（3）专卖店（4）超市

Q13. 您在日常生活中的人际交往是否涉及金钱消费？

（1）是（2）否

Q14. 广告对您的日常消费有无影响？

（1）经常（2）偶尔从不

Q15. 对于手机、电脑、数码相机等产品，您倾向于购买：

（1）国产的（2）进口的（3）无所谓

Q16. 您是否购买有电脑？

（1）是（2）否

Q17. 您买电脑主要是因为？（上题选 2 可不答此题；本题可多选）

（1）学习需要（2）跟时兴（3）娱乐目的（4）显示身份

Q18. 您是否办理了银行信用卡？

（1）是（2）否

Q19. 您购买服装主要是为了？

（1）追赶时尚（2）显示身份日常穿戴

Q20. 在选择娱乐休闲场所时，您一般选择？（可多选）

（1）舞厅（2）酒吧（3）卡拉 OK 室（4）体育馆（5）电影院（6）网吧（7）其他

Q21. 您平均每月手机话费是多少？

（1）50 元及以下（2）51—100 元（3）101—200 元（4）201 元及以上

Q22. 您的手机价格大致为？（1）1001 元以下（2）1001—1500 元（3）1501—2001 元（4）2001 元以上

Q23. 在消费过程中，你是否感受到消费压力：

（1）是（2）否

Q24. 您接触广告的主要渠道是？（可多选）

（1）报纸杂志（2）网络（3）电视（4）电影（5）张贴（6）其他

Q25. 家里有闲钱会怎么办？

（1）全部存起来（2）拿一小部分去消费（3）拿一半去消费（4）拿一半以上去消费

Q26. 您喜欢外国制造的还是国内制造的广告？为什么？

Q27. 您认为超前消费对经济发展有没有促进作用？

二　您的个人资料：

T01 您的性别：□男　□女

T02 您的年龄：□15—25 岁　□26—35 岁　□36—45 岁　□46—59 岁　□60 岁以上

T03 您的文化程度：□初中及以下　□高中、中专、技校　□大专或本科　□研究生及以上

T04 您的婚姻状况：□未婚　□已婚　□丧偶　□离婚

T05 您的职业：

□机关/事业单位干部　□企业领导或管理人员　□专业技术人员/教师/医生

□私营或个体劳动者　□工人/商业服务业人员　□一般职员/文员/秘书

□农民或农民工　□军人/武警　□自由职业者　□家庭主妇　□学生　□其他

T06 您的个人月收入大概属于下列哪个范围：

□500 元及以下　□501—1000 元　□1001—2000 元　□2001—3000 元

□3001—5000 元　□5000 元　□5001—10000 元　□10000 元及以上

T07 您的家庭年收入大概属于下列哪个范围：

□3000 元以下　□3001—5000 元　□5001—10000 元　□10001—30000 元

□30001—50000 元　□50001—100000 元　□100000 元以上

T08 您现在的家庭状况：□单身　□两口之家　□父母 + 子女　□祖孙三代　□四世同堂

T09 您的家庭居住在：□省会城市　□地级城市　□县级城市　□乡镇　□农村

T10 您现在的居住地是：______省______市______县（或区）______乡镇（或街道）

访员：________时间：________地点：________被访人电话：________

后　记

继消费文化历史与理论研究之后，对中国消费文化的实态与现状进行实证研究，一直是我们开展此项研究工作的夙愿。历经数年的艰苦调研工作与较为充分的准备，这部从消费文化观念入手探讨中国消费文化观念实态的书稿终于得以完成了。尽管资料的收集与数据统计完成得较早，但基于何种角度，如何不至于将之写成一部简单枯燥的数据分析报告，而是基于完整的理论框架和思想体系，既有理论分析，又形成具有实证验证的研究成果，却使我们花费了很长的时间去思考，因为理论的分析与升华才能最终体现实证研究的价值。正是在这种思虑下，我们不得不小心谨慎。希望这本书能为我国消费文化的实态研究提供某种佐证，也能为消费文化的研究学者提供一定的参考。当然，由于研究角度的选取、研究方法的规范性要求以及可供借鉴的直接资料较为有限，因而书中难免有许多疏漏之处，在此恳请各位专家、同人、朋友能够提出批评指正。

在本书的写作过程中，董雅丽、杨魁构思了总体理论框架和研究思路，在整理与统筹全书所有资料的基础上，具体参与了所有消费文化观念的理论构建（第一章）与对策建议（第六章）的写作的同时，还主持了每一个章节的撰写、修改与完善，最后完成了全书的统稿工作。与此同时，在本书的资料收集与统计过程中先后有20余位老师和研究生参与，具体是：贾景参与了第二章消费文化观念指标体系构建部分的资料收集与统计分析，并参与完成了消费文化观念类目构建与指标体系的设立；何晨阳完成了第三章消费文化观念实态调查部分的问卷统计分析，并参与了结果分析与研究报告的撰写；刘军智完成了第四章中国消费文化观念的影响因素分析，并参与完成了相关部分研究内容的写作；葛庆在对第五章的内容中国消费文化观念的区域差异化研究过程中再次对调查问卷资料做了抽样、统计与分析，并参与完成了本部分的写作。同时，刘晓程、葛俊芳、张淑芳、王芳、李惠民等对本书理论框架的构建、研究类目的形成及资料的收集等也做了大量工作，再次对参与资料收集与问卷调查、统计工作的各位同志表示感谢。

在本书的写作过程中，我们参阅了国内外的各种研究资料与统计数据，包括最新出版的各类书刊及网上资料，对此，我们均以注释或参考文献的方式表示了对各位成果的尊重，但难免挂一漏万，在此也对所有给予我们支持与帮助的同人表示感谢！而在问卷调查与访谈的过程中，不仅有各位老师与同学的热切参与，也有各位被调查对象的密切配合，才使我们得以完成这次大规模的资料收集与统计分析工作，在此也对所有参与了该活动的各界朋友表示感谢和致敬！同时，还要再次感谢中国社会科学出版社的大力支持。

作者

2014 年盛夏